Landesschlichtungsgesetze?

Schriften zum Arbeitsrecht und Wirtschaftsrecht

Herausgegeben von Abbo Junker

Band 66

PETER LANG
Frankfurt am Main · Berlin · Bern · Bruxelles · New York · Oxford · Wien

Marcus Christian Leinenweber

Landesschlichtungsgesetze?

PETER LANG
Internationaler Verlag der Wissenschaften

Bibliografische Information der Deutschen Nationalbibliothek
Die Deutsche Nationalbibliothek verzeichnet diese Publikation in der Deutschen Nationalbibliografie; detaillierte bibliografische Daten sind im Internet über http://dnb.d-nb.de abrufbar.

Zugl.: München, Univ., Diss., 2011

Gedruckt auf alterungsbeständigem, säurefreiem Papier.

D 19
ISSN 1433-4666
ISBN 978-3-631-61814-1

www.peterlang.de

Vorwort

Die vorliegende Arbeit wurde im Wintersemester 2010/2011 von der Juristischen Fakultät der Ludwig-Maximilians-Universität München als Dissertation angenommen. Literatur und Rechtsprechung konnten bis zum Januar 2011 berücksichtigt werden.

Ich danke meinem Doktorvater, Herrn Professor Dr. Volker Rieble für die Anregung zu diesem Thema, für seine wertvollen Hinweise und für eine Betreuung meiner Dissertation, wie sie besser nicht hätte sein können.

Herrn Professor Dr. Abbo Junker danke ich für die zügige Zweitkorrektur, sowie für die Aufnahme meiner Arbeit in seine Schriftenreihe.

Großer Dank gebührt meinen lieben Eltern, denen ich diese Arbeit widme. Insbesondere meine Mutter hat mich und meine Ausbildung stets in jeglicher Hinsicht liebevoll unterstützt und somit auch die Erstellung dieser Arbeit erst ermöglicht.

Koblenz, 31. Januar 2011 Marcus Leinenweber

Inhaltsverzeichnis

Abkürzungsverzeichnis

ABl.	Amtsblatt
a.E.	am Ende
AHK	Alliierte Hohe Kommission
Anm.	Anmerkung
Aufl.	Auflage
AusfVO	Ausführungsverordnung
BesRBerG	Besatzungsrechtsbereinigungsgesetz
Bl.	Blatt
BR-Drs.	Bundesratsdrucksache
BT-Drs.	Bundestagsdrucksache
bzw.	beziehungsweise
DDR	Deutsche Demokratische Republik
DGB	Deutscher Gewerkschaftsbund
d.h.	das heißt
DVO	Durchführungsverordnung
ESC	Europäische Sozialcharta vom 18.10.1961
f.	folgende
ff.	fortfolgende
GDL	Gewerkschaft Deutscher Lokomotivführer
ILO	International Labour Organisation
i.V.m.	in Verbindung mit
KR	Kontrollrat
KRG	Kontrollratsgesetz
MinBl.	Ministerialblatt
m.w.N	mit weiteren Nachweisen
RegBl.	Regierungsblatt
RGBl.	Reichsgesetzblatt
S.	Seite
SMAD	Sowjetische Militäradministration in Deutschland
s.o., s.u.	siehe oben, siehe unten
u.a.	unter anderem
ÜV	Überleitungsvertrag

v.	vom
vgl.	vergleiche
WRV	Verfassung des Deutschen Reiches vom 11.08.1919 (Weimarer Reichsverfassung)
Ziff.	Ziffer
z.B.	zum Beispiel

Im Übrigen wird verwiesen auf Kirchner/Butz, Abkürzungsverzeichnis der Rechtssprache, 6. Auflage 2008.

Teil 1 Die staatliche Schlichtung

A. Begriff, Funktion und Formen der staatlichen Schlichtung

I. Definition und Rechtsnatur der Schlichtung

Vor der Erörterung schlichtungsrechtlicher Fragestellungen ist der Begriff der Schlichtung genauer zu definieren.[1]

Schlichtung im weiteren Sinne ist die „Hilfeleistung zur Beendigung einer Gesamtstreitigkeit durch Abschluss einer Gesamtvereinbarung".[2] Nach diesem Begriffsverständnis besitzt sie eine große Bedeutung im Betriebsverfassungsrecht. Das Verfahren vor den Einigungsstellen (§ 76 BetrVG) ist nichts anderes als ein Schlichtungsverfahren.

Allerdings soll im Folgenden die staatliche Schlichtung in einem engeren Sinn[3] und damit nur so weit behandelt werden, als es um den erwünschten Abschluss eines Tarifvertrages geht. Gegenstand der vorliegenden Arbeit sind daher nicht Schlichtungsverfahren im Rahmen des Betriebsverfassungs- und Personalvertretungsrechts oder der Kirchen bei der Gestaltung der allgemeinen Arbeitsbedingungen.

Mit der Schlichtung soll also grundsätzlich ein tarifvertragsloser Zustand überwunden und ein Arbeitskampf vermieden oder beendet werden.[4] Damit dient die Schlichtung als Konfliktmechanismus für Regelungsstreitigkeiten. Darunter

---

1 Im Hinblick auf die historische Entwicklung des Schlichtungswesens sei an dieser Stelle auf die umfangreichen Ausführungen in der Literatur verwiesen: *Schelp*, AuR 1955, 4 ff.; *Syrup/Neuloh*, Hundert Jahre staatliche Sozialpolitik 1839-1939, S. 149 ff.; *Hueck/Nipperdey*, Arbeitsrecht, Band II/1, S. 741; *Gamillscheg*, KollArbR I, S. 1299 ff.; *Behning*, Schlichtung, S. 6 ff.; *Preißler*, Zwangsschiedsspruch, S. 3 ff.; *Raupach*, Schlichtung, S. 44 ff.; *v.Brauchitsch*, Staatliche Zwangsschlichtung; *Lembke*, RdA 2000, 223 f.

2 *Hueck/Nipperdey*, Arbeitsrecht II/1, S. 722; *Isele*, Rechtsprobleme, S. 9; *Futter*, Schlichtungswesen, S. 45 ff.

3 Vgl. *Lee*, Beilegungssysteme, S. 8; *Zöllner/Loritz/Hergenröder*, Arbeitsrecht, S. 452; *Rommelspacher*, Schlichtung, S. 14.

4 *Futter*, Schlichtungswesen, S. 35.

sind, in Abgrenzung zu Rechtsstreitigkeiten, Streitigkeiten in Form eines Interessenkonfliktes zu verstehen.[5] Zwar liegt auch einem Rechtsstreit eine inhaltliche Auseinandersetzung zu Grunde, allerdings wird bei einem Rechtsstreit nach Rechtssätzen entschieden, die reine Interessenauseinandersetzung hingegen wird nach den Grundsätzen der Billigkeit und Zweckmäßigkeit ausgerichtet.[6]

Dort, wo Rechtssätze auftauchen, ist zugleich der freie Willensentschluss der Berechtigten an dessen Inhalt gebunden. Demnach geht es um die Feststellung der bestehenden Rechtslage, die sich aus der Anwendung des staatlich gesetzten oder aber von den Parteien vereinbarten Rechts auf den konkreten Streitfall ergibt. Es handelt sich um eine durch Rechtsprechung erzielte Konfliktbeilegung im materiellen Sinne, d.h. durch eine mit Entscheidungsbefugnis ausgestattete Instanz. Dazu gehören neben der staatlichen Gerichtsbarkeit auch die Schiedsgerichte, welche als private Gerichte Rechtsstreitigkeiten bindend entscheiden.[7]

Hingegen steht den Parteien der Regelungsstreitigkeit kein Rechtssatz zur Seite, der die jeweils andere Seite ihrem Willen unterwirft. Der Streitgegenstand steht vielmehr in einem rechtsfreien Raum. Eine Lösung muss durch die Willenseinigung der Beteiligten oder durch einen verbindlichen Spruch eines eigenständigen Gremiums erst noch gefunden werden.

Das Schlichtungswesen ist insoweit von der Rechtsprechung abzugrenzen: „Schlichten ist kein Richten".[8] Die Streitigkeit darf sich daher nicht nur auf den Zweck beschränken, die Streitpunkte für den einen konkreten Fall zu entscheiden. Vielmehr soll zwischen den Parteien Recht geschaffen werden und sie sollen hinsichtlich der streitigen Frage auch künftig an eine Regelung gebunden sein.[9] Wird dieselbe Frage dann nach erfolgter Regelung nochmals streitig, so steht dieser Streit nun nicht mehr im rechtsfreien Raum und ist mithin kein Interessenkonflikt mehr, sondern Rechtsstreit.

Die Schlichtung ist andererseits aber auch von der Gesetzgebung abzugrenzen, obwohl sie letztlich Rechtsnormen schaffen soll.[10] Denn bei diesen Rechtsnormen handelt es sich nicht um formelle Gesetze, sondern um die im Arbeitsrecht eigentümliche Form der Vertragsautonomie.[11] Im Ergebnis lässt sich Schlichtung

---

5 Vgl. *Hueck/Nipperdey*, Arbeitsrecht II/1, S. 722; *Brox/Rüthers*, Arbeitskampfrecht, Rn. 683; *Kühn*, Schlichtungsstreitigkeit, S. 148; Weiß/Gagel-*Seifert*, § 26 A Rn. 2.

6 *Kühn*, Schlichtungsstreitigkeit, S. 18 (127 ff.).

7 *Dütz*, Arbeitsrecht, Rn. 589 (914 ff.); *ders.*, RdA 1978, 291 ff.; *Hueck/Nipperdey*, Arbeitsrecht, S. 722 ff.; *Koch*, in: Schaub, Arbeitsrechts-Handbuch, § 195 Rn. 7; *Zöllner/Loritz/Hergenröder*, Arbeitsrecht, S. 452.

8 *Söllner*, ZfA 1982, 1.

9 MünchArbR/*Löwisch/Rieble*, 2. Aufl., § 294 Rn. 1.

10 *Dersch*, RdA 1952, 443.

11 *Futter*, Schlichtungswesen, S. 38; *Dersch*, RdA 1952, 443.

im hier verstandenen Sinne als Hilfeleistung zur Beendigung einer Gesamtregelungsstreitigkeit zwischen Tarifvertragsparteien definieren.[12]

II. Funktionen der staatlichen Schlichtung

Dadurch, dass die Gestaltung des Arbeitslebens in Deutschland zu weiten Teilen der autonomen Regelung von Gewerkschaften, Arbeitgeberverbänden und einzelnen Arbeitgebern überlassen wird, kommt der Schlichtung eine wichtige Komplementärfunktion zu.[13] Der von einer Schlichtung ausgehende Versachlichungs- und Befriedungseffekt, aber auch der sich im Anschluss ergebende öffentliche Rechtfertigungsdruck für die Tarifforderung, vermag zu einer Deeskalation und im Einzelfall sogar zu einer Vermeidung des bevorstehenden Arbeitskampfes beitragen.[14] Durch die Eröffnung des Schlichtungsverfahrens werden die Tarifpartner mit der gesteigerten Erwartung der Öffentlichkeit konfrontiert, man werde angesichts der drohenden Folgen nicht zuletzt für die Allgemeinheit zu friedlichen Kompromissen kommen. Der Druck der öffentlichen Meinung lastet vor allem in dieser letzten Phase kampfloser Suche nach geeigneten Lösungen auf den Koalitionen. Er wirkt daher hier, wo der starren Partei die öffentliche Zuweisung der Verantwortlichkeit für die Nichtachtung des Gemeinwohls droht, besonders disziplinierend. Tatsächlich ruft auch häufig schon das Bewusstsein bei den Tarifparteien, dass auf das Scheitern einer Schlichtung der Arbeitskampf folgt, den Verständigungswillen hervor.[15]

Die Befriedungsfunktion kommt zunächst den streitenden Tarifvertragsparteien zu Gute, die auf diese Weise aufwendige Arbeitskämpfe vermeiden und die Kosten für die Aushandlung von Tarifverträgen begrenzen können. Die Schlichtung schützt darüber hinaus aber auch die Allgemeinheit, die durch Arbeitskämpfe mittelbar erheblich beeinträchtigt werden kann; insoweit übersteigt die Schlichtung den Rechtskreis der unmittelbaren Akteure einer Tarifauseinandersetzung und entfaltet drittschützende Wirkung.

Zum anderen ist die Schlichtung als Verfahren der Vertragshilfe zugleich eine Hilfseinrichtung zur Ausübung und Aktualisierung der Tarifautonomie:[16] Sie

12 MünchArbR/*Otto*, 2. Aufl., § 294 Rn. 1; *Hueck/Nipperdey*, Arbeitsrecht II/1, S. 722; *Brox/Rüthers*, Arbeitskampfrecht, Rn. 683; *Prütting*, JZ 1985, 261 f.

13 *Löwisch*, Richten und Schlichten von Arbeitsstreitigkeiten in Deutschland, S. 209.

14 *Söllner*, ZfA 1982, 1 (8); *Sitzler*, FS Nipperdey, 193; Weiß/Gagel-*Seifert*, § 26 A Rn. 4; *Bayreuther*, NZA 2008, S. 12.

15 *Hanau*, DB 1982, 377; *Löwisch*, ZfA 1985, 53 (63).

16 MünchArbR/*Otto*, 2. Aufl., § 294 Rn. 5; *Sitzler*, FS-Nipperdey, 193.

führt bei erfolgreichem Abschluss zu einem Tarifvertrag und damit zu einer von Art. 9 Abs. 3 GG intendierten kollektiven Ordnung der Arbeitsbeziehungen. In diesem Sinne ist Schlichtung daher auch die Unterstützung bei der Fortbildung des autonomen Tarifrechts.

Die Durchführung und die statistische Erfolgsträchtigkeit eines Schlichtungsverfahrens fördert immer zugleich die „Akzeptanz der Tarifvertragsordnung in der Gesellschaft".[17] Dass trotz aller Schadenseffekte Tarifautonomie und die mit ihr verbundenen Arbeitskämpfe im Interesse einer freiheitlich verfassten Arbeitsrechtsordnung hingenommen werden müssen, wird viel eher verständlich, wenn der Arbeitskampf wirklich erst als letztes Mittel nach Fehlschlagen aller anderen Lösungsversuche einschließlich einer vorherigen Schlichtung eingesetzt wird.

III. Formen der staatlichen Schlichtung

Die verschiedenen Formen der staatlichen Schlichtung lassen sich zum einen nach dem Grad ihrer Verbindlichkeit unterscheiden.[18] Das Verfahren mit der geringsten Verbindlichkeit stellt dabei die fakultative Schlichtung dar, die lediglich in einem Verfahren besteht, dessen sich die Tarifparteien freiwillig bedienen können, aber nicht müssen.

Einen Schritt weiter geht die gesetzliche Einführung einer arbeitskampfrechtlichen Schlichtungsobliegenheit: Solange die angreifende Partei ein mögliches Schlichtungsverfahren nicht versucht hat, solange sind ihr Kampfmaßnahmen verboten.

Eine stärkere Verbindlichkeit erzeugt dagegen die gesetzlich angeordnete Verpflichtung einer Tarifvertragspartei, sich auf ein Schlichtungsverfahren einzulassen, wenn die andere Seite die Schlichtungsstelle anruft. Da hierbei die Verbindlichkeit des Verfahrens vom Verhalten der Gegenseite abhängt, besteht ein bedingter Schlichtungszwang.[19] Wird die Schlichtungsstelle von Amts wegen ermächtigt, das Schlichtungsverfahren einzuleiten oder werden die beteiligten Tarifvertragsparteien verpflichtet, nach dem Scheitern der Tarifverhandlungen ein Schlichtungsverfahren durchzuführen, so liegt ein unbedingter Schlichtungszwang vor. Es wird insoweit auch von einer sog. Schlichtungsautomatik gespro-

---

17 *Löwisch*, ZfA 1985, 53 (64); MünchArbR/*Otto*, 2. Aufl., § 294 Rn. 5; *Birk/Konzen/Löwisch/Raiser/Seiter*, ArbeitskampfG, S. 40; *Picker*, in: Lieb/v.Stebut/Zöllner, ArbeitskampfR, S. 287.

18 Vgl. MünchArbR/*Otto*, 2. Aufl., § 294 Rn. 7; Löwisch/*Rumler*, Arbeitskampf- und Schlichtungsrecht, 170.1 Rn. 8; Weiß/Gagel-*Seifert*, § 26 A Rn. 9.

19 Vgl. Weiß/Gagel-*Seifert*, § 26 A Rn. 9.

chen.[20] Ein Verfahren, welches sowohl den bedingten, als auch den unbedingten Schlichtungszwang beinhaltet, wird auch unter dem Begriff des „obligatorischen Schlichtungsverfahrens" zusammengefasst.[21]

Zum anderen lässt sich eine Unterscheidung danach vornehmen, in welcher Intensität die Schlichtung in den tarifvertraglichen Willensbildungsprozess eingreift.[22] Die geringste Intensität geht von einer Schlichtung aus, bei der die Schlichtungsinstanz nur eine gütliche Einigung herbeizuführen versucht, ohne einen Schlichtungsspruch zu fällen. Hier ist der Schlichter ausschließlich als Mediator tätig.[23] Wird die Schlichtungsstelle darüber hinaus ermächtigt, einen unverbindlichen Schlichtungsspruch zu erlassen, stellt diese Regelung einen intensiveren Eingriff in den tariflichen Aushandlungsprozess dar. Die Parteien sind hierbei zwar nicht verpflichtet, den Spruch anzunehmen, allerdings kann, etwa durch die Einbeziehung der Öffentlichkeit, der tatsächliche Druck auf die Parteien steigen.

Die Schlichtungsform mit der intensivsten staatlichen Einflussnahme auf das Tarifgeschehen stellt die gesetzliche Zwangsschlichtung dar. Die Tarifvertragsparteien werden hier einem verbindlichen Spruch der Schlichtungsstelle unterworfen, mit der Folge, dass der Schlichtungsspruch die Einigung zwischen den Parteien ersetzt und er somit die Wirkung eines Tarifvertrages hat.

B. Verfassungsrechtliche Vorgaben für eine staatliche Schlichtungsregelung

Zur Erörterung der Zulässigkeit staatlicher Regelungsformen des Schlichtungswesens ist es unerlässlich, zunächst die verfassungsrechtlichen Vorgaben hierfür in den Blick zu nehmen. Maßstab für eine staatliche Schlichtungsregelung bildet die Koalitionsfreiheit gem. Art. 9 Abs. 3 GG.

---

20 Vgl. Weiß/Gagel-*Seifert*, § 26 A Rn. 9.

21 Vgl. etwa MünchArbR/*Otto*, 2. Aufl., § 294 Rn. 7; *Hanau/Thüsing*, in: Thüsing (Hrsg.), Tarifautonomie, S. 64.

22 Vgl. MünchArbR/*Otto*, 2. Aufl., § 294 Rn. 7; Weiß/Gagel-*Seifert*, § 26 A Rn. 10.

23 Weiß/Gagel-*Seifert*, § 26 A Rn. 10.

I. Die Gewährleistungen des Art. 9 Abs. 3 GG

Wortlaut und geschichtliche Entwicklung des Art. 9 Abs. 3 GG zeigen, dass die Koalitionsfreiheit in erster Linie ein liberales Freiheitsgrundrecht mit sozialer Zwecksetzung ist.[24] Es gewährleistet als Grundrecht die Freiheit, Vereinigungen zur Wahrung und Förderung der Arbeits- und Wirtschaftsbedingungen zu bilden.[25] Es handelt sich dabei nicht nur um ein individuelles, sondern auch um ein kollektives Freiheitsrecht.[26] Frei sind sowohl Gründung und Existenz der Koalitionen, als auch ihre Betätigung. Dazu gehört auch der freie Abschluss von Tarifverträgen, insbesondere Lohn- und sonstige materielle Arbeitsbedingungen in einem Bereich, in dem der Staat seine Regelungszuständigkeit weit zurückgenommen hat, in eigener Verantwortung und im wesentlichen ohne staatliche Einflussnahme zu regeln.[27] Die Koalitionsfreiheit dient insofern der sinnvollen Ordnung des Arbeitslebens.[28] Die Tarifautonomie und ihre Funktionsfähigkeit sind vorrangiges Gewährleistungselement des Art. 9 Abs. 3 GG.[29] Zielsetzung ist der Ausgleich der strukturellen Unterlegenheit der Arbeitnehmer beim Abschluss von Arbeitsverträgen durch kollektives Handeln sowie das annähernd gleichgewichtige Aushandeln der Löhne und Arbeitsbedingungen.[30]

Nach der Rechtsprechung des BVerfG sollen die Koalitionen beim Abschluss von Tarifverträgen die Mittel, die sie zur Erreichung des Zwecks für geeignet halten, selbst wählen können.[31]

1. Gewährleistung der Schlichtung

Auch die Schlichtung dient der Erreichung des Koalitionszwecks in Form der sinnvollen Ordnung des Arbeitslebens. Ein freiheitliches Tarifsystem funktioniert nämlich erst dann, wenn auch die Bereinigung auftretender Konflikte möglich ist. Wenn also das Grundgesetz ein freiheitliches Tarifsystem gewährleistet, dann muss diese Garantie, um sinnvoll zu sein, auch diejenigen kollektivrechtli-

---

24 *Löwer*, in: v.Münch/Kunig, GG, Art. 9 Rn. 57.

25 BVerfGE 116, 202 (218); *Biedenkopf*, Grenzen der Tarifautonomie, S. 94 f.; *Scholz*, Koalitionsfreiheit, S. 267; *Raiser*, RdA 1987, 201 (203); *Reichel/Zschocher*, Schlichtungswesen und Arbeitskampfrecht, S. 9.

26 BVerfGE 50, 290 (367); BAG, NZA 2007, 1055; a.A.: *Scholz*, Koalitionsfreiheit, S. 267.

27 BVerfGE 28, 295 (305); 38, 281 (306); 58, 233 (246); 100, 271 (282); 116, 202 (219); vgl. auch *Scholz*, in: Maunz/Dürig, GG, Art. 9 Rn. 299.

28 BVerfGE 50, 220, (367).

29 *Scholz*, FS Buchner, 827 (828).

30 BVerfGE 84, 212 (229); *Jarass/Pieroth*, GG, Art. 9 Rn. 29.

31 BVerfGE 88, 103 (114).

chen Institute mitumfassen, die ein Funktionieren des Tarifsystems erst ermöglichen.[32] Die Garantie der verbandsautonomen Gestaltung des Arbeitslebens bezieht sich insofern nicht nur auf die unmittelbare inhaltliche Gestaltung von Arbeitsverhältnissen, sondern schließt grundsätzlich auch die Schaffung prozeduraler Regeln über die Austragung von Tarifauseinandersetzungen mit ein.[33] Denn den Koalitionen muss schließlich auch nach dem Scheitern von Tarifverhandlungen eine Regelung des Interessenkonflikts möglich sein. Demnach sind sie berechtigt, ein Verfahren in Anspruch zu nehmen oder zu vereinbaren, welches den Abschluss von Tarifverträgen fördert. Im Rahmen der allgemeinen Vertragsfreiheit können die Tarifparteien einen Vertrag über Einrichtung, Verfahren und Inhalt eines Schlichtungsverfahrens und der Kompetenz der Schlichtungskommission mit dem Ziel der Vermeidung eines Arbeitskampfes und Herbeiführung einer Regelung der zwischen den Tarifvertragsparteien streitig gebliebenen Fragen einer Gestaltung ihrer Beziehungen und der ihrer tarifgebundenen Mitglieder vereinbaren.[34] Die Schlichtung unterfällt daher der Koalitionsverfahrensgarantie des Art. 9 Abs. 3 GG.[35] Sie ist ein Mittel der Tarifvertragsparteien, die tarifliche Ordnung der Arbeitsbedingungen durch die ihnen nach Art. 9 Abs. 3 GG zustehende Normsetzungsbefugnis auszuüben.

Es obliegt grundsätzlich der Entscheidung der Koalitionen, ob sie die Schlichtung selbst betreiben, einen neutralen Dritten einschalten oder sich staatlicher Schlichtungsorgane bedienen wollen.[36] Zu weit ginge es hingegen, ein Vorrangprinzip der vereinbarten gegenüber der staatlichen Schlichtung im Sinne einer Rechtsbedingung dahingehend zu konstruieren, dass ein staatliches Verfahren als unzulässig abzuweisen ist, wenn nicht vorher die vereinbarte Schlichtungsstelle angerufen wurde.[37] *Otto* spricht insoweit zutreffend von „vereinbarter staatlicher Schlichtung".[38] Indem die Parteien die staatlichen Behörden übereinstimmend um Vermittlung bzw. Schlichtung anrufen, machen sie gerade von ihrer Privat- bzw. Tarifautonomie Gebrauch. Ihre Autonomie wird also keinesfalls beeinträchtigt.

---

32 Vgl. die Ausführungen bei *Brox/Rüthers*, Arbeitskampfrecht, S. 39 ff. (43 ff.); *Rüthers*, Streik und Verfassung, S. 29 ff. (68 ff.).

33 So wohl auch BAG (GS) v. 21.04.1971 – GS 1/68, AP Nr. 43 zu Art. 9 GG Arbeitskampf; Weiß/Gagel-*Seifert*, § 26 A Rn. 19.

34 *Kissel*, Arbeitskampfrecht, § 69 Rn. 5.

35 *Brox/Rüthers*, Arbeitskampfrecht, Rn. 688; *Gamillscheg*, KollArbR I, S. 625 (1307); Löwisch/*Rieble*, Arbeitskampf- und Schlichtungsrecht, 170.1 Rn. 35; MünchArbR/*Otto*, 2. Aufl., § 294 Rn. 12; *Nikisch*, FS DJT 1960, Bd. I, 317 (333).

36 *Rommelspacher*, Schlichtung und Tarifautonomie, S. 56 f.; *Behning*, Schlichtung, S. 127.

37 *Lembke*, RdA 2000, 223 (229).; in diesem Sinne wohl aber *Koch*, in: Schaub, Arbeitsrechts-Handbuch, § 196 Rn. 1 (12).

38 MünchArbR/*Otto*, 2. Aufl., § 288 Rn. 1.

2. Gewährleistung des Arbeitskampfes

Eine gesetzliche Schlichtungsregelung, die als wesentlicher Bestandteil in das Arbeitskampfrecht eingebettet ist, bietet die Möglichkeit, Arbeitskämpfe einzuschränken.[39] Insofern kann das Arbeitskampfrecht schon bei der Erörterung der verfassungsrechtlichen Vorgaben für die staatliche Schlichtung nicht außer Betracht bleiben. Ausgangspunkt für eine Herleitung des Arbeitskampfrechts ist dabei ebenfalls die Koalitionsbetätigungsfreiheit des Art. 9 Abs. 3 GG.[40]

Da eine staatsfreie Konfliktlösung letztlich nur über den Einsatz wirtschaftlichen Drucks möglich ist, gehört zu dem Kern des durch Art. 9 Abs. 3 GG grundrechtlich geschützten Systems des autonomen Aushandelns von Arbeits- und Wirtschaftsbedingungen auch der Arbeitskampf als Mittel zur Durchsetzung bisher verweigerter Forderungen. Der Große Senat des BAG hat formuliert, dass „Arbeitskämpfe nach unserem freiheitlichen Tarifvertragssystem möglich sein müssen, um Interessenkonflikte über Arbeits- und Wirtschaftsbedingungen im äußersten Fall austragen und ausgleichen zu können".[41] Auch das Bundesverfassungsgericht sieht den Arbeitskampf als von Art. 9 Abs. 3 GG mitgarantiert an: „Arbeitskampfmaßnahmen, die auf den Abschluss von Tarifverträgen gerichtet sind, (...) werden jedenfalls insoweit von der Koalitionsfreiheit erfasst, als sie allgemein erforderlich sind, um eine funktionierende Tarifautonomie sicherzustellen".[42] Unter Beschränkung auf die gegenwärtigen wirtschaftlichen Bedingungen hat das Bundesverfassungsgericht[43] auch die suspendierende Abwehraussperrung in den durch Art. 9 Abs. 3 GG geschützten Bereich der Koalitionsbetätigung einbezogen. Der Arbeitskampf hat damit eine „Hilfsfunktion für die Tarifautonomie".[44] Diese könnte, so konstatiert das BAG, ohne das Druckmittel des Arbeitskampfes nicht wirksam werden.[45]

39 Löwisch/*Rieble*, Arbeitskampf- und Schlichtungsrecht, 170.1 Rn. 5.

40 BVerfGE 84 212, 225; 92, 365, 393.

41 BAG (GS) v. 21.04.1971 – GS 1/68, AP Nr. 43 zu Art. 9 GG Arbeitskampf Teil III A 1 der Gründe; *Brox/Rüthers*, Arbeitskampfrecht, Rn. 85; *Scholz*, in: Maunz/Dürig, GG, Art. 9 Rn. 279; *Däubler,* in: Däubler, Arbeitskampfrecht, Rn. 89 ff.

42 26.06.1991 AP Nr. 117 zu Art. 9 GG Arbeitskampf unter C I 1a der Gründe. Dazu auch Löwisch/*Rieble,* Arbeitskampf- und Schlichtungsrecht, 170.1 Rn. 59 ff.

43 BVerfG, DB 1991, 1678.

44 BAGE 58, 343; 48, 160 („um der Tarifautonomie willen notwendig").

45 BAGE 33, 140 (150); 53, 89 (93); NZA 2007, 1055.

3. Staatliche Neutralität

Durch die grundrechtliche Gewährleistung der freiwilligen Schlichtung und der Arbeitskampffreiheit ist dem Staat in diesen Bereichen Zurückhaltung geboten. Um dies sicherzustellen, wird ihm die Verpflichtung auferlegt, sich grundsätzlich nicht aktiv in Tarifauseinandersetzungen einzumischen. Aufgrund dieser Neutralitätspflicht darf der Staat auch grundsätzlich Arbeitskämpfe nicht verbieten oder zu Gunsten eines der Kontrahenten in einen Arbeitskampf eingreifen.[46]

Die Beteiligten sollen selbständig eine passende tarifvertragliche Regelung finden, „im freien Spiel der Kräfte",[47] ganz im Sinne der Privatautonomie, nur eben auf kollektiver Ebene. Die Schädigung des Gegners dient dazu, diesen zum Nachgeben zu bewegen. Staatliche Hilfe ist dafür nicht vorgesehen, da sie unter Umständen zu Lasten der Kampfparität ginge. Diese „Waffengleichheit" der Tarifgegner ist jedoch Voraussetzung für einen angemessenen Interessenausgleich.[48] Nur solange sie gewährleistet bleibt, ist die Tarifautonomie funktionsfähig.

Dennoch muss der Staat systembedingte Ungleichheiten kompensieren, um seiner paritätsorientierten Neutralitätspflicht zu genügen.[49] Diesbezüglich gesteht die Rechtsprechung dem Gesetzgeber aber einen weiten Einschätzungsspielraum zu.[50] Hier sind viele Ausgestaltungsmöglichkeiten denkbar, „die ein ausgewogenes Aushandeln der Arbeits- und Wirtschaftsbeziehungen ... zulassen".[51]

4. Beschränkung der Gewährleistung auf einen „Kernbereich"?

Der Schutz der Koalitionsbetätigung aus Art 9 Abs. 3 GG ist von vornherein nicht nur auf einen „Kernbereich" beschränkt, auch wenn zum Teil eine solche Beschränkung der älteren Rechtsprechung entnommen wurde.[52] Während das BVerfG ursprünglich von einem unantastbaren „Kernbereich spezifisch koalitionsmäßiger Betätigung" sprach, hat es mittlerweile klargestellt, dass es alle „koalitionsspezifischen Verhaltensweisen" geschützt wissen möchte.[53] Eine inhaltliche Neuinterpretation der Koalitionsfreiheit ist damit allerdings nicht verbunden.[54]

---

46 BeckOK/*Waas*, ArbR, GG, Art. 9 Rn. 80.

47 BAGE 73, 320 (329).

48 *Säcker*, Gruppenparität, S. 115; *Brox/Rüthers*, Arbeitskampfrecht, Rn. 166 ff.

49 BAGE 1, 291 (308); *Scholz*, in: Maunz/Dürig, GG, Art. 9 Rn. 283; *Löwer*, in: v.Münch/Kunig, GG, Art. 9 Rn. 66; *Scholz*, Koalitionsfreiheit, S. 264 f.

50 BVerfGE 92, 365 (394).

51 BVerfGE 92, 365 Leitsatz 1.

52 BVerfG, NJW 1981, 1829 (1830); 1988, 890 (896).

53 BVerfGE 94, 268 (283); BVerfGE 100, 271 (282).

54 BVerfGE 93, 352 (358 f.); BAG, NZA 2007, 1055; anders *Neumann*, RdA 2007, 71.

Staatliche Beschränkungen berühren jedenfalls – und nicht nur dann, wenn diese Tätigkeiten zur Erreichung der Koalitionszwecke „unerlässlich“ sind – den Schutzbereich des Grundrechts und müssen sich daher vor diesem rechtfertigen lassen.[55] Ob eine koalitionsspezifische Betätigung für die Wahrnehmung der Koalitionsfreiheit unerlässlich ist, erlangt insbesondere erst bei der Rechtmäßigkeitsprüfung hinsichtlich von Einschränkungen dieser Freiheit Bedeutung.[56]

Das BVerfG verweist darauf, dass es in neueren Entscheidungen lediglich geprüft habe, ob beispielsweise eine Entscheidung des BAG den Wesensgehalt der Koalitionsfreiheit i.S.v. Art. 19 Abs. 2 GG verletzt oder in unverhältnismäßiger Weise in das Grundrecht eingreift.[57] Diese Ausführungen entsprechen einem vorzugswürdigen Grundrechtsverständnis. Die Unterscheidung innerhalb des Schutzbereichs eines Grundrechts zwischen einem zwingenden und einem dem Gesetzgeber zur Verfügung gestellten Schutzbereichsteil würde im Hinblick auf die Schrankensystematik des Grundgesetzes die Grenze zwischen Schutzbereichsbestimmung und Beschränkbarkeit eines Grundrechts verwischen.[58]

5. Ausgestaltung und Beschränkung des Schutzbereichs

Die Koalitionsfreiheit bedarf von vornherein der gesetzlichen Ausgestaltung.[59] Dies betrifft die Schaffung der Rechtsinstitute und Normenkomplexe, die erforderlich sind, um die grundrechtlich garantierten Freiheiten ausüben zu können. Ohne ein Tätigwerden des in erster Linie gefragten Gesetzgebers ist Art. 9 Abs. 3 GG auf eine „gesetzesvertretende“ Ausgestaltung durch Richterrecht angewiesen.[60]

Liegt eine das Grundrecht prägende Ausgestaltung vor, so stellt diese schon keine Grundrechtsbeeinträchtigung dar.[61] Die Ausgestaltung ist insofern abzugrenzen von der rechtfertigungsbedürftigen Beschränkung des Grundrechts.[62] Die Ausgestaltung umfasst alles, was der realen Entfaltung der mit dem betreffenden Grundrecht verfolgten Ziele dient.[63] Diesbezüglich liegt der Rechtsprechung ein weites Begriffsverständnis zu Grunde. Nicht beantwortet hat sie hin-

---

55 BAG, NJW 2005, 1596 (1597 ff.); NZA 2007, 1055 (1056); BeckOK/*Cornils*, GG, Art. 9 Rn. 57.

56 BVerfGE 93, 352 (358).

57 BVerfGE 93, 352 (359) unter Verweis auf BVerfGE 84, 212 (228).

58 *Pusch*, Alternativen zum Arbeitskampf, S. 280.

59 BVerfGE 88, 103 (115 ff.)

60 BVerfG in st. Rsprg. etwa BVerfGE 18, 18; 84, 212; 92, 365.

61 *Jarass/Pieroth*, Vorb. Art. 1 Rn. 25.

62 *Gamillscheg*, KollArbR I, S. 230; v.Müch/Kunig/*Löwer*, GG, Art. 9 Rn. 21.

63 BVerfGE 74, 297 (334); *Jarass/Pieroth*, Vorb. Art. 1 Rn. 25.

gegen die Frage, ob die Ausgestaltungsbefugnis auch zum Schutze sonstiger Rechtsgüter eingesetzt werden kann, oder ob solche Maßnahmen bereits rechtfertigungsbedürftige Eingriffe darstellen.[64]

Die Beantwortung dieser Frage ist grundsätzlich Auslegungssache und kann bei der Erörterung zulässiger staatlicher Schlichtungsregelungen dahinstehen. Selbst wenn es sich zweifelsfrei um eine ausgestaltende Maßnahme handelt, muss diese dennoch im Hinblick auf die Grundrechtsfunktion sowohl sachgerecht und geeignet, als auch für die nachteilig Betroffenen zumutbar sein.[65] Wirkt sich die Ausgestaltung wie ein Grundrechtseingriff aus, so hat die Maßnahme darüber hinaus die Grundsätze der Verhältnismäßigkeit zu wahren.[66]

6. Ergebnis zum Gewährleistungsbereich

Festzuhalten ist also, dass die Abschlussfreiheit bei Tarifverträgen und das Recht der Koalitionen zur Vereinbarung und Durchführung einer Schlichtung ebenso zum Schutzbereich des Art. 9 Abs. 3 GG gehören, wie der Arbeitskampf, der zu einem Abschluss eines Tarifvertrages führen soll.

II. Die Schranken des Art. 9 Abs. 3 GG

Auch den grundsätzlich vom Schutzbereich eines Grundrechts umfassten Freiheiten können Grenzen gezogen werden. Die Grenzen müssen jedoch, da sie sich auf grundrechtliche Freiheitsgewährleistungen beziehen, ebenfalls ihre Grundlage in der Verfassung haben.[67] In Betracht kommen dafür zum einen ausdrücklich in der Verfassung aufgeführte Gesetzesvorbehalte sowie verfassungsimmanente Schranken, deren Vorhandensein zur Wahrung der Einheit der Verfassung zwingend erforderlich ist.

Für die in Art. 9 Abs. 3 GG verbürgte kollektive Koalitionsfreiheit ist kein expliziter Gesetzesvorbehalt vorgesehen, jedoch unterliegt auch dieses Grundrecht den verfassungsimmanenten Schranken und ist aufgrund kollidierenden Verfassungsrechts einschränkbar.[68]

---

64 BVerfGE 84, 212 (228); 92, 365 (394).

65 BVerfGE 60, 253 (295); 77, 275 (284).

66 BVerfGE 79, 29 (40); *Dieterich*, RdA 2002, 1 (10); *Pusch*, Alternativen zum Arbeitskampf, S. 280.

67 *Hesse*, Rn. 309.

68 BVerfGE 84, 212 (228); 92, 26 (41); 94, 268 (284); BAG, NZA 2005, 592; *Scholz*, FS Buchner, 827 (832).

Im Laufe der Zeit hat das grundsätzlich vorbehaltlos gewährleistete Grundrecht der Koalitionsfreiheit eine Vielzahl an Einschränkungen erfahren. Im Folgenden sollen jedoch nur diejenigen angesprochen werden, die für eine staatliche Schlichtungsregelung maßgeblichen sind.

1. Gegenläufige Grundrechtspositionen aus Art. 9 Abs. 3 GG

Das kollidierende Verfassungsrecht zur Legitimation staatlicher Eingriffe in die Koalitionsfreiheit wird zunächst innerhalb des Gewährleistungsbereichs von Art. 9 Abs. 3 GG relevant. Die sozialen Gegenspieler können den Schutz von Art. 9 Abs. 3 GG grundsätzlich in gleichem Maße in Anspruch nehmen, stehen jedoch bei seiner Ausübung in scharfem Gegensatz zueinander. Dies erfordert grundsätzlich koordinierende Regelungen, die gewährleisten, dass die aufeinander bezogenen Grundrechtspositionen trotz ihres Gegensatzes nebeneinander bestehen können.[69] Aufgrund der damit notwendig einhergehenden gegenseitigen Beeinträchtigungen grundrechtlich geschützter Interessenpositionen muss gegebenenfalls die Grundrechtsposition eines Sozialpartners im Interesse des Schutzes der Gegenseite eingeschränkt werden.

2. Kollidierende Grundrechte Dritter

Im Rahmen einer staatlichen Schlichtungsregelung sind neben den Rechtspositionen nichtorganisierter Arbeitnehmer und Arbeitgeber vor allem auch diejenigen der nicht unmittelbar als Kampfparteien betroffenen Bürger hervorzuheben.[70] Diese Rechte genießen insbesondere nach Art. 12 (Berufsfreiheit), nach Art. 14 (Eigentum), und nach Art. 2 Abs. 1 GG (wirtschaftliche Entfaltungsfreiheit) sowie Art. 2 Abs. 2 (körperliche Unversehrtheit) selbst Verfassungsrang. So kann das Leben und die körperliche Unversehrtheit betroffener Bürger durch Einstellung von Leistungen gerade in Bereichen der Daseinsvorsorge schnell erheblich betroffen sein. Dies gilt etwa für Arbeitskämpfe in Krankenhäusern oder Streiks der Entsorgungsbetriebe. Auch die körperliche Bewegungsfreiheit und die allgemeine Handlungsfreiheit werden beispielsweise durch Arbeitskämpfe in Verkehrsbetrieben regelmäßig betroffen.

---

69 *Engels*, Verfassung und Arbeitskampfrecht, S. 306.

70 BeckOK/*Cornils*, GG, Art. 9 Rn. 89.1.

3. Gemeinwohl

Eine weitere generelle Schranke des Art. 9 Abs. 3 GG liegt in der Bindung an das Gemeinwohl. Dieses zu wahren ist eine staatliche Aufgabe.[71] Es zwingt den Staat, sich um das Wohl seiner Bürger zu sorgen. Das BAG hat darauf verwiesen, dass die Kampfparteien auch für die Allgemeinheit Verantwortung tragen, so dass ein Streik das Gemeinwohl nicht „offensichtlich" verletzen dürfe.[72] In der sog. „§ 116-AfG-Entscheidung"[73] heißt es ausdrücklich, der Gesetzgeber könne die Rahmenbedingungen von Arbeitskämpfen „aus Gründen des Gemeinwohls" verändern. Auch die herrschende Ansicht in der Literatur folgt der Rechtsprechung.[74] Gegen das Kriterium des Gemeinwohls wird allerdings von Seiten der Literatur eingewandt, es sei zu unbestimmt, als dass es eine taugliche Schranke der Koalitionsfreiheit bilden könnte.[75] Man entferne sich von handfesten Argumentationshilfen. Eine von staatlicher Seite zu definierende Gemeinwohlbindung, die aufgrund Unbestimmbarkeit des Gemeinwohlbegriffes die Gefahr berge, dass sowohl dem Inhalt von Tarifvereinbarungen, als auch der Form der Konfliktlösung beliebige Schranken gezogen werden können, setze sich mit den Grundlagen der Tarifautonomie in Widerspruch.[76] Der Tarifzensur sei dadurch Vorschub geleistet.[77] Hiergegen spricht allerdings, dass auch andere Gesetze die Gemeinwohlbindung eines Rechts oder einer Rechtsausübung kennen.[78] Zudem zeigten schon die Gesetzgebungsmaterialien zu Art. 9 Abs. 3 GG, dass es eine solche Gemeinwohlbindung der Tarifparteien geben müsse.[79] Die vom BAG geforderte „Offensichtlichkeit" der Gemeinwohlverletzung erleichtert ihre Bestimmung im Einzelfall, ohne dass eine Definition nötig wäre und Überlegungen über die generelle Priorität einzelner oder das Vorliegen gleichgerichteter Interessen angestellt werden müssen.[80] Die Koalitionsfreiheit muss schließlich zurücktreten, wenn die

---

71 *Küchenhoff*, RdA 1959, 201 (204).

72 BAGE 23, 292 (306); BAG, AP Nr. 1 zu Art. 9 GG Arbeitskampf; BAG, AP Nr. 43 zu Art. 9 GG Arbeitskampf.

73 BVerfGE 92, 365.

74 Siehe *Gamillscheg*, KollArbR I, S. 1174; *Hanau/Thüsing*, in: Thüsing (Hrsg.), Tarifautonomie, S. 61; *Brox/Rüthers*, Arbeitskampfrecht, Rn 194; *Seiter*, Streikrecht, S. 543; MünchArbR/*Otto*, 2. Aufl., § 282 Rn. 87 f.

75 *Söllner*, NZA 2000, Sonderbeilage Heft 24, 33; *Kalb*, RdA 1994, 385 (390).

76 So ausdrücklich *Weyand*, Tarifvertragliche Mitbestimmug, S. 121.

77 *Löwisch/Rieble*, TVG, Grundlagen Rn. 39; *Dütz*, Arbeitsrecht, Rn. 537.

78 Vgl. etwa Art. 14 Abs. 2 S. 2, Abs. 3 S. 1 GG, § 323 c StGB, § 228 BGB.

79 Vgl. den Vorschlag des Allgemeinen Redaktionsausschusses des Parlamentarischen Rates zu Art. 9 Abs. 3 GG: „Beschränkungen sind nur im Interesse des Allgemeinwohls und nur durch förmliches Gesetz möglich" (JböR 1951, 119); siehe auch *Seiter*, Streikrecht, S. 543 ff.

80 *Müller*, Arbeitskampf und Recht, S. 213; *Krüger*, Allgemeine Staatslehre, S. 981 f.

Belange der Allgemeinheit in unerträglicher Weise in Mitleidenschaft gezogen werden.[81] Lässt sich wenigstens negativ bestimmen, was jedenfalls offensichtlich wider das Gemeinwohl ist,[82] weil es ernsthaft gesamtgesellschaftliche Belange gefährdet, dann muss auch die fragliche Koalitionsbetätigung rechtswidrig sein. Insoweit ist der Gesetzgeber berechtigt, zum Schutze des Gemeinwohls arbeitsrechtliche Gesetze zu erlassen, die durch die Tarifvertragsparteien zu beachten sind.[83] Die Frage, ob es sich bei den einen Eingriff in Art. 9 Abs. 3 GG rechtfertigenden Gemeinwohlbelangen nur um solche von Verfassungsrang handeln kann,[84] oder gegebenenfalls auch andere, nicht verfassungsrangige, aber hinreichend gewichtige Gründe in Betracht kommen können,[85] hat praktisch nur geringe Bedeutung. Die Beantwortung dieser Frage kann an dieser Stelle dahinstehen, weil sich für die tatsächlich relevant werdenden Bedürfnisse nach Einschränkungen regelmäßig verfassungsrechtlich gewährleistete Zwecke und Güter nachweisen lassen.[86]

III. Die „Schranken-Schranken“ des Art. 9 Abs. 3 GG

Es ist allgemein anerkannt, dass eine Schrankenregelung keinen unbegrenzten Zugriff auf den grundrechtlichen Tatbestand eröffnet. Der Begriff „Schranken-Schranke“ bezeichnet dabei die Beschränkung, die für die staatliche Gewalt gilt, wenn diese dem Grundrechtsgebrauch Schranken zieht.[87] Konflikte bei der Abgrenzung der verschiedenen Grundrechte bzw. Rechtsgüter müssen im Wege der praktischen Konkordanz in Einklang gebracht werden. Der Betätigung der Koalitionen dürfen nach der Rechtsprechung des BVerfG auf Grund praktischer Konkordanz solche Schranken gezogen werden, die zum Schutz anderer Rechtsgüter von der Sache her geboten sind.[88] Ausgangspunkt bei der praktischen Konkordanz ist nicht die völlige Verdrängung einer der beiden Grundrechte bzw. Verfassungsrechtsgüter, sondern der Versuch, einen Ausgleich der Gegensätze zu finden. Die widerstreitenden Rechtspositionen sollen einen „möglichst schonen-

---

81 ArbG Chemnitz, AuR 2007, 339; ablehnend *Zachert*, DriZ 2007, 341.

82 Beispiele bei *Kissel*, Arbeitskampfrecht, § 27 Rn. 7, § 28 Rn. 5.

83 *Fratzky*, Gesetzgebungskompetenz, S. 186.

84 In diesem Sinne wohl BAG vom 27.01.2010 – 4 AZR 549/08 [A] – NZA 2010, 645 Rn. 77 ff.

85 Offengelassen durch BVerfG, NJW 1997, 513.

86 BeckOK/*Cornils*, GG, Art. 9 Rn. 87.

87 *Pieroth/Schlink*, Grundrechte, Rn. 275.

88 BVerfG 28, 295 (306).

den Ausgleich erfahren".[89] Jedes Grundrecht soll im Kollisionsfall „jeweils bestmöglich wirksam werden",[90] dafür muss jedes Opfer bringen.

Dabei erlangt der Verhältnismäßigkeitsgrundsatz, für den bisweilen der Begriff des Übermaßverbots verwendet wird, insoweit Bedeutung, als dass er als Abwägungsmaßstab zwischen zwei Verfassungsrechtsgütern im Rahmen der praktischen Konkordanz zwischen ihnen heranzuziehen ist.[91] Die Verhältnismäßigkeit ist nur dann gewährleistet, wenn die Grundrechtsbegrenzung geeignet, erforderlich und im engeren Sinne verhältnismäßig, also angemessen ist. Die Begrenzung ist geeignet, wenn sie den Schutz des Rechtsgutes bewirkt oder zumindest fördert, um dessen Willen sie vorgenommen wird. Sie ist weiterhin erforderlich, sofern kein milderes Mittel mit der gleichen Wirkung zur Verfügung steht.[92] Sowohl bei der Beurteilung der Eignung als auch der Erforderlichkeit des eingesetzten Mittels wird dem Gesetzgeber im Allgemeinen eine Einschätzungsprärogative eingeräumt. Er verfügt insoweit über das Recht, von mehreren unsicheren empirischen Sätzen einen auszuwählen und als eine Prämisse festzusetzen.[93] Sobald die „Opfergrenze" für einen Grundrechtsträger überschritten ist, muss der Staat jedoch aufgrund seiner verfassungsrechtlichen Schutzpflicht tätig werden.[94]

Der Zweck des Schrankengesetzes muss schließlich in angemessenem Verhältnis zu der Beeinträchtigung stehen, die mit dem Eingriff einhergeht.[95] Bei der Gesamtabwägung zwischen der Schwere des Eingriffs und dem Gewicht und der Dringlichkeit der ihn rechtfertigenden Gründe muss die Grenze der Zumutbarkeit gewahrt bleiben.[96] Letztlich impliziert die Angemessenheit eine Güterabwägung, die nur dann zu einer Korrektur führt, wenn die betroffenen Interessen ersichtlich wesentlich schwerer wiegen.[97] Dabei ist erheblich, ob die Koalitionsfreiheit im Bereich besonders hoher Schutzintensität des Grundrechts oder eher in einem Randbereich schwächeren Schutzes betroffen ist.[98] Rechtfertigungsfähig können staatliche Eingriffe bei Vorliegen hinreichend gewichtiger Beschränkungsgründe selbst dann sein, wenn sie die Koalitionsbetätigungsfreiheit „im Kern" berühren, etwa bei Eingriffen in die Tarifautonomie. Diese stellen nicht automatisch eine

---

89 BVerfGE 28, 243 (269); 103, 21 (33).

90 BVerfGE 39, 1 (38); BAGE 64, 264 (295).

91 *Engels*, Verfassung und Arbeitskampfrecht, S. 310; *Hesse*, Grundzüge, Rn. 72.

92 *Sommermann*, in: v.Mangoldt/Klein/Starck, GG, Art. 20 Rn. 314.

93 *Schulze-Fielitz*, in: Dreier, GG, Art. 20 Rn. 178 f.

94 *Isensee*, in: Lieb/v.Stebut/Zöllner, ArbeitskampfR, S. 97.

95 BVerfGE 67, 157 (173); *Pieroth/Schlink*, Grundrechte, Rn. 283 ff.

96 BVerfGE 83, 1 (19).

97 BVerfGE 44, 353 (373).

98 BVerfG, NJW 1999, 3033 (3034).

Grundrechtsverletzung dar.[99] Den Koalitionen kommt aus Art. 9 Abs. 3 GG zwar ein – prinzipiell vorrangiges – Normsetzungsrecht zu, nicht jedoch ein Normsetzungsmonopol.[100]

Eine weitere „Schranken-Schranke“ bildet die Wesensgehaltsgarantie des Art. 19 Abs. 2 GG.[101] Mit ihr soll verhindert werden, dass der freiheitsschützende Gewährleistungsgehalt eines Grundrechts durch die staatliche Gewalt ausgehöhlt wird.[102] Der Wesensgehalt beginnt somit dort, wo die Möglichkeiten zulässiger Begrenzungen enden.[103]

Bezogen auf die vorzunehmende praktische Konkordanz bedeuten diese Grundsätze, dass die jeweiligen Grundrechts- und Verfassungspositionen zunächst abstrakt gewichtet werden müssen. Allerdings darf die Güterabwägung nicht bei der abstrakten Wertung stehen bleiben, sondern muss ergänzt werden um die Frage, ob die staatliche Maßnahme den Grundwertgehalt des betroffenen Grundrechts antastet oder unberührt lässt.[104]

IV. Ergebnis

Die Schlichtung ist ein legitimes Mittel der Tarifparteien, im Rahmen der Tarifautonomie eine Einigung herbeizuführen und Arbeitskämpfe zu vermeiden oder zu beenden. Als solche ist sie Bestandteil der Koalitionsbetätigungsgarantie. Der Arbeitskampf stellt die wichtigste Form aktiv ausgetragenen Gegensatzes von Gewerkschaften und Arbeitgebern bzw. Arbeitgeberverbänden dar[105] und ist somit ebenfalls verfassungsrechtlich geschützt, soweit er für den Bestand und das Funktionieren der Tarifautonomie erforderlich ist. Als eine Art „Annexgewährleistung“ zur Koalitionsfreiheit kann die Arbeitskampffreiheit, aber auch das Recht zur Vereinbarung einer autonomen Schlichtung, eingeschränkt werden.

Als besonders wichtige Schranken bei der Gestaltung einer staatlichen Schlichtung könnten sich dabei die gegenläufigen Interessen der jeweiligen Koalitionsmitglieder, die Rechte Dritter sowie das Gemeinwohl erweisen. Bei dem

99 BVerfG AP BUrlG § 10 Kur Nr. 2; BVerfG, NZA 2005, 153 (154); BeckOK/*Cornils*, GG, Art. 9 Rn. 90.2.
100 BVerfG AP BUrlG § 10 Kur Nr. 2.
101 *Pieroth/Schlink*, Grundrechte, Rn. 278.
102 *Engels*, Verfassung und Arbeitskampfrecht, S. 310; BeckOK/*Enders*, GG, Art. 19 Rn. 21 f.
103 *Butzer*, RdA 1994, 375 (382).
104 BVerfGE 28, 243 (262).
105 BAGE 23, 292 (308); *Scholz*, in: Maunz/Dürig, GG, Art. 9 Rn. 309.

dadurch notwendig werdenden Ausgleich der betroffenen Interessen ist der Grundsatz der Verhältnismäßigkeit zu beachten.

Wird das Schlichtungswesen durch die in Art. 9 Abs. 3 GG gewährleistete Koalitionsfreiheit vorgeformt,[106] muss sich bei aller Anerkennung der Bemühungen um die Förderung von Schlichtungen doch jede gesetzliche Regelung zum Schlichtungswesen an Art. 9 Abs. 3 GG messen lassen.[107]

C. Regelungsmöglichkeiten staatlicher Schlichtung

I. Das fakultative Schlichtungsverfahren

Bei einem fakultativen Schlichtungsverfahren wird den Tarifparteien staatlicherseits eine Schlichtungsinstanz zur Verfügung gestellt. Den Tarifparteien steht es frei, sich dieser zu bedienen. Die Freiwilligkeit bedingt, dass es keinen Zwang zur Durchführung eines Schlichtungsverfahrens gibt. Da dieser Zwang fehlt, hat der Staat keine Möglichkeit von sich aus schlichtend tätig zu werden und dadurch unzumutbare oder unbillige Arbeitsbedingungen zu unterbinden.

Fakultative Schlichtungsregelungen sind hinsichtlich ihrer Vereinbarkeit mit Art. 9 Abs. 3 GG grundsätzlich unbedenklich, da sie die Tarifautonomie nicht beeinträchtigen.[108] Ein solches Verfahren sieht das Kontrollratsgesetz Nr. 35 (KRG Nr. 35) vom 20.08.1946[109] vor. Ein fakultatives Verfahren ist aber nicht besonders effektiv, da es von den Tarifparteien nur sehr zögerlich angenommen wird.[110]

---

106 So auch BAG v. 19.01.1962 – 1 ABR 14/60, AP Nr. 13 zu § 2 TVG; GS v. 21.04.1971 – 1/68, AP Nr. 43 zu Art. 9 GG Arbeitskampf; Weiß/Gagel-*Seifert*, § 26 A Rn. 17.

107 *Kissel*, Arbeitskampfrecht § 70 Rn. 18.

108 *Raupach*, Schlichtung, S. 141; *Isele*, Rechtsprobleme, S. 43.

109 ABl. KR S. 174, abgedruckt bei N*ipperdey I*, Sammlung arbeitsrechtl. Vorschriften, Nr. 520 und bei *Löwisch*, Arbeitskampf- und Schlichtungsrecht, Anhang 1, S. 491 ff.

110 Vgl. hierzu: *Arnold*, RdA 1996, 356 (361 ff.), und die jeweils auf Anfragen an das Bundesministerium für Arbeit und Sozialordnung beruhenden Angaben bei: Löwisch/*Rumler*, Arbeitskampf- und Schlichtungsrecht, 170.11 Rn. 5; *Dütz*, RdA 1978, 291 (303).

II. Die staatliche Zwangsschlichtung

Von einer Zwangsschlichtung spricht man, wenn eine Schlichtungsstelle aufgrund staatlicher Vorgaben auch gegen den Willen einer oder beider Parteien eine verbindliche Schlichtungsentscheidung treffen kann.

Im Gegensatz zur einfachen Schlichtung, die in erster Linie Verhandlungsförderung ist,[111] wird bei der Zwangsschlichtung die Entscheidung des Konflikts einem Dritten übertragen. Dessen „Machtwort" beendet den Arbeitskampf oder verhindert ihn gleich ganz.

1. Grundsätzliche Unzulässigkeit der staatlichen Zwangsschlichtung

Durch das Institut der Zwangsschlichtung wird der Staat maßgeblich am Zustandekommen der Arbeitsbedingungen beteiligt. Er erlangt tiefgreifenden Einfluss auf die Ausgestaltung der Tarifverträge. Dass der Staat diesen Einfluss auch zur Umsetzung seiner politischen und ökonomischen Zielvorstellungen zu nutzen bereit sein kann, zeigte die Entwicklung der Jahre 1930 und 1931. Auf der Grundlage der Verordnung über das Schlichtungswesen von 1923[112] nutzte der Staat die Schlichtungsinstanzen als Instrument seiner mit allgemeinen Lohnsenkungen verbundenen Deflationspolitik.[113] Insgesamt wurde die Zwangsschlichtung in der Weimarer Republik zum dominierenden Gestaltungsmittel der Tarifvertragsordnung: Etwa zwei Drittel der Gesamtvereinbarungen beruhte schließlich auf der Zwangsschlichtung.[114] Praktisch trieb die häufige Anwendung der Zwangsschlichtung die Verbände zu einer „Flucht vor der Verantwortung".[115] Die Sozialpartner begannen sich darauf einzurichten, dass der Staat Konflikte schlichtet. Der Sinn der Tarifautonomie, die Arbeitsbedingungen durch die sachnäheren und deshalb berufeneren Tarifpartner frei von staatlicher Einflussnahme zu regeln, wurde so ad absurdum geführt. Diese historischen Entwicklungen können auch bei der Prüfung der Vereinbarkeit der Zwangsschlichtung mit Art. 9 Abs. 3 GG nicht unberücksichtigt bleiben.[116]

Die Freiheit zur Entscheidung über das "Ob" eines Tarifvertragsschlusses stellt eine grundsätzlich unverzichtbare Bedingung für die Autonomie des Eini-

---

111 Löwisch/*Rieble*, Arbeitskampf- und Schlichtungsrecht, 170.1 Rn. 3.

112 RGBl. I, S. 224.

113 *Raupach*, Schlichtung, S. 193; B*ehning*, Schlichtung, S. 45.

114 *Lembke*, RdA 2000, 223 (224).

115 *Sitzler*, FS Nipperdey, 210.

116 So auch BVerfGE 4, 96, 101 (106 ff.); 18, 18 (28 f.); 19, 303 (314); 38, 386 (394); 44, 322 (347).

gungsprozesses innerhalb einer Koalition über das „Wie“ eines Tarifvertrages dar und ist deshalb dem Schutzbereich der Tarifautonomie zu unterstellen.[117] Eine Zwangsschlichtung, die an die Stelle des freien Vertragsschlusses einen staatlichen Machtanspruch treten ließe, würde, unabhängig davon, ob der Staat die verbindlich entscheidende Schlichtungsinstanz, der die Tarifvertragsparteien unterworfen sind, selbst bildet, oder einen neutralen Dritten einsetzt, die durch Art. 9 Abs. 3 GG zumindest in einem Kernbereich geschützte Vereinbarungsbefugnis der Tarifvertragsparteien in gravierender Weise einschränken, wenn nicht gar aufheben.[118]

Ein solches „staatliches Tarifdiktat“ bedeutet zudem immer auch einen Eingriff in die verfassungsrechtliche Gewährleistung eines freiwilligen Schlichtungssystems.[119] Die Freiwilligkeit der Schlichtung steht und fällt mit dieser „Freiheit der letzten Entscheidung“, also der Annahme oder Ablehnung des Schiedsspruches. Kann jedoch ein Schiedsspruch auf irgendeine Weise für verbindlich erklärt werden, so ist er nicht mehr freiwillig.[120] Wesentlich ist daher grundsätzlich, dass die Letztentscheidung den Tarifparteien verbleibt.[121]

Hiergegen wird eingewandt, dass die Tarifhoheit der Koalitionen durch eine staatliche Zwangsschlichtung nicht berührt werde, da die Koalitionen zunächst noch verhandeln, durch die drohende Zwangsschlichtung nur eben einem erhöhten Druck zur Einigung ausgesetzt wären.[122] Lediglich im Falle des Scheiterns der Verhandlungen komme eine staatliche Zwangsschlichtung in Betracht, wodurch auch die Belange des Gemeinwohls ausreichende berücksichtigt werden könnten.[123]

Allerdings bleibt hierbei außer Betracht, dass zu den von der Verfassung geschützten typischen Tätigkeiten der Koalitionen auch Arbeitskampfmaßnahmen zählen.[124] Wenn das Grundgesetz den Tarifparteien gerade das Recht einräumt, den jeweiligen Gegner unter bestimmten Voraussetzungen mit Streik oder Aussperrung zu bezwingen, so entzieht es damit zugleich dem Staat die Befugnis, die Einigung der Tarifparteien durch Zwangsschlichtung zu ersetzen.

Die prinzipielle Anerkennung der Tarifautonomie und des Arbeitskampfes hat für den Staat zur Folge, dass er zu einer strikten, aus Art. 9 Abs. 3 GG herzu-

---

117 *Kemper*, Die Bestimmung des Schutzbereichs, S. 129; *Rüfner*, RdA 1985, 196.

118 Löwisch/*Rieble*, Arbeitskampf- und Schlichtungsrecht, 170.1 Rn. 32.

119 Zur Garantie eines freiwilligen Schlichtungssystems vgl. oben Teil 1 B I 1.

120 Löwisch/*Rieble*, Arbeitskampf- und Schlichtungsrecht, 170.1 Rn. 32 ff.

121 *Brox-Rüthers*, Arbeitskampfrecht, S. 46.

122 So aber: *Rasch*, ZRP 1976, 181 (184); Bulla, FS Nipperdey, 79 (92 f.).

123 *Rasch*, ZRP 1976, 181 (184).

124 Vgl. oben Teil 1 B I 2.

leitenden, Neutralität verpflichtet ist.[125] Der Gesetzgeber darf demnach grundsätzlich nicht einseitig die Kampfmittel einer Partei beschränken.[126] Er hat von einer eigenen Festlegung von Leistung und Gegenleistung in den Arbeitsverhältnissen der Koalitionsmitglieder abzusehen.[127] Die Neutralitätspflicht des Staates bedeutet zwar kein absolutes Regelungsverbot. Verfassungsrechtlich unzulässig ist hingegen jede koalitionsrechtliche Regelung, die nicht geboten ist, um Sinn und Zweck einer koalitionsmäßigen Betätigung zu gewährleisten oder dem Schutz anderer Rechtsgüter zu dienen, ohne die Koalitionsfreiheit unverhältnismäßig einzuschränken.[128] Insbesondere aber im Bereich koalitionsmäßiger Tätigkeit zur Förderung des Tarifwesens ist dem Gesetzgeber äußerste Zurückhaltung auferlegt. Das Bundesverfassungsgericht führt insofern zur autonomen, von Staatsintervention freien Gestaltung der Arbeitsbedingungen durch die Tarifvertragsparteien aus:[129] „Dieses Zurücktreten des Staates zugunsten der Tarifvertragsparteien gewinnt seinen Sinn ebenso sehr aus dem Gesichtspunkt, dass die unmittelbar Betroffenen besser wissen und besser aushandeln können, was ihren beiderseitigen Interessen und gemeinsamen Interessen entspricht, als der demokratische Gesetzgeber, wie aus dem Zusammenhang mit dem für die Gestaltung nicht öffentlich-rechtlicher Beziehungen charakteristischen Prinzip der „Privatautonomie“, im Grunde also der Entscheidung des Gesetzgebers zu Gunsten des freiheitlich-demokratischen Rechtsstaates.“ Die Garantie einer staatsfreien Sphäre beruht auf der Erkenntnis, dass es keinen objektiven Maßstab gibt, der den Staat in die Lage versetzt, den „gerechten Lohn“ oder „angemessene Arbeitsbedingungen“ festzustellen. Einer vom Staat auf dieser Grundlage gleichwohl betriebenen amtlichen Tarifpolitik haftet stets der Charakter der Willkür an. Der Zwangsschlichtung wohnt die latente Gefahr der Unterstützung der schwächeren Partei inne. Sie kann sich von einer Beilegung des Konflikts durch einen Schlichtungsspruch Vorteile erhoffen.[130] Eine derartige staatliche Unterstützung der schwächeren Koalition ist jedoch mit der Neutralitätspflicht nicht vereinbar. Aus der paritätsbezogenen Neutralitätspflicht folgt also ebenfalls das grundsätzliche Verbot einer staatlichen Zwangsschlichtung.[131]

---

125 *Löwisch*, RdA 1972, 73 ff.; *Däubler*, in: Däubler, Arbeitskampfrecht, Rn. 747.

126 BAG AP Nr. 1 zu Art. 9 GG Arbeitskampf.

127 Vgl. BVerfGE 18, 18 (30); BAGE 12, 184 (190); BAG (GS) v. 21.04.1971 – GS 1/68, AP Nr. 43 zu Art. 9 GG Arbeitskampf; *Gamillscheg*, Die Grundrechte im Arbeitsrecht, S. 97 f.; *Brox/Rüthers*, Arbeitskampfrecht, Rn. 706; *Scheuner*, Rolle der Sozialpartner, S. 29; *Rüthers*, Tarifautonomie und gerichtliche Zwangsschlichtung, S. 27, 29 ff.; *ders.*, GS Dietz, 299 (313); *Wohlgemuth*, Staatseingriff, S. 177 f.; *Scholz*, Koalitionsfreiheit, S. 327 (355).

128 *Henssler*, ZfA 1998, 1 ff.

129 BVerfGE 34, 307 (317).

130 *Raupach*, Schlichtung, S. 63; *Paech*, Tarifautonomie, S. 141 f.

131 *Säcker*, Grundprobleme, S. 81.

Die möglichen negativen Folgen einer Zwangsschlichtung sind nicht zu übersehen.[132] Die Tarifvertragsparteien können die Verantwortung, die sie gegenüber ihren Mitgliedern, der Allgemeinheit und dem Staat tragen, auf die Schlichtungsstelle abwälzen. Verantwortung für eine eventuelle negative Entwicklung trägt die Schlichtungsbehörde.[133] Damit verbinden kann sich eine Denaturierung der Verhandlungsmethoden, da die Koalitionen von Anfang an den Weg in die Zwangsschlichtung einkalkulieren. Sie ist auch kein sicheres Mittel, den sozialen Frieden zu sichern, da sie eine Atmosphäre der Unzufriedenheit schaffen kann, die den Staat als Schlichter, das Tarifsystem und die Kollektivarbeitsverfassung in ein schlechtes Licht rückt.[134]

In diesem Sinne vermag auch die von *Pusch*[135] – mit dem Blick auf Regelungen in den USA – generell geforderte tarifvertragliche oder subsidiäre gesetzliche Einführung einer Zwangsschlichtung für den öffentlichen Dienst, eine Zwangsschlichtung nicht zu rechtfertigen. Er schlägt zwar vor, um einer „Flucht in die Zwangsschlichtung" zu entgehen, Tarifforderung und Angebot veröffentlichen zu lassen.[136] Die Beteiligung der Öffentlichkeit sei insoweit geeignet, „jedenfalls evident unangemessene Forderungen" zu verhindern. Zum anderen soll die Schlichtungskommission mit umfangreichen Entscheidungsbefugnissen ausgestattet werden, so dass letztlich sogar eine Veränderung von Regelungsgegenständen möglich wäre, die im abgelaufenen Tarifvertrag enthalten waren.[137] Ob die Veröffentlichung von Tarifforderungen aber schon eine „Flucht in die Zwangsschlichtung" verhindert, scheint mehr als fraglich. Häufig wird erst der tatsächliche Entzug lebensnotwendiger Dienstleistungen die Öffentlichkeit veranlassen, den notwendigen Druck auf die Tarifparteien auszuüben und nicht schon eine unverhältnismäßige Tarifforderung.[138] Auch eine Ausstattung der Schlichtungsinstanz mit derart weitgehenden Befugnissen vermag die Kompromissbereitschaft nicht zu erhöhen. Aus Angst, sogar die bislang im Tarifvertrag gewährleisteten Regelungsbereiche einzubüßen, liegt es nahe, dass die Parteien noch weitaus höhere Forderungen stellen, um den Schlichter zu veranlassen, nicht einmal über eine Reduzierung der bisherigen Positionen nachzudenken.

Eine für den Fall des Scheiterns von Tarifverhandlungen drohende Zwangsschlichtung ist mithin abzulehnen. Sie beeinträchtigt nicht nur die grundrechtlich

---

132 *Gamillscheg* KollArbR I, S. 1303; *Nikisch,* FS DJT 1960, Bd. I, S. 317 (340 f.); *Raupach,* Schlichtung, S. 182ff.; zur Geschichte *v. Brauchitsch,* Staatliche Zwangsschlichtung, insbes. S. 174 ff.

133 *Raupach*, Schlichtung, S. 187.

134 *Weber*, Der Kampf zwischen Kapital und Arbeit, S. 505.

135 *Pusch*, Alternativen zum Arbeitskampf, S. 240 f. (270 f.).

136 *Pusch*, Alternativen zum Arbeitskampf, S. 243.

137 *Pusch*, Alternativen zum Arbeitskampf, S. 243.

138 *Rudkowski*, Streik in der Daseinsvorsorge, S. 82.

geschützte Betätigung der Koalitionen im Sinne eines autonomen Aushandelns tariflicher Vereinbarungen, sondern die Verbindlicherklärung greift auch in die verfassungsrechtliche Garantie eines freiwilligen Schlichtungssystems sowie in die Gewährleistung des Arbeitskampfes als durch das Grundgesetz institutionalisierte Verfahren offener Konfliktaustragung ein. Mit dem grundrechtlich gewährleisteten Schutz der Tarifautonomie und dem Gebot staatlicher Neutralität ist es also grundsätzlich unvereinbar, wenn der Staat durch Zwangsschlichtung aktiv in Regelungsstreitigkeiten zwischen den Tarifvertragsparteien eingreifen könnte.[139] Es verhindert faktisch eine offene Konfliktaustragung und führt indirekt zu einer Abschaffung von Arbeitskämpfen. Dies ist mit Art. 9 Abs. 3 GG nicht vereinbar.[140]

2. Zulässigkeit der staatlichen Zwangsschlichtung in Notsituationen

Sehr viel offener, als bei der Frage nach dem grundsätzlichen Verbot der Zwangsschlichtung, ist der Diskussionsstand bei der Beurteilung, ob in bestimmten Notsituationen nicht doch eine Ausnahme zu machen ist.

a) Befürwortung einer staatlichen Zwangsschlichtung in Notsituationen

Trotz der grundsätzlichen Ablehnung der Zwangsschlichtung wird es im Schrifttum weitgehend für verfassungsmäßig erachtet, wenn ein Schiedsspruch in Notsituationen auch gegen den Willen der Tarifparteien für verbindlich erklärt wird.[141] In besonders gelagerten Extremfällen sei das Eingreifen der staatlichen Zwangsschlichtung nach Scheitern der Tarifverhandlung oder einem lediglich schleppenden Fortkommen zulässig; die Tarifautonomie sei in derartigen Fällen nicht tangiert.[142] Das Sozialstaatsprinzip gebiete es, dass der Staat das Arbeitsleben nicht ungeregelt lassen kann, wenn die zur Regelung an sich berufenen Verbände

---

139 *Scholz*, in: Maunz/Dürig, GG, Art. 9 Rn. 285.

140 *Brox/Rüthers*, Arbeitskampfrecht, Rn. 706; *Däubler* in: Däubler, Arbeitskampfrecht, Rn. 105; Löwisch/*Rieble*, Arbeitskampf- und Schlichtungsrecht, 170.1 Rn. 32; *Reuter*, FS Wiese, 427 (435); *Rüthers*, GS Dietz, 299 (312); *Säcker*, Grundprobleme, S. 80; *Zachert* ZRP 1976, 185 (186). Ob die Aussage des BVerfG in der Entscheidung v. 06.05.1964, E 18, 18 (30) = AP Nr. 15 zu § 2 TVG unter B III 2 a, als eine Beurteilung der Verfassungsrechtslage anzusehen ist (so *Säcker* Grundprobleme, *S.* 80 f.), wird allerdings bezweifelt, vgl. *Zöllner*, AöR 1973, 71, (98).

141 *Hueck/Nipperdey*, Arbeitsrecht II/1, S. 733; *Futter*, Schlichtungswesen, S. 70 ff.; *Isele*, Rechtsprobleme, S. 40 ff.; *Nikisch*, FS DJT 1960, Bd. I, 317 (333); *Raupach*, Schlichtung, S. 183 f.; *Rüthers*, Tarifautonomie und gerichtliche Zwangsschlichtung, S. 32; *Scholz*, Koalitionsfreiheit, S. 327; *Benda*, Industrielle Herrschaft und sozialer Staat, S. 275 f.; *Müller*, DB 1982, Beil. Nr. 16, 1 ff. (15).

142 *Müller*, DB 1982, Beil. Nr. 16, 1 ff. (15).

dieser Aufgabe nicht nachkämen. Insoweit sei der Staat dazu aufgerufen wirtschaftliche oder gesellschaftliche Notstände zu beseitigen.

Dabei bestehen unter den Befürwortern zumindest terminologisch recht erhebliche Divergenzen. Als Voraussetzung für eine zulässige Zwangsschlichtung werden ein „akuter Notstand für die Allgemeinheit“,[143] die „Gefährdung der sozialen Ordnung“[144] oder „lebenswichtiger Interessen weiter Kreise der Bevölkerung“,[145] die „gröbliche Verletzung dringender Anliegen des Gemeinwohls“,[146] „extreme Notlagen“[147] und die „schwerwiegende Gefährdung fundamentaler öffentlicher Interessen“[148] genannt bzw. Ausnahmen vom grundsätzlichen Verbot staatlicher Zwangsschlichtung für „sachliche Teilgebiete der Arbeitsbedingungen von besonders hohem Allgemeininteresse oder zeitlich begrenzt für eine besondere Notstandssituation“[149] anerkannt. Weiterhin soll die Zwangsschlichtung zulässig sein, wenn der Arbeitskampf zu Ruinierungszwecken geführt wird.[150] Erst kürzlich hat das LAG Sachsen[151] in einer einstweiligen Verfügung gegen den Lokführerstreik ausgesprochen, dass Art. 9 Abs. 3 GG eine staatliche Zwangsschlichtung nur in dem extremen Ausnahmefall, dass tarifpolitische Streitigkeiten in grob missbräuchlicher Weise evident gesamtwirtschaftliche Belange bedrohen, ermögliche.

Die (süd-)badische Landesschlichtungsordnung vom 19.10.1949[152], das einzige Gesetz, in dem heute noch eine staatliche Zwangsschlichtung vorgesehen ist, setzt nach § 18 der Schlichtungsordnung für die Verbindlicherklärung des Schlichtungsspruches durch den zuständigen Minister voraus, dass „das öffentliche Interesse es erfordert“.

---

143 So *Hueck/Nipperdey*, Arbeitsrecht II/1, S. 734 f.; *Preißler,* Zwangsschiedsspruch, S. 93 ff.; *Futter,* Schlichtungswesen, S. 70 d.

144 So *Isele*, Rechtsprobleme, S. 43.

145 So *Nikisch,* FS DJT 1960, Bd. I, 317 (341 f.).

146 *Gamillscheg,* Koalitionsfreiheit und soziale Selbstverwaltung, S. 45; *ders.* KollArbR I, S. 1304, mit der Forderung einer Alleinzuständigkeit des Bundesverfassungsgerichts.

147 So *Rüthers,* Tarifautonomie und gerichtliche Zwangsschlichtung, S. 32.

148 So *Dütz*, RdA 1978, 291 (298); ähnl. *Boldt,* FS Horion, 84 ff.

149 So Löwisch/*Rieble*, Arbeitskampf- und Schlichtungsrecht, 170.1 Rn. 33.

150 *Scholz*, Koalitionsfreiheit, S. 327.

151 NZA 2008, 59.

152 Badisches GVBl. 1950 S. 60; in der Fassung des Änderungsgesetzes vom 29.08.1951, Badisches GVBl. S. 135, und von Art. 30 Nr. 10 des Gesetzes vom 04.07.1983, Baden-Württembergisches GVBl. S. 265, abgedr. bei *Nipperdey I*, Sammlung arbeitsrechtl. Vorschriften, Nr. 521.

b) *Ablehnung einer staatlichen Zwangsschlichtung in Notsituationen*

Nach anderer Ansicht sei auch in Notsituationen eine Zwangsschlichtung nicht zulässig.[153] Die Voraussetzungen für eine derartige zwangsweise Schlichtung könnten keiner ausreichenden Bestimmtheit zugeführt werden.[154] Für die Kampfparteien bestünden keine ausreichenden Anhaltspunkte, an die sie sich halten könnten. Das Rechtsstaatsprinzip verpflichte den Gesetzgeber, bei freiheitsbeschränkenden Eingriffen die Erforderlichkeit und Verhältnismäßigkeit in nachvollziehbarer Weise zu begründen. Gegen derartige Ausnahmen wird zudem ins Feld geführt, dass Art. 9 Abs. 3 S. 3 GG selbst im Notstandsfall keine gezielten Maßnahmen gegen den Arbeitskampf zulasse.[155] Damit biete das geltende Recht keine Grundlage, im Ausnahmefall einen rechtmäßigen Streik durch hoheitliche Anordnung zu beenden.[156] Auch in derartigen Ausnahmesituationen gelte die Selbständigkeit der Koalitionen, zu der auch gehöre, jederzeit ihre Arbeitsbedingungen selbst zu regeln.

Arbeitskämpfe in Extremsituationen seien zudem wegen Verstoßes gegen den arbeitskampfrechtlichen Verhältnismäßigkeitsgrundsatz rechtswidrig. Zur Erreichung des legitimen Zwecks, rechtswidrige Arbeitskämpfe mit erheblichen Auswirkungen auf die Allgemeinheit zu verhindern oder zu beenden, sei die Zwangsschlichtung im Verhältnis zur gerichtlich erzwungenen Beendigung eines Arbeitskampfes nicht das relativ mildeste Mittel und deshalb nicht verhältnismäßig. Ein Abbruch rechtswidriger Arbeitskampfmaßnahmen könne ebenso im Wege einer einstweiligen Verfügung durch Betroffene erwirkt werden.[157] Der Einwand, dass durch Erlass einer einstweiligen Verfügung der Tarifkonflikt als solcher nicht gelöst werde, verfange nicht. Ausschlaggebend sei alleine, dass das mit der Einführung einer staatlichen Zwangsschlichtung in solchen Ausnahmefällen verfolgte Ziel, nämlich die Abwendung von „gemeinschädlichen" Arbeitskämpfen, ebenso im Wege des vorläufigen Rechtsschutzes verwirklicht werden kann.

Ferner bestünde darüber hinaus die Gefahr, dass die Parteien immer neue Sachverhalte vorschlagen könnten, um einen solchen Ausnahmefall zu begründen.[158] Es sei zu befürchten, dass in der Praxis die Grenzen der Auslegung für das Vorliegen einer Notsituation immer weiter gezogen werden.

---

153 *Lee*, Beilegungssysteme, S. 119; *Zachert*, ZRP 1976, 186; *Däubler*, in: Däubler, Arbeitskampfrecht, Rn. 106.

154 *Rudkowski*, Streik in der Daseinsvorsorge, S. 85; *Behning*, Schlichtung, S. 154.

155 *Däubler,* in: Däubler, Arbeitskampfrecht, Rn. 106.

156 *Zachert*, ZRP 1976, 186; *Däubler*, in: Däubler, Arbeitskampfrecht, Rn. 106.

157 *Däubler*, in: Däubler, Arbeitskampfrecht, Rn. 106; Weiß/Gagel-*Seifert*, § 26 A Rn. 18.

158 *Raupach*, Schlichtung, S. 203; *Nikisch*, Arbeitsrecht II, S. 57; *Rüthers*, GS Dietz, S. 316.

Eine solche Zwangsschlichtung ermögliche es staatlichen Stellen, ihr Ermessen an die Stelle des Ermessens der Tarifvertragsparteien zu setzen, d.h., der staatliche Eingriff sei nicht mehr nur auf die Fälle beschränkt, in denen sich die Tarifvertragsparteien auch nach einem rechtmäßigen Arbeitskampf nicht einigen können. Vielmehr werde die Arbeitskampffreiheit insgesamt eingeschränkt, ohne dass festgestellt wird, ob im Einzelfall ein Arbeitskampf, der dem Grundsatz der Verhältnismäßigkeit entspricht, die Auseinandersetzung hätte beenden können.

Schließlich bestehe die Gefahr, dass der Staat mit Hilfe der Zwangsschlichtung versucht, häufiger eine Verbindlicherklärung zu erlassen.[159] Das zeige allzu deutlich ein Blick auf die Weimarer Republik, wo der Zwangsschiedsspruch auch nur für besondere Ausnahmefälle als letzte Möglichkeit vorgesehen war.[160] Die zunehmende Politisierung des Arbeits- und Wirtschaftslebens und die allgemeine Not führten dazu, dass der Zwangsschiedsspruch auch für die Beilegung kleinster Streitigkeiten benutzt wurde.[161] Die Zwangsschlichtung berge auch heute die Gefahr einer intensiveren Nutzung als gedacht.

c) *Stellungnahme*

Festzustellen ist, dass ein Arbeitskampf grundsätzlich wirtschaftliche Schäden anrichten darf.[162] Hinzunehmen ist ebenfalls, dass sich ein Streik auch für Dritte belastend auswirkt und die Konjunktur durch einen Streik beeinträchtigt wird.[163] Die Tarifautonomie ist jedoch nicht unbegrenzt und unbegrenzbar gewährleistet. Sie ist Teil der gesamten Rechtsordnung. Jede Grundrechtsausübung unterliegt der immanenten Schranke, dass sie nicht zu einer Verletzung des Kernbereichs anderer Grundrechte führen darf. Ist daher eine koalitionsmäßige Betätigung geeignet, lebenswichtige Güter Dritter zu verletzen, muss eine gesetzliche Beschränkung möglich sein. Aus dem Verhältnismäßigkeits-grundsatz folgt die Pflicht des Staates, die Mindestversorgung der Bevölkerung mit lebensnotwendigen Gütern und Leistungen aufrechtzuerhalten. Betriebe der Daseinsvorsorge müssen auch in Arbeitskampfzeiten zuverlässig funktionieren.[164] Denn das sind

---

159 *Futter*, Schlichtungswesen, S. 85.

160 Vgl. die Schlichtungsverordnung vom 30.10.1923, RGBl. 1923, S. 943; *Preißler*, Zwangsschiedsspruch, S. 37 ff.

161 Vgl. *Sitzler*, BB 1948, 334; *v. Brauchitsch,* Staatliche Zwangsschlichtung, S. 174 ff.

162 BAG v. 30.03.1982, AP Nr. 74 zu Art. 9 GG Arbeitskampf.

163 *Bayreuther*, NZA 2008, 12.

164 *Rieble*, ZAF 2005, 218 (226); *Zöllner/Loritz/Hergenröder*, Arbeitsrecht, S. 438; *Seiter*, Streikrecht, S. 542 ff.; *Scherer*, Grenzen des Streikrechts, S. 36 ff. (59) (94 ff.) (105ff.); MünchArbR/*Otto*, 2. Aufl., § 282 Rn. 90 ff. (142) (188f.) (199) (206); deutlich zurückhaltender: *Kissel*, Arbeitskampfrecht, § 30 Rn. 53 ff. Jüngst zu diesem Problemkreis *Rudkowski*, Der Streik in der Daseinsvorsorge mit unterschiedlichen Vorschlägen. Zuvor schon *Scherer,* Grenzen des Streikrechts in den Arbeitsbereichen der Daseinsvorsorge.

diejenigen Leistungen (Versorgung mit Wasser, Strom und Gas; Entsorgung; Gesundheitswesen; Verkehr, Kommunikation, Bankdienstleistungen), auf die die Menschen existentiell angewiesen sind und die deshalb nach allgemeinem Verständnis der Staat zu gewährleisten hat, wenn er sie nicht überhaupt selbst erbringt. Die vom BVerfG[165] geforderte Konkordanzabwägung des Koalitionsgrundrechtes mit Grundrechten Dritter ergibt in einer solchen Situation den Ausschlag zu Gunsten der Allgemeinheit. Auch ist das Gemeinwohl offensichtlich verletzt, wenn in solchen Situationen Arbeitskämpfe ausgefochten würden. Dann aber muss der Staat, um schnell Frieden zu schaffen und die Versorgung wieder herzustellen, auch zum Mittel der Zwangsschlichtung greifen können.[166] Anderenfalls wären die sich aus der Koalitionsfreiheit ergebenden Befugnisse weitergehend gewährleistet als die übrigen im Grundgesetz verankerten Rechte.

Diese Ansicht steht auch im Einklang mit der Rechtsprechung des BVerfG[167], welches betont hat, die Koalitionen müssten „im Wesentlichen" ohne staatliche Einflussnahme die Lohn- und Arbeitsbedingungen regeln können. Die Einschränkung der Koalitionsfreiheit in Extremfällen fällt hierunter jedoch nicht.

Dem kann auch nicht entgegengehalten werden, dass nach Art. 9 Abs. 3 GG der rechtmäßige Arbeitskampf auch im Staatsnotstand garantiert sei. Die enumerative Aufzählung von Maßnahmen in Art. 9 Abs. 3 S. 3 GG lässt nicht den Schluss zu, die Arbeitskampfbefugnis sei auch im Notstandsfall vor allen weiteren Beeinträchtigungen geschützt. Die grundgesetzliche Regelung bringt vielmehr zum Ausdruck, dass der Arbeitskampf sogar im Notstandsfall rechtmäßig eingesetzt werden kann.[168] Dort, wo Arbeitskämpfe jedoch einen Notstand verursachen oder intensivieren, begegnet eine staatliche Zwangsschlichtung keinen durch Art. 9 Abs. 3 S. 3 GG hervorgerufenen verfassungsrechtlichen Bedenken.[169]

Zwar bringt eine Zwangsschlichtung in Ausnahmefällen die Schwierigkeit mit sich, sie im Einzelfall begrifflich fassbar zu machen. Allein aus diesem Grund eine gesetzliche Regelung zu versagen, erscheint jedoch fragwürdig, ist es

---

165 BVerfGE 84, 212.

166 *Gamillscheg*, KollArbR I, S. 1304; *Löwisch*, RdA 1969, 129 (130); *Weber*, Koalitionsfreiheit und Tarifautonomie als Verfassungsproblem, S. 34f.; *Scholz*, in: Maunz/Dürig, GG, Art. 9 Rn. 285; *Rüthers*, Tarifautonomie und gerichtliche Zwangsschlichtung, S. 32; *Dütz*, RdA 1978, 291 (298); *Zöllner/Loritz/Hergenröder*, Arbeitsrecht, S. 454; a.A.: *Säcker*, Grundprobleme, S. 80 f., *Kittner*, in: AK-GG, Art. 9 Abs. 3 Rn. 65; *Däubler*, in: Däubler, Arbeitskampfrecht, Rn. 106, der allerdings den Ausweg weist, Arbeitskämpfe in Extremsituationen für rechtswidrig zu halten und sie gerichtlich durch einstweilige Verfügung verbieten zu lassen.

167 Vgl. insbes. E 50, 290 (367).

168 *Müller*, Tarifautonomie in der Bundesrepublik Deutschland, S. 331; *ders*. RdA 1988, S. 4 (14).

169 *Brox/Rüthers*, Arbeitskampfrecht, Rn. 706; *Rüthers*, Tarifautonomie und Zwangsschlichtung, S. 32 f.; *Müller*, Arbeitskampf und Recht, S. 90.

doch ein allgemeines Problem der Verfassungsauslegung, den Kernbereich von Grundrechten zu definieren.

Die verfassungsrechtliche Zulässigkeit hängt also davon ab, unter welchen Voraussetzungen die Verbindlichkeit des Schiedsspruchs bejaht wird. Setzt man diese Voraussetzungen zu niedrig an, liegt in der Zwangsschlichtung ein Eingriff in die durch das Koalitionsrecht des Art. 9 Abs. 3 GG gewährleistete Tarifautonomie. Das Rechtsstaatsprinzip verpflichtet den Gesetzgeber, bei freiheitsbeschränkenden Eingriffen die Erforderlichkeit und Verhältnismäßigkeit in nachvollziehbarer Weise zu begründen. In diesem Sinne stellt sicherlich das Erfordernis „öffentliche Interessen" nach § 18 Abs. 1 der Landesschlichtungsordnung Baden einen „viel zu dehnbaren Begriff"[170] dar und würde dem Bedürfnis größtmöglicher staatlicher Zurückhaltung in Bezug auf staatlichen Zwang nicht gerecht.

Einer verhältnismäßigen Einschränkung der Koalitionsfreiheit zur Rechtfertigung der Zwangsschlichtung vermag aber der Vorschlag von *Otto* zu entsprechen, der die Zwangsschlichtung für zulässig erachtet, „wenn anders eine abstrakte Gefährdung überragend wichtiger Gemeinschaftsgüter nicht auszuschließen ist".[171] Dieser Terminus ist an die Einschränkung der Freiheit der Berufswahl[172] angelehnt und entspricht der Sozialstaatsklausel.[173] Eine derart ausgestaltete gesetzliche Regelung der Zwangsschlichtung ermöglicht es schon von vornherein, einen Arbeitskampf auszuschließen und gewährleistet so die notwendige Mindestversorgung der Bevölkerung mit lebensnotwendigen Gütern und Leistungen. Die Zwangsschlichtung würde dennoch nur in wirklichen Ausnahmefällen zum Einsatz kommen und die Schlichtungsstelle zu einer eingehenden Rechtfertigung ihrer Maßnahme zwingen. Damit ist auch eine zureichende Gewähr dafür geboten, dass die Tarifvertragsparteien das Ergebnis der erzwingbaren Schlichtung akzeptieren werden.

Eine zulässige Ausgestaltung einer gesetzlichen Zwangsschlichtung könnte auch die zu schützenden lebenswichtigen Bereiche der Daseinsvorsorge konkret benennen und die Verbindlicherklärung des Schlichtungsspruchs an die unmittelbar bevorstehende Gefährdung der Bevölkerung oder Teile davon knüpfen.

Dass eine branchenbezogene Beschränkung der Koalitionsfreiheit möglich ist, zeigt etwa das Arbeitssicherstellungsgesetz, das erkennen lässt, welche Einrichtungen dienstbereit bleiben müssen; entsprechendes gilt für andere Spezialgesetze wie das Energiesicherheitsgesetz i.V.m. der Verordnung zur Sicherung

---

170 So ebenfalls *Sitzler*, FS Nipperdey, 210.

171 *Otto*, Arbeitskampf- und Schlichtungsrecht, § 22 Rn. 16; ebenso, aber ohne nähere Erläuterung *Hromadka/Maschmann*, Arbeitsrecht, Band 2, § 20 Rn. 8.

172 Vgl. BVerfGE 7, 377 (405 ff.); *Hesse*, Grundzüge, Rn. 422.

173 *Isele*, Rechtsprobleme, S. 40 ff.; ähnlich *Hueck/Nipperdey*, Arbeitsrecht II/1, S. 734 f.

der Elektrizitätsversorgung in einer Versorgungskrise oder die Trinkwasserverordnung. Auch die Verordnung vom 10.11.1920[174] betreffend die Stillegung von Betrieben, welche die Bevölkerung mit Gas, Wasser, Elektrizität versorgen, kann als Vorbild in dieser Hinsicht dienen.

Sicher besteht bei einer Zwangsschlichtung die Gefahr, dass eine so schwerwiegende Entscheidung auch von subjektiven Wertungen beeinflusst werden könnte. Dem ist aber durch die Auswahl geeigneter Schlichter und durch Transparenz des Verfahrens vorzubeugen. Wie noch aufzuzeigen ist,[175] besteht zudem die Möglichkeit einer gerichtlichen Überprüfung des für verbindlich erklärten Schlichtungsspruchs.

Es erscheint durchaus verständlich, dass negative historische Erfahrungen gerade auf gewerkschaftlicher Seite zu der Erkenntnis geführt haben, jede Art von verbindlicher Schlichtung stelle den Anfang vom Ende der Tarifautonomie dar.[176] Allerdings sollte nach über 60 Jahren demokratischen und sozialen Rechtsstaates Bundesrepublik Deutschland das Misstrauen weichen.

Somit kann in Ausnahmefällen eine Tarifauseinandersetzung durch eine Zwangsschlichtung in der Weise geordnet werden, dass lebenswichtige Interessen und Rechtsgüter gewährleistet bleiben.

III. Schlichtungszwang oder Schlichtungsobliegenheit?

Das System der Arbeits- und Einkommensbedingungen wird heute in zunehmendem Maße unübersichtlich. Differenzierungsprozesse auf Seiten der Arbeitnehmervertretungen erzeugen einen wachsenden Einfluss von kleineren Berufsgewerkschaften. Dies geht einher mit verstärkten Auseinandersetzungen zwischen den DGB-Gewerkschaften und denen des Christlichen Gewerkschaftsbunds um die Interessenvertretung in einer Reihe von Branchen.[177]

Diese Umbrüche im Gewerkschaftslager führen dazu, dass das Klima zwischen den Tarifvertragsparteien rauer geworden ist. Insbesondere im Dienstleistungssektor hat die Zahl der Arbeitskämpfe in jüngster Zeit zugenommen. Namentlich in den ehemaligen Staatsbetrieben des Verkehrswesens (Flugzeuge und Bahnen) sowie im Gesundheitssektor (Krankenhausärzte) haben sich Berufsgruppen, die Schlüsselstellungen in Arbeitskämpfen einnehmen können, zusam-

174 RGBl. 1865.

175 Vgl. untern Teil 1 D.

176 So auch *Löwisch*, ZfA 2005, 53 (64).

177 Vgl. *Pollmeyer*, AuA 2008, 464 f., der beispielhaft die Zeitarbeit, das Wach- und Sicherheitsgewerbe, Finanzdienstleistungen und das Elektro- und Kfz-Gewerbe anführt.

mengefunden, um die eigenen Gruppeninteressen ohne Bindung an die Solidarität mit anderen Arbeitnehmern derselben Betriebe aggressiv durchzusetzen.[178] Streiks des Marburger Bundes, der Vereinigung Cockpit sowie der GDL[179] haben in den letzten Jahren insoweit für erhebliches Aufsehen gesorgt. Es handelt sich mithin häufig um solche Arbeitnehmergruppen, die kraft ihrer arbeitsorganisatorischen Stellung extrem kampfstark sind und mit relativ geringem Streikeinsatz den Arbeitgeber lahm legen können. Diese Schlüsselkräfte oder Funktionseliten stellen ihre spezifische Kampfkraft nicht länger in den Dienst einer Flächengewerkschaft und damit der weniger kampfstarken Arbeitnehmer. Da die Koalitionsfreiheit jeder Arbeitnehmergruppe zukommt, sind sie auch nicht zu Solidarität verpflichtet.[180]

All dies geht einher mit der allseits erwarteten endgültigen Verabschiedung des Prinzips der Tarifeinheit im Betrieb, die durch das BAG mit Divergenzanfrage des 4. Senats an den 10. Senat in die Wege geleitet worden ist.[181] Die faktisch schon jetzt bestehende Tarifpluralität birgt für den Arbeitgeber ein erhöhtes Arbeitskampfrisiko: Wegen unterschiedlicher Laufzeiten von Tarifverträgen verschiedener Gewerkschaften drohe dem Arbeitgeber ein Zustand permanenter Tarifverhandlungen und fortwährender Arbeitskämpfe. Es stelle sich die Frage nach einer Verschiebung der Kampfparität.[182]

Weniger Aufmerksamkeit in der Bevölkerung erhalten zudem kleinflächige Arbeitskämpfe in Betrieben mit oft nur einigen hundert Mitarbeitern oder weniger, die zum Teil länger andauern und deren Ziele bzw. Ursachen sich für Außenstehende nicht immer direkt erschließen. Manchmal leiten Gewerkschaften auch Arbeitskampfmaßnahmen ein, ohne dass eine realistische Chance besteht, die Forderungen durchzusetzen.

Die beteiligten Akteure handeln hier nicht selten mit hoher Emotionalität. Insbesondere die vergangenen Jahre haben gezeigt, dass nicht nur die am Arbeitskampf unmittelbar beteiligten Parteien, sondern unbeteiligte Dritte und die Allgemeinheit erheblich betroffen sein können. In unserer modernen und hochkomplexen Industriegesellschaft bedeuten häufig kleine Unregelmäßigkeiten und Einschnitte empfindliche Nachteile für die Betroffenen.[183]

Betrachtet man nun, dass ein nicht unerheblicher Teil der Tarifkonflikte lösbar ist, ohne dass Arbeitskämpfe ausgetragen werden müssen, so fragt sich, ob

---

178 *Deinert*, NZA 2009, 1176 (1181).

179 Siehe dazu insb. LAG Sachsen, NZA 2008, 59; vgl. ausführlich die Dokumentation bei *Blanke*, KJ 2008, 204.

180 *Rieble*, ZAF 2005, 218 (221).

181 BAG v. 27.01.2010, NZA 2010, 645.

182 *Meyer*, NZA 2006, 1390.

183 *Scherer*, Grenzen des Streikrechts, S. 14.

nicht die Schlichtung als Instrument der Streitbeilegung in einer höchst störungsanfälligen Wirtschaft einerseits und neuer unübersichtlicher Arbeits- und Einkommensbedingungen andererseits, fest in die Tarifkonflikte eingebunden werden sollte. Zunehmend mehren sich auch die Stimmen, die bei Arbeitskämpfen das vorherige Durchlaufen eines Schlichtungsverfahrens fordern.[184]

Zu untersuchen ist daher im Folgenden zum einen die Möglichkeit der gesetzlichen Anordnung einer Schlichtungsobliegenheit der Tarifvertragsparteien, nach der der Schlichtungsversuch eine arbeitskampfrechtliche Obliegenheit darstellen würde.

Einen Schritt weiter ginge der Gesetzgeber, wenn er die Tarifparteien im Wege des Schlichtungszwanges nach dem Scheitern der Verhandlungen verpflichtet, ein Schlichtungsverfahren zu durchlaufen, bevor in rechtmäßiger Weise Kampfmaßnahmen ergriffen werden dürfen. Auch diese Alternative gesetzgeberischer Gestaltung gilt es auf seine Zulässigkeit hin zu untersuchen.

1. Die gesetzliche Regelung einer Schlichtungsobliegenheit

a) *Verfassungsrechtliche Zulässigkeit*

Die im Schlichtungsrecht begründete Chance zur Eindämmung von Arbeitskämpfen könnte dadurch genutzt werden, dass die Einleitung von Arbeitskämpfen an die Durchführung eines Schlichtungsversuchs geknüpft wird. Solange die angreifende Partei ein mögliches Schlichtungsverfahren nicht versucht hat, wären ihr jegliche Kampfmaßnahmen verboten.[185] Dabei muss zunächst der Frage beantwortet werden, ob die Einführung einer solchen Schlichtungsobliegenheit mit dem Grundgesetz vereinbar ist.

aa) Ablehnung einer Schlichtungsobliegenheit

Nach teilweise vertretener Ansicht in der Literatur müsse durch die in Art. 9 Abs. 3 GG enthaltene Arbeitskampffreiheit gewährleistet sein, dass die Tarifvertragsparteien frei bestimmen können, wann die Tarifverhandlungen gescheitert sind und der Zeitpunkt für den Beginn des Arbeitskampfes gekommen ist.[186] Die Einmischung Dritter mit dem Ziel, deren Interessen und vor allem die Interessen

---

184 *Buchner*, BB 2007, 2520 (2521); *Kamanabrou*, ZfA 2008, 241 (243); *Hanau/Thüsing*, in: Thüsing (Hrsg.), Tarifautonomie, S. 65 ff. (für den Bereich der Daseinsvorsorge); *Deinert*, NZA 2009, 1176 (1183); *Jacobs*, NZA 2008, 325 (331); *v. Steinau-Steinrück/Glanz*, NZA 2009, 113 (115) (für den „Spezialistenstreik“); *Lieb*, FS Hanau, 572 (für Arbeitskämpfe allgemein).

185 Vgl. auch *Rieble*, ZAF 2005, 218 (224); *Löwisch*, ZfA 1985, 53 (69).

186 WeißGagel-*Seifert*, § 26 A Rn. 20.

der Allgemeinheit in die Verhandlungen einzubringen, wird als unzulässig verworfen. Die Tarifautonomie und damit das Schlichtungsverfahren seien ausschließlich der Privatautonomie zugewiesen. Infolgedessen sei auch schon jeder Versuch heteronomer Beeinflussung durch Gemeinwohlaspekte systemfremd. Einschätzungen der Kampfparteien, dass bloße Verhandlungen nicht mehr genügen und nur der jeweils angestrebte Arbeitskampf eine ausreichende Konzessionsbereitschaft erzeugen könne, müsse grundsätzlich respektiert werden.[187] Verzögerungen könnten zu Entsolidarisierungseffekten führen und eine kampfweise Durchsetzung von Interessen erheblich erschweren. Eine solche Einschränkung der Arbeitskampffreiheit sei zur Aufrechterhaltung des Arbeitsfriedens oftmals nicht geeignet: Dies gelte insbesondere für Fälle, in denen keine der Konfliktparteien ein Schlichtungsverfahren durchführen will.[188] Zudem würde das Vorfeld des Arbeitskampfes, der als Ausdrucks- und Erscheinungsform der verfassungsrechtlichen Tariffreiheit anzusehen ist, mit Formalien und Dritteinflüssen befrachtet, so dass von der Eigenverantwortung der Tarifvertragsparteien und ihrer tarifautonomen Eigenentscheidung nicht mehr viel übrig bliebe. Die Selbstverantwortung der Parteien sichere es, dass der Entschluss zum Verhandlungsabbruch und zur Kampfaufnahme angesichts der hohen Eigengefährdung in aller Regel nur nach längerer Prüfung, mithin nur bei wirklichem Scheitern der friedlichen Einigungssuche, gefasst werde.

Mit jeder Schlichtung sei darüber hinaus eine Entmachtung der Koalitionen infolge der Verschiebung der Verantwortung verbunden. Jede Form von Kodifizierung eines Schlichtungsverfahrens, selbst wenn sie den Vorrang freiwilliger Schlichtung anerkennt, berge die Gefahr, dass gesetzlich fixierte Verfahrensregeln über Besetzung, Dauer, Beendigung usw. auf bereits vereinbarte Schlichtungsverfahren ausstrahlen und vor allem abzuschließende präjudizieren. Dies widerspreche der Vielfalt und Flexibilität der konsensualen Abkommen.[189]

Weiterhin werde der Spielraum der Tarifparteien durch den Druck der Öffentlichkeit in unzulässiger Weise eingeschränkt. Nur eine Gefährdung wichtiger Gemeinschaftsgüter könnte einen solchen Eingriff rechtfertigen. Soweit hier allerdings schon die Rechtmäßigkeit des Streiks abzulehnen ist, seien ohnehin

---

187 *Enderlein*, RdA 1995, S. 264, (278 f.).

188 Weiß/Gagel-*Seifert*, § 26 A, Rn. 20. Vgl. aber auch *Birk/Konzen/Löwisch/Raiser/Seiter*, ArbeitskampfG, S. 40; *Behning*, Schlichtung, S. 246 (253); *Müller*, DB 1989, 42 ff., *Heinze*, FS Molitor, 159 (163),; *ders.*, FS Däubler, 431 (435), die den Schlichtungsversuch nicht als notwendige Arbeitskampfvoraussetzung erachten, wenn nicht der Wille wenigstens einer Partei zur Durchführung des Verfahrens vorliegt bzw. eine der Parteien erklärt, nicht verhandeln zu wollen.

189 *Zachert*, FS Wendeling-Schröder, 23 (26).

die staatlichen Gerichte zuständig, so dass ein staatlich verordneter Schlichtungsversuch nicht erforderlich sei.[190]

bb) Befürwortung einer Schlichtungsobliegenheit

Nach anderer Auffassung bestehen gegen die Einführung einer gesetzlichen Schlichtungsobliegenheit vor jedem Arbeitskampf keine verfassungsrechtlichen Bedenken.[191] Insbesondere die schweren und weitreichenden Auswirkungen, wie sie mit der Lahmlegung von Betrieben und Unternehmen durch Arbeitskampfmaßnahmen einhergehen, würden die Schutzwürdigkeit und Schutzbedürftigkeit der Allgemeinheit besonders deutlich hervortreten lassen und eine gesetzliche Schlichtungsobliegenheit als angemessene Beschränkung der Koalitionsfreiheit rechtfertigen. Eine ihrerseits verfassungsrechtlich geschützte Position verlange insoweit gebieterisch von der Verfassungsrechtsordnung, dass sie Arbeitskämpfe überhaupt nur in den engen Grenzen zulasse, wie sie durch den Unvermeidbarkeitsaspekt gekennzeichnet seien: Verhältnismäßigkeit, ultima-ratio und damit die Erforderlichkeit weitreichender Schlichtungsabkommen zählten hierzu. Dies bedeute, dass es nicht nur zulässig sei, einer vermeintlichen Arbeitskampffreiheit durch rechtliche Durchformung des Einigungsprozesses engere Grenzen zu ziehen, sondern, dass ein solches Vorgehen von Verfassung wegen sogar geboten sei.[192] Außerdem werde der sozialstaatliche Charakter der Bundesrepublik (Art. 20 Abs. 1 GG) geschützt, da Arbeitskämpfe den Grundsatz sozialer Gerechtigkeit, „verstanden als Garantie aller Schichten und Gruppen“, verletzten.[193]

Durch die gesetzliche Einführung einer Schlichtungsobliegenheit werde den Parteien lediglich eine letzte Phase friedlicher Einigungsmöglichkeit zur arbeits-

---

190 ErfK/*Dieterich*, Art. 9 GG Rn 287 f.

191 Vgl. ausdrücklich: *Rieble*, ZAF 2005, 218 (224); *ders.*, FS Canaris I, 1439 (1448); *Löwisch/Rieble*, TVG, Grundlagen Rn. 55. Auch nach dem Gesetzesvorschlag von *Löwisch*, ZfA 1985, 53 (69) ist der Schlichtungsversuch als arbeitskampfrechtliche Obliegenheit vorgesehen. Für diejenigen Stimmen, die schon einen gesetzlichen Schlichtungszwang befürworten, kann m.E. aber grundsätzlich nichts anderes gelten: *Arnold*, RdA 1996, 356 (360); *Isele*, Rechtsprobleme, S. 49; *Nikisch*, FS DJT 1960, Bd. I, 317 (326) (340); *Rommelspacher*, Schlichtung, S. 90 ff.; *Rüthers*, Tarifautonomie und gerichtliche Zwangsschlichtung, S. 28; *ders.*, GS Dietz, 299 (313); *Säcker*, Grundprobleme, S. 81; *Zöllner/Loritz/Hergenröder*, S. 454; *Dütz*, JA 1987, S. 405 (413); *Sitzler*, FS Nipperdey, 193 (207 ff.); *Weber*, Koalitionsfreiheit und Tarifautonomie als Verfassungsproblem, S. 42 ff.; *Picker*, in: Lieb/v.Stebut/Zöllner, ArbeitskampfR, S. 275 (285), sowie der Gesetzesentwurf der F.D.P vom 20.01.1960 – BT-Ds 3/1563 – auch abgedruckt in RdA 1960, 110 f. Auch nach Art. 210 Abs. 3 des am 01.01.1996 in Kraft getretenen kroatischen Arbeitsgesetzes ist ein Streik erst nach Scheitern eines Schlichtungsverfahrens zulässig, vgl. *Pürner*, WiRO 1996, 41 (51).

192 *Lieb*, FS Hanau, 561 (571).

193 *Hueck-Nipperdey*, Arbeitsrecht II/1, S. 36.

kampfrechtlichen Voraussetzung gemacht. Sie würden durch ein solches Verfahren auch jetzt nicht genötigt, gegen ihre eigenen Wertungen und Entschlüsse nach „objektiv vernünftigen" Kompromissen zu suchen.[194]

cc) Stellungnahme

Eine Obliegenheit der Tarifvertragsparteien, vor Beginn eines Arbeitskampfes einen Schlichtungsversuch zu unternehmen, ist geeignet das Recht zur kampfweisen Betätigung zumindest vorübergehend einzuschränken.

Als Teil des Arbeitskampfverfahrens betrifft die Schlichtung jedoch nicht lediglich das Verhältnis der Tarifvertragsparteien zueinander. Vielmehr ist ein staatliches Schlichtungsrecht geeignet, die Rechtsgüter Dritter und der Allgemeinheit zu schützen, in die durch Arbeitskampfmaßnahmen eingegriffen wird. Es umfasst so einen das Regelungsverhältnis der Tarifvertragsparteien und ihrer Mitglieder übergreifenden Bereich, dessen Ausgestaltung dem Gesetzgeber zusteht.[195] Normative Bestimmungen, die die freie – auch kampfweise – Tarifauseinandersetzung mit dem Ziel, einen Tarifvertrag abzuschließen, einschränken, müssen zum Schutz anderer Rechtsgüter von der Sache her geboten sein, sollen sie nicht den Kernbereich der Koalitionsfreiheit verletzen.[196] Die vorbehaltlose Gewährleistung des Grundrechts der Koalitionsfreiheit bedeutet nicht, dass den Tarifvertragsparteien ein inhaltlich unbegrenzter und unbegrenzbarer Handlungsspielraum zusteht. Vielmehr bedarf die Koalitionsfreiheit der Ausgestaltung durch die Rechtsordnung,[197] bei der der Gesetzgeber einen – durch den Kernbereich begrenzten – Ermessensspielraum besitzt.[198]

Gemessen an diesen Vorgaben bestehen gegen die gesetzliche Einführung der Schlichtungsobliegenheit keine verfassungsrechtlichen Bedenken, sofern den Koalitionen das Recht auf Kampf nur vorübergehend eingeschränkt wird.[199] Zum Schutz der Allgemeinheit vor den Folgen kampfweiser Koalitionsbetätigung ist der Gesetzgeber berechtigt, eine gesetzlich begründete Regelung des Schlichtungsrechts durch eine Schlichtungsobliegenheit auszugestalten.[200] Die mit der Durchführung des Schlichtungsverfahrens einhergehende Verzögerung des Zustandekommens einer Einigung mittels Arbeitskampfes ist wegen der Chance zur Einigung im Schlichtungsverfahren hinzunehmen. Eine erfolgreiche Schlichtung führt

194 *Picker*, in: Lieb/v.Stebut/Zöllner, ArbeitskampfR, S. 275 (285).
195 *Behning*, Schlichtung, S. 243.
196 BVerfGE 38, 386 (393 ff.)
197 Vgl. BVerfGE 50, 290 (368); BVerfG, DB 1991, 1678 (1679).
198 BVerfGE 4, 96 (107 ff.); 20, 312 (318).
199 Vgl. zu einer verhältnismäßigen Beschränkung unten Teil 4.
200 *Seiter*, RdA 1986, 165 (170).

zum Abschluss eines Tarifvertrages und vermeidet so die vielfach als unerwünscht[201] angesehenen Arbeitskämpfe oder gar tariflose Zustände. Bei einer effektiv gestalteten Schlichtungsordnung wird der Beginn des Arbeitskampfes zudem nur unwesentlich hinausgeschoben. Diese Verzögerung des möglichen Einsatzes von Arbeitskampfmitteln steht im Einklang mit dem von der Rechtsprechung entwickelten Verhältnismäßigkeitsprinzip.[202] Arbeitskämpfe stellen das ultima ratio der Mittel zum Abschluss von Tarifverträgen dar und sind erst dann zulässig, wenn die Beteiligten alle zumutbaren Möglichkeiten einer friedlichen Konfliktlösung ausgeschöpft haben. Sofern ein Schlichtungsverfahren gesetzlich oder tariflich vorgesehen ist, sind Arbeitskämpfe erst nach Durchführung der Schlichtung zulässig.[203]

Insbesondere ist eine gesetzliche Obliegenheit der angreifenden Partei, einen Schlichtungsversuch zu unternehmen, auch dann geeignet, den Arbeitsfrieden aufrechtzuerhalten, wenn nicht einmal die andere Partei Willens ist, ein Schlichtungsverfahren durchzuführen oder etwa Verhandlungen zu führen.[204] Schließlich ist der Schlichter am ehesten in der Lage, gerade dort Kompromisse zu finden, wo es keine zu geben scheint.[205]

Auch wenn der schlichtende Staat oder der schlichtende Dritte am Zustandekommen des Tarifvertrages beteiligt ist und den Koalitionen dadurch ein Teil ihrer Autonomie und ihrer Verantwortung genommen wird, so ist dies angesichts der weitreichenden Folgen von Arbeitskämpfen insbesondere für Dritte und die Allgemeinheit hinzunehmen. Dabei ist ebenfalls zu berücksichtigen, dass eine Schlichtungsobliegenheit die Tarifparteien nicht auf inhaltliche Ziele festlegt.[206] Der Inhalt des abzuschließenden Tarifvertrages kann nicht wesentlich in Richtung staatlicherseits erwünschter Ergebnisse beeinflusst werden. Eine Schlichtung, die die Annahme des Schlichtungsspruchs in den freien Willen der Tarifvertragsparteien stellt, beugt äußeren Einwirkungen vor.[207] Sie verändert auch nicht die Machtbeziehungen der Tarifvertragsparteien, denn der Ausgleich der gegenseitigen Interessen erfolgt auch bei einer Schlichtungsobliegenheit auf der Grundlage der von den Parteien vorgetragenen Tatsachen und Bewertungen und nicht mit dem

---

201 *Müller*, RdA 1988, 4 (13).

202 BAG (GS) v. 21.04.1971 – GS 1/68, AP Nr. 43 zu Art. 9 GG Arbeitskampf.

203 *Picker*, RdA 1982, 331 (349).

204 A.A. *Birk/Konzen/Löwisch/Raiser/Seiter*, ArbeitskampfG, S. 40; *Behning*, Schlichtung, S. 246 (253); *Müller*, DB 1989, 42 ff., *Heinze*, FS Molitor, 159 (163); *ders.*, FS Däubler, 431 (435); Weiß/Gagel-*Seifert*, § 26 A, Rn. 20.

205 *Pusch*, Alternativen zum Arbeitskampf, S. 193 f.

206 *Picker*, in: Lieb/v.Stebut/Zöllner, ArbeitskampfR, S. 275 (285).

207 *Rommelspacher*, Schlichtung und Tarifautonomie, S. 92.

Ziel, einen gesamtwirtschaftlich sinnvollen Tarifabschluss zu erreichen.[208] Der Inhalt des Tarifvertrages beruht daher nach wie vor auf der Einsicht der Tarifparteien und ist Ergebnis ihrer Stärke.[209]

Es ist zwar nicht von der Hand zu weisen, dass die Durchführung eines Schlichtungsversuchs mit einem gewissen psychologischen Druck auf die Tarifvertragsparteien einhergeht.[210] Insbesondere durch die Veröffentlichung eines Schlichtungsspruches kann wegen der regelmäßig umfangreichen medialen Berichterstattung und Meinungsäußerung in Verbindung mit einem großen Interesse der Öffentlichkeit maßgeblich von außen auf die Entschließungsfreiheit der Tarifparteien eingewirkt werden.

Andererseits finden aber auch Tarifvertragsverhandlungen und Arbeitskämpfe starke Beachtung in der Gesellschaft. Der Druck, der dabei auf die Parteien ausgeübt wird, unterscheidet sich nicht wesentlich von dem, der während eines Schlichtungsverfahrens erzeugt wird.[211] Berücksichtigt man zudem, dass fortdauernde Tarifauseinandersetzungen erhebliche Auswirkungen auf unbeteiligte Kreise der Bevölkerung haben können, so erscheint der durch die Öffentlichkeit erzeugte Druck und die damit einhergehende Einwirkung auf die Tarifautonomie als hinnehmbar. Maßgeblich ist auch hier letztlich, dass die Freiheit der Tarifvertragsparteien zur Entscheidung über den Inhalt des Tarifvertrages durch die gesetzliche Einführung einer Schlichtungsobliegenheit rechtlich ungeschmälert erhalten bleibt.[212]

Darüber hinaus regelt die Einführung einer Schlichtungsobliegenheit die Schlichtung lediglich als Arbeitskampfvoraussetzung und nimmt den Tarifparteien nicht die Befugnis, eine freiwillige Schlichtung zu vereinbaren und deren Verfahren selbst zu bestimmen.

Die gesetzliche Anordnung einer Schlichtungsobliegenheit würde auch nicht gegen das Übereinkommen Nr. 87 der Internationalen Arbeitsorganisation (ILO) über die Vereinigungsfreiheit und den Schutz des Vereinigungsrechtes vom 09.7.1948[213] verstoßen.[214] Diese gewährleistet die Koalitionsfreiheit nur in ganz

---

208 *Külp*, Der Einfluss der Schlichtungsformen, S. 39.

209 *Reuter*, RdA 1975, 275.

210 *Paech*, Tarifautonomie, S. 144 ff.; *Herschel*, BB 1979, S. 485; *Müller*, RdA 1988, 4 (13); *Behning*, Schlichtung, S. 35.

211 *Andelewski*, Staatliche Mindestarbeitsbedingungen, S. 291.

212 *Kissel*, Abeitskampfrecht, § 70 Rn. 23.

213 BGBl. 1956 II S. 2.073, in der BRD in Kraft seit dem 20.03.1958, BGBl. 1958 II S. 113.

214 *Gamillscheg*, KollArbR I, S. 1151; MünchArbR/*Otto*, 2. Aufl., § 284 Rn. 56; *Behning*, Schlichtung, S. 111.

allgemeiner Form und geht nicht über die Grundsätze hinaus, die ohnedies durch Art. 9 Abs. 3 GG verfassungsrechtlich gesichert sind.[215]

Eine staatlich vorgesehene Schlichtungsobliegenheit ist damit grundsätzlich als verfassungsrechtlich zulässig anzusehen.

b) Rechtspolitische Zweckmäßigkeit einer Schlichtungsobliegenheit

Zu klären ist nun, ob die Einführung einer gesetzlichen Schlichtungsobliegenheit der Tarifparteien rechtspolitisch zweckmäßig ist. Die mit einer solchen Regelung einhergehende Herauszögerung von Konflikten könnte unter Umständen im Verhältnis zu kurzen und vor Durchführung eines Schlichtungsverfahrens stattfindenden Arbeitskämpfen von Nachteil sein. Will nicht einmal eine Partei ein Schlichtungsverfahren durchführen, sind die Konsenschancen von vornherein als gering einzustufen.[216] Zum anderen kann schon die bloße Möglichkeit, dass ein Schlichtungsverfahren in Aussicht steht, zur Folge haben, dass die Einigungsbereitschaft der Streitenden leidet. Der Wille, sich selbst zu helfen, könnte weniger ausgeprägt sein, als wenn die Betroffenen von vornherein auf sich selbst gestellt sind.[217] Das Risiko, dass das Schlichtungsverfahren bei mangelndem Verständigungswillen als Ritual entwertet wird, könnte es zweckdienlich erscheinen lassen, auf einen Schlichtungsversuch vor jedem Arbeitskampf zu verzichten.

Die Gefahr, dass ein Schlichtungsversuch aber nur unternommen wird, um in rechtmäßiger Weise den Arbeitskampf beginnen zu können, muss der gegenüber dem Schlichtungsversuch generell eröffneten Chance „eines erneuten Anlaufs zur kampflosen Lösung“[218] in Kauf genommen werden. Die Möglichkeit einer Verständigung erscheint bei lebensnaher Betrachtung auch ausreichend groß, um diese letzte Chance, den Arbeitskampf zu verhindern, legislativ zu nutzen.[219] Der Gefahr, dass eine Schlichtungsobliegenheit dazu führt, ein schnelles Scheitern der Gespräche und Verhandlungen zu provozieren, damit der Arbeitskampf begonnen werden kann,[220] wird durch die Auswahl eines neutralen Schlichters begegnet. Denn seine Aufgabe ist es gerade, dort Kompromisse zu finden, wo es keine mehr zu geben scheint. Insoweit kann durch einen neutralen Dritten der Verhandlungs-

215 Vgl. BVerfGE 58, 233 (255).

216 Vgl. *Birk/Konzen/Löwisch/Raiser/Seiter*, ArbeitskampfG, S. 38; *Heinze*, FS Molitor, 159 (163); *ders.*, FS Däubler, 431 (435); *Behning*, Schlichtung, S. 246, *Müller*, DB 1989, 42 ff., die den Willen wenigstens einer Partei zur Durchführung des Verfahrens verlangen bzw. deren Verhandlungsbereitschaft.

217 *Gamillscheg*, KollArbR I, S. 1151.

218 *Picker*, in: Lieb/v.Stebut/Zöllner, ArbeitskampfR, S. 275 (286).

219 *Picker*, in: Lieb/v.Stebut/Zöllner, ArbeitskampfR, S. 275 (286); *Löwisch*, ZfA 1985, 53 (64).

220 MünchArbR/*Otto*, 2. Aufl., § 285 Rn. 104.

unwilligkeit, den persönlichen Kommunikationsproblemen und unsachlichen Argumentationen besonders gut begegnet werden.[221] Der Gefahr, dass das Verfahren verzögert wird, kann durch eine effektive Gestaltung des Schlichtungsgesetzes vorgebeugt werden.

Ohne eine staatliche Einbindung der Schlichtung in den Tarifkonflikt wird in der Regel nur diejenige Partei die staatliche Schlichtungsstelle anrufen, die sich einem Arbeitskampf nicht gewachsen fühlt und sich staatliche Hilfe erhofft.[222] Derjenige, der nach gescheiterten Verhandlungen wieder die Hand zur Versöhnung bietet, indem er einen nochmaligen Verhandlungsversuch macht, erweckt damit den Eindruck, als sei ihm an einer gütlichen Einigung deswegen besonders gelegen, weil er sich zu schwach für die kommende Kraftprobe fühlt. Damit wird die Verhandlungsposition der anrufenden Partei geschwächt und die Konzessionsbereitschaft der gegnerischen Partei geschmälert. Dem aber will sich keine Partei aussetzen. Jede Partei zögert daher, von sich aus wieder an den anderen heranzutreten.

Erfolgt hingegen eine feste staatliche Einbindung der Schlichtung in den Tarifkonflikt, wird gleichzeitig in ausreichendem Maße vermieden, dass die Parteien es aus Furcht unterlassen die Schlichtungsstelle anzurufen, dieser Schritt werde ihnen als Schwäche ausgelegt.

Durch die Einführung einer Schlichtungsobliegenheit wird zudem weitestgehend vermieden, dass die Schlichtung zu einer verlagerten Lohnverhandlung führt, denn die beantragende Partei wird die Schlichtungsstelle regelmäßig erst anrufen, wenn die Verhandlungsmöglichkeiten ausgeschöpft wurden und die betreffende Partei glaubt, mit ihrem Entschluss auch vor der Kritik der Öffentlichkeit bestehen zu können.

c) Ergebnis

Rechtspolitische Überlegungen sprechen dafür, die Zulässigkeit von Arbeitskampfmaßnahmen von der vorherigen Durchführung eines Schlichtungsversuchs abhängig zu machen. Die staatliche Festlegung einer solchen Schlichtungsobliegenheit stellt sich gemessen an der den Tarifparteien durch Art. 9 Abs. 3 GG gewährleisteten Koalitionsfreiheit als grundsätzlich zulässige Beschränkung dar. Die Verhältnismäßigkeit der Arbeitskampfbeschränkung ist durch ein an kurze Fristen gebundenes Schlichtungsverfahren zu gewährleisten.

---

221 *Pusch*, Alternativen zum Arbeitskampf, S. 193 f.

222 *Paech*, Tarifautonomie, S. 140.

2. Die gesetzliche Regelung eines Schlichtungszwangs

Schließlich muss der Frage nachgegangen werden, ob der Staat die Tarifvertragsparteien nicht sogar mittels Zwang zur Durchführung eines Schlichtungsverfahrens verpflichten kann. Während manche, um negative Assoziationen zu vermeiden von einem „obligatorischen Schlichtungsverfahren"[223] sprechen, hat schon *Nikisch*[224] anschaulich den Begriff des Schlichtungszwangs verwendet. Das obligatorische Element könnte in einem Anrufungszwang bestehen, also einer Vorschrift, die vorsieht, dass die Parteien stets ein Schlichtungsverfahren durchführen müssen, wenn die Verhandlungen gescheitert sind.

Ein solcher Anrufungszwang ließe sich durch eine Einleitung des Verfahrens von Amts wegen absichern. Zu den Möglichkeiten der Gestaltung eines Schlichtungszwangs gehört ebenfalls die Regelung eines Einlassungszwangs für den Fall, dass die andere Partei die staatliche Schlichtungsstelle anruft.

a) Der Schlichtungszwang in ausländischen Rechtsordnungen

In ausländischen Rechtsordnungen ist der Schlichtungszwang teilweise anerkannt. In Spanien etwa wird die Anordnung der obligatorischen Schlichtung im Gegensatz zur Zwangsschlichtung nicht als eine Verletzung der grundrechtlich geschützten Streikfreiheit angesehen.[225] Die *Inspecciòn Trabajo*, eine spanische Behörde, kann sich gem. Art. 9 RDL 17/1977 vermittelnd in die Tarifauseinandersetzungen einschalten.[226] Auch in einigen Kantonen der Schweiz ist der Anrufungs- bzw. Einlassungszwang, welcher durch eine Einleitung des Verfahrens von Amts wegen abgesichert wird, gesetzlich vorgesehen.[227] Schließlich kennt auch das US-amerikanische Bundesrecht mit dem Railway Labor Act die Möglichkeit des Einlassungszwangs als Folge einer Anrufung des sog. *National Mediation Board* durch eine Partei.

223 MünchArbR/*Otto*, 2. Aufl., § 294 Rn. 7; *Hanau/Thüsing*, in: Thüsing (Hrsg.), Tarifautonomie, S. 64.

224 FS DJT 1960, Bd. I, 317 (326).

225 vgl. *Coen*, RdA 1987, 36 (40 f.)

226 *Rudkowski*, Streik in der Daseinsvorsorge, S. 84

227 MünchArbR/Otto, 2. Aufl., § 296 Rn. 29 (Fn 60).

b) *Verfassungsmäßigkeit des Schlichtungszwangs*

aa) Anrufungszwang / Einleitung des Verfahrens von Amts wegen

Befürworter dieser Regelungsarten können anführen, dass es ohne einen solchen Zwang unter Umständen zu Verzögerungen kommen kann und sich durch die längere Dauer der Streitigkeiten die Fronten zwischen den Tarifparteien mehr und mehr verhärten, so dass die Aussicht auf eine Beilegung schwindet, wenn nicht bereits früh mit einer vermittelnden Einflussnahme begonnen wird.[228] Insoweit hat auch die Verordnung von 1923 sowie die (süd-)badische Landesschlichtungsordnung die Schlichtungsbehörden ermächtigt, von sich aus mit dem Verfahren zu beginnen.[229] Auch entsprechende Vorschläge von Seiten der Rechtswissenschaft sehen vor, einen Anrufungszwang nach dem Scheitern der Verhandlungen gesetzlich einzuführen.[230]

Vielfach wird die Verpflichtung zur Durchführung eines Schlichtungsverfahrens sogar als ein Demokratieerfordernis angesehen, da hierdurch die Tarifvertragsparteien veranlasst würden, das Ergebnis ihrer Tarifvertragsverhandlungen in einem Schlichtungsverfahren offen zu bekennen und inhaltlich zu vertreten. Somit würde der Streit der Tarifvertragsparteien demokratisch zur Diskussion innerhalb der Gesellschaft gestellt. Die Gesellschaft könne sodann freiheitlich den Tarifvertragsparteien Grenzüberschreitungen nachweisen und ihrerseits sanktionieren.[231] Gerade dann, wenn die Tarifvertragsparteien letztlich autonom entscheiden könnten, müssten sie es sich gefallen lassen, dass in ihren Willensbildungsprozess auch solche entscheidungsrelevanten Tatsachen und Wertungen eingeführt werden, die sich aus der Mitbetroffenheit der Allgemeinheit ergeben. Insbesondere die Entscheidungsbefugnis eines Schlichters zur Einleitung des Verfahrens biete die Möglichkeit, gleich zu Beginn der Tarifverhandlungen seine Teilnahme zu sichern, um auf die Abstimmung der Tarifregelung mit dem Gesamtwirtschafts- und Sozialprozess hinwirken zu können und eine Abwälzung der Lasten auf die Verbraucher schon in ihrem Ansatz zu bekämpfen.[232]

---

228 *Lippert*, Die Bedeutung des Schlichtungsverfahren, S. 32.

229 § 5 Abs. 1 S. 1 der Schlichtungsverordnung vom 30.10.1923, RGBl. 1923, S. 943; § 12 Abs. 2 der Landesschlichtungsordnung Baden.

230 *Birk/Konzen/Löwisch/Raiser/Seiter*, ArbeitskampfG, §§ 13 ff.; *Heinze*, FS Molitor 1988, 159 ff.; *Heinze*, FS Däubler, 431, (434 ff.).

231 *Heinze*, FS Däubler, 431 (436).

232 *Paech*, Tarifautonomie, S. 142.

Allerdings sind die Einführung eines Anrufungszwangs und die Einleitung des Verfahrens von Amts wegen mit der Tarifautonomie nicht vereinbar.[233] Der Grundsatz der freien Tarifauseinandersetzung gewährt, dass sich die Formen, in der sich die tarifvertraglichen Regelungen der Arbeitsbedingungen vollziehen, den Koalitionen grundsätzlich nicht staatlich verordnet werden dürfen.[234]. Der soziale Gegenspieler soll nicht unter Zwang in den Dienst der Koalition genommen werden.[235] Die Koalitionsfreiheit ist – wie die Gegnerunabhängigkeit als Voraussetzung zeigt[236] – darauf angelegt, dass die Koalitionen aus eigener Kraft zum Erfolg kommen und keiner Pflicht zur Zusammenarbeit unterliegen.[237] Damit verträgt es sich nicht, den Koalitionen einen Zwang zur Zusammenarbeit oder zur wechselseitiger Förderung aufzuerlegen.[238] Hierzu würde es jedoch kommen, wenn den Parteien ein Zwang zur Schlichtung nach dem Scheitern der Verhandlungen auferlegt wird bzw. eine Einleitung des Verfahrens von Amts wegen erfolgt. Zwar können der Garantie der freien und autonomen Tarifauseinandersetzung Grenzen gezogen werden. Das System der tarifautonomen Regelung der Arbeits- und Wirtschaftsbedingungen vermag aber nur zu funktionieren, wenn auch die Modalitäten eines möglichen Schlichtungsverfahrens weitestgehend der Tarifautonomie der Tarifpartner überlassen bleibt. Um im Interesse der Allgemeinheit und Dritter unnötige Arbeitskämpfe und ihre schädlichen Folgen zu verhindern, können zulässige Arbeitskampfmaßnahmen daher lediglich von einem vorherigen Schlichtungsversuch abhängig gemacht werden.[239] Ein weiterer Eingriff in die Tarifautonomie durch einen staatlich verordneten unbedingten Schlichtungszwang ist nicht geboten.

Dies wird umso deutlicher, wenn man sich vor Augen führt, dass die Schlichtung dann um so erfolgversprechender ist, wenn auf der Grundlage der persönlichen Autorität des jeweiligen Schlichtungsorgans bei den Tarifvertragsparteien eine Bereitschaft besteht, sich auf Forderungen der anderen Seite einzulassen. Die Chancen hierfür steigen, wenn man den Tarifparteien die Entscheidung weitest-

---

233 A.A. für den Anrufungszwang insbes. *Seiter*, NJW 1976, 1369 (1374); *Arnold*, RdA 1996, 356 (360); *Behning*, Schlichtung, S. 240 ff.; *Isele*, Rechtsprobleme, S. 49; *Nikisch*, FS DJT 1960, Bd. I, 317 (326) (340); *Rüthers*, Tarifautonomie und gerichtliche Zwangsschlichtung, S. 28; *ders.*, GS Dietz, 299 (313); *Säcker*, Grundprobleme, S. 81; *Zöllner/Loritz/Hergenröder*, S. 454; *Dütz*, JA 1987, S. 405 (413); *Sitzler*, FS Nipperdey, 193 (207 ff.); *Weber*, Koalitionsfreiheit und Tarifautonomie als Verfassungsproblem, S. 42 ff.

234 *Löwisch/Rieble*, TVG, Grundlagen Rn. 56.

235 MünchArbR/*Löwisch/Rieble*, 2. Aufl., § 243 Rn 55.

236 MünchArbR/*Löwisch/Rieble*, 2. Aufl., § 243 Rn. 55.

237 *Scholz*, in: Maunz/Dürig, GG, Art. 9 Rn 278.

238 *Löwisch/Rieble*, TVG, Grundlagen Rn. 55.

239 BAG (GS) v. 21.04.1971 – GS 1/68, AP Nr. 43 zu Art. 9 Arbeitskampf Teil III A 2 a der Gründe; *Gamillscheg*, KollArbR I, S. 277.

gehend belässt, ob und wann eine Schlichtung erfolgen soll. Die Einleitung eines Schlichtungsverfahrens muss daher in der Hand der Koalitionen liegen.[240] Das Recht der Tarifvertragsparteien, eine freiwillige Schlichtung zu vereinbaren und deren Verfahren selbst zu bestimmen, würde sich schnell als bloße Deklaration erweisen, würde die Schlichtung von Amts wegen eingeleitet oder eine Partei unter Zwang verpflichtet, die staatliche Schlichtungseinrichtung anzurufen, sobald die Verhandlungen gescheitert sind.

Am deutlichsten aber wird das hier gefundene Ergebnis, wenn man sich mit der herrschenden Meinung[241] vor Augen führt, dass die Tarifparteien auch keinem Verhandlungszwang unterliegen. Zu Recht wird dabei angeführt, dass die Tarifautonomie den Koalitionen auch gewährleistet, nicht zu verhandeln und keine Tarifverträge abzuschließen. Wie eine Koalition Verhandlungen mit dem Gegner erreicht, ist grundsätzlich ihre eigene Sache.

Auch das BAG[242] hat betont, dass keine Verhandlungspflicht der Tarifparteien bestehe. Schließlich gelte, so das Gericht, auch auf dem Tarifvertragsgebiet volle Vertragsfreiheit, die auch die Freiheit in der Wahl des Vertragspartners umfasst. Einem der Zwangsschlichtung ähnlichen Eingriff würde es insofern nahe kommen, wenn die eine Vereinigung die andere zwingen könnte, mit ihr zu verhandeln, um zu einem Tarifabschluss zu kommen. Zwar seien die Koalitionen einander zur Duldung verpflichtet und sie dürfen einander nicht in der Ausübung ihrer Funktionen behindern. Ein Zwang auf Abschluss eines Tarifvertrages mit einem bestimmten Tarifpartner könne jedoch nicht ausgeübt werden. Darauf liefe aber die Verpflichtung der anderen Partei zu Verhandlungen hinaus. Weiterhin betont auch der EuGHMR, dass aus Art. 11 EMRK kein Verhandlungsanspruch gege-

---

240 *Picker*, in: Lieb/v.Stebut/Zöllner, ArbeitskampfR, S. 275 (279 ff.); aber anders etwa die Entwürfe von *Birk/Konzen/Löwisch/Raiser/Seiter*, ArbeitskampfG, §§ 13 ff.; *Heinze*, FS Molitor, 159 ff.; *Heinze*, FS Däubler, 431, (434 ff.).

241 *Brodmann*, Arbeitskampf und Pressefreiheit, S. 116 f.; *Frey*, RdA 1965, 363 f.; *Coester*, ZfA 1977, 87 ff. (108 f.); *Brox/Rüthers*, ArbeitskampfR, Rn. 182; MünchArbR/*Löwisch/Rieble*, 2. Aufl., § 243 Rn 55; *Löwisch/Rieble*, TVG, Grundlagen Rn. 55; *Müller*, Arbeitskampf und Recht, S. 156; *Waas*, AuR 1991, 334 ff; *Däubler*, Tarifvertragsrecht, S. 99 f. (108 ff.); *Rüfner*, RdA 1997, 130 (132); BAG AP Nr. 5 zu Art. 9 GG Arbeitskampf; BAG AP Nr. 1, 3 zu § 1 TVG Verhandlungspflicht; BAGE 14, 282 (288); BAG AP Nr. 53 zu Art. 9 GG; EGMR, EuRGZ 1976, 62. A.A.: *Hueck/Nipperdey*, ArbR II/1, S. 79 (138); *Gamillscheg*, KollArbR I, *S.* 275 ff.; *Thüsing*, in: Wiedemann, TVG, § 1 Rn. 216; *Mikosch* in: FS Dieterich, 1999, S. 379ff.; *Wiedemann/Thüsing*, RdA 1995, 280; *Zöllner/Loritz/Hergenröder*, Arbeitsrecht, S. 352 f.; *Seiter*, FS 125 Jahre Juristische Gesellschaft zu Berlin, 729 (744).

242 BAG v. 02.08.1963 AP Nr. 5 zu Art. 9 GG Arbeitskampf; BAG v. 19.06.1984 AP Nr. 3 zu § 1 TVG Verhandlungspflicht; BAG v. 14.02.1989 AP Nr. 52 zu Art. 9 GG Arbeitskampf = NZA 1989, 601.

nüber dem Staat als Arbeitgeber folgt, dieser insbesondere nicht verpflichtet ist, mit einer bestimmten Gewerkschaft Tarifverträge abzuschließen.[243]

Das Spiegelbild eines den Tarifparteien aufoktroyierten Verhandlungszwanges ist nun aber die obligatorische Schlichtung.[244] Zwingt der Staat die Tarifparteien zur Durchführung eines Schlichtungsverfahrens, so wird damit durch die Hintertür eine Verhandlungspflicht festgelegt. Für die Zulässigkeit der obligatorischen Schlichtung kann daher grundsätzlich nichts anderes gelten. Denn es macht wenig Sinn, einen Verhandlungsanspruch zu verneinen, dann aber die Parteien auf der anderen Seite zu verpflichten, eine Schlichtung durchzuführen, in der die Parteien durch Verhandlung zu einer Einigung gelangen sollen.

Die Tarifautonomie ist ein Freiheitsrecht und kann daher keine Regelungspflicht begründen.[245] Daran scheitert nicht nur ein wechselseitiger Verhandlungsanspruch der Tarifvertragsparteien, sondern auch ein solcher auf Schlichtung.

Eine Einleitung des Verfahrens von Amts wegen widerspricht zudem der Freiheit der Tarifvertragsparteien, autonom über das Scheitern der Verhandlungen zu bestimmen. Auch hierfür ist alleine der Wille der Tarifparteien entscheidend.[246] Durch einen solchen unmittelbaren Zwang würde das Selbstbestimmungsrecht der Koalitionen in ihrem Kernbereich angetastet.[247] Eine rechtliche Ordnung, die mit der Privatautonomie auch die Tarifautonomie als fundamentalen Eigenwert anerkennt, kann nicht zugleich Verhandlungsreglementierungen treffen, die diese Selbstbestimmung konterkarieren.[248]

Ein solch weitgehender Eingriff würde auch den Grundsatz der Schlichtung als Mittel zur Hilfeleistung bei der Einigung der Tarifvertragsparteien beeinträchtigen. Wird ein Verfahren von Amts wegen eingeführt, besteht die Gefahr, dass die Parteien für alle folgenden Ereignisse den Staat verantwortlich machen und sich darauf berufen, dass man diesen ja nicht aufgefordert habe, sich in den Streit einzumischen.

Letztlich kann daher grundsätzlich weder ein Anrufungszwang, noch eine Einleitung des Verfahrens von Amts wegen gesetzlich geregelt werden. Der Grundsatz von der Selbstverantwortung der Sozialpartner verlangt, dass ein Schlichtungsverfahren nur auf Antrag und ohne Zwang eingeleitet wird.

---

243 EuGRZ 1976, 62 unter Nr. 39.

244 So auch *Hanau/Thüsing*, in: Thüsing (Hrsg.), Tarifautonomie, S. 65.

245 *Löwisch/Rieble*, TVG, § 1 Rn. 170; *Dieterich*, RdA 2002, 1 (10 f.); *Baumann*, RdA 1994, 271 (276 ff.); *Säcker/Oetker,* Tarifautonomie, S. 93 f.

246 *Picker*, in: Lieb/v.Stebut/Zöllner, ArbeitskampfR, 1990, 275 (279 ff.).

247 *Picker*, ZfA 1986, S. 199 (224).

248 *Picker*, in: Lieb/v.Stebut/Zöllner, ArbeitskampfR, S. 275 (280).

bb) Einlassungszwang

Der Einlassungszwang gilt der anderen Partei für den Fall, dass eine Partei die Schlichtungsstelle anruft.[249] Die Parteien sind danach verpflichtet, sich auf ein Schlichtungsverfahren einzulassen. Eine Verletzung dieser Pflicht durch den betreffenden Teil könnte mit Sanktionen versehen werden. Die Zulässigkeit und Notwendigkeit eines Einlassungszwangs als Instrument des Schlichtungsrechts ist jedoch umstritten.[250]

Für die Regelung eines Einlassungszwangs wird häufig angeführt, dass durch die Möglichkeit einer Partei, die vorgegebene Schlichtung zu ignorieren, die Schlichtung gerade dann gelähmt werde, wenn es darum gehe, die Fronten besonders harter Auseinandersetzungen aufzuweichen.[251] Ein derart ausgestaltetes Schlichtungsgesetz besäße nur noch wenige Möglichkeiten, auf die Sicherung des Arbeitsfriedens hinzuarbeiten.

Umgekehrt aber ermögliche es der Einlassungszwang, dass die Beteiligten zunächst einmal dem Schlichter zusammen gegenüber sitzen mit der grundsätzlichen Verpflichtung miteinander zu reden. Unter Leitung des Schlichters könnte sich sodann sehr schnell wieder das Gespräch in Gang setzen und zu einer Einigung führen. Da in Abwesenheit einer Partei ein Verständigungsversuch nicht denkbar ist, sei es nur folgerichtig, die Gegenseite zu zwingen, vor der Schlichtungsstelle zu erscheinen und sich zur Sache einzulassen. Andernfalls könnte das Verfahren doch wieder lediglich im Einverständnis beider Seiten durchgeführt werden.[252] Mit diesem Einlassungszwang würde sich mithin die Verpflichtung der Tarifparteien verbinden, an einem unverbindlichen Verständigungsversuch teilzunehmen und vor dem Schlichter ihre Forderung und ihr Verhalten zu rechtfertigen.[253]

Diese Zweckmäßigkeitserwägungen berücksichtigen aber nicht in ausreichender Weise die Rechtsbetroffenheit derjenigen Partei, die sich einem Einlassungszwang ausgesetzt sieht. Der Versuch, die Einlassung objektiv messbaren Kriterien zu unterstellen, lässt sich mit der Tarifautonomie ebenso wenig vereinbaren, wie die Festlegung eines inhaltlichen Einlassungsminimums.[254] Der soziale Gegenspieler darf auch hier nicht unter Zwang in den Dienst der Koalition genommen

---

249 So § 3 des „Margarethenhof-Abkommens“ zwischen BdA und DGB von 1954, abgedr. bei *Knevels* ZTR 1988, 408, 413.

250 *Lobeck*, BB 1957, 231; Sitzler, FS Nipperdey, 208.

251 *Lippert*, Die Bedeutung des Schlichtungsverfahrens, S. 33; *Futter*, Schlichtungswesen, S. 127; *Hueck/Nipperdey*, Arbeitsrecht, Band II/1, § 41 I 3 c; *Sitzler*, FS Nipperdey, 208; *Arnold*, RdA 1996, 352 (360).

252 *Nikisch*, FS DJT 1960, Bd. I, 317 (339).

253 *Brox/Rüthers*, Arbeitskampfrecht, Rn. 202 (701).

254 *Rieble*, ZAF 2005, 218 (223).

werden.[255] Die Koalitionsfreiheit ist darauf angelegt, dass die Koalitionen aus eigener Kraft zum Erfolg kommen und keiner Pflicht zur Zusammenarbeit unterliegen.[256] Schon daraus erklärt sich, warum es keinen Verhandlungsanspruch gibt.[257] Weder die Aufnahme von Verhandlungen überhaupt, noch das Gespräch über bestimmte vom Gegenspieler tabuisierte Themen kann erzwungen werden. Müsste der Schlichter das Ablehnungsverhalten und damit die Angemessenheit des Vertragsangebots beurteilen, liefe das auf eine vorweggenommene Tarifzensur hinaus.[258]

Das Mittel zur Überwindung der Sprachlosigkeit zwischen Tarifvertragsparteien ist grundsätzlich der Arbeitskampf. Zum Schutze Dritter und der Allgemeinheit kann der Staat den Arbeitskampf von einem vorherigen Verhandlungsversuch abhängig machen.[259] Hieraus folgt aber kein Zwang, sondern lediglich Verhandlungsobliegenheit. Auch in einem Schlichtungsverfahren muss dieser Grundsatz Beachtung finden. Außerhalb des Arbeitskampfes darf grundsätzlich keine Koalition gezwungen werden, sich auf Tarifverhandlungen oder sonstige Verständigungsmöglichkeiten einzulassen.

cc) Schlichtungszwang in Bereichen der Daseinsvorsorge

Eine Ausnahme von der Unzulässigkeit eines obligatorischen Schlichtungsverfahrens muss, wie schon bei der Zwangsschlichtung,[260] für Bereiche der Daseinsvorsorge gemacht werden.[261] Als Vorbild für ein Gesetz in diesen Bereichen kann die Verordnung von 1920 dienen.[262]

Gerade in der Daseinsvorsorge ist es notwendig, dass ein neutraler Dritter einen zeitnahen Versuch unternimmt, Bewegung in den Verhandlungsprozess zu bringen. Hierdurch wird die Chance erhöht, einen Streik zu verhindern oder zu beenden. Auch, wenn die Schlichtung kein sicheres Mittel ist, auftretende Arbeitskampffolgen auszuschließen, so muss doch seine Eigenschaft als generell geeignetes Instrument zur Verhinderung von arbeitskampfbedingten Schädigungen ausreichen, um eine solche Chance in diesen lebenswichtigen Bereichen nutzen. Zur Wahrung der Allgemeininteressen an der Aufrechterhaltung der Daseinsvorsorge ist der Eingriff in die Koalitionsfreiheit in diesem Fall verhältnismäßig.

---

255 MünchArbR/*Löwisch/Rieble*, 2. Aufl., § 243 Rn 55.

256 *Löwisch/Rieble*, TVG, Grundlagen Rn. 55.

257 Vgl. oben Teil 1 C III 2 aa.

258 MünchArbR/*Rieble/Löwisch*, 2. Aufl., § 246 Rn. 98.

259 *Löwisch/Rieble*, TVG, Grundlagen Rn. 55.

260 Vgl. oben Teil 1 C II 2.

261 *Hanau/Thüsing*, in: Thüsing (Hrsg.), Tarifautonomie, S. 65; *Rudkowski*, Streik in der Daseinsvorsorge, S. 84; *Buchner*, BB 2007, 2520 (2521); *Kamanabrou*, ZfA 2008, 241 (243).

262 RGBl. S. 1865.

In solchen Situationen soll der Staat, um möglichst schnell Frieden zu schaffen und die Versorgung der Bevölkerung sicherzustellen, zum Mittel des Anrufungs- und Einlassungszwangs greifen dürfen, der durch eine Einleitung des Verfahrens von Amts wegen abgesichert ist.

D. Regelungsverpflichtung des Gesetzgebers

I. Bereitstellung eines freiwilligen staatlichen Schlichtungssystems

Möglicherweise ist der Gesetzgeber dazu verpflichtet, den Tarifparteien ein freiwilliges staatliches Schlichtungssystem zur Verfügung zu stellen. Die Annahme eines Gesetzgebungsauftrags in dieser Hinsicht könnte erwogen werden, um bereits im Vorfeld von Tarifauseinandersetzungen als Vervollständigung der Erfüllung der staatlichen Pflicht zur Realisierung der Tarifautonomie, ein entsprechendes gesetzliches Instrumentarium bereit zu stellen, wie durch das Tarifvertragsgesetz geschehen.[263] In der Literatur wurde bereits im Jahr 1957 darauf hingewiesen,[264] dass in den Fällen, in denen es den Tarifpartnern nicht gelingt, ein eigenes Schlichtungswesen aufzubauen, staatlicherseits Schlichtungseinrichtungen zur Verfügung stehen müssen. Auch Teil II Art. 6 Nr. 3 der Europäischen Sozialcharta verpflichtet die Vertragsstaaten ausdrücklich, „die Einrichtung und die Benutzung geeigneter Vermittlungs- und freiwilliger Schlichtungsverfahren zur Beilegung von Arbeitsstreitigkeiten zu fördern“. Die Europäische Gemeinschaftscharta der sozialen Grundrechte der Arbeitnehmer vom 09.12.1989[265] betont in der Präambel den sozialen Konsens und bestimmt in Art. 13 zur Erleichterung der Beilegung von Arbeitsstreitigkeiten „in Übereinstimmung mit den einzelstaatlichen Gepflogenheiten die Einführung und Anwendung von Vermittlungs-, Schlichtungs- und Schiedsverfahren auf geeigneter Ebene zu erleichtern“.

Eine über den Gewährleistungsinhalt von Art. 9 Abs. 3 GG hinausreichende Bedeutung für den innerstaatlichen Bereich kommt den Vorgaben des internationalen Rechts im Bereich der Schlichtung indessen nicht zu.[266]

Im sog. Mitbestimmungsurteil hat das Bundesverfassungsgericht betont, dass das auf dem Interessengegensatz, dem Konflikt und dem Kampf beruhende Tarif-

---

263 Vgl. *Kissel*, Arbeitskampfrecht, § 70 Rn. 3; MünchArbR/*Otto*, 2. Aufl., § 294 Rn. 12 f.; *Arnold*, RdA 1996, 356 (365).

264 *Lobeck*, BB 1957, 231 (232).

265 Abgedr. in: *Oetker/Preis*, EAS, A 1000.

266 MünchArbR/*Otto*, 2. Aufl., § 294 Rn. 13.

system nicht Kooperationssystemen entgegenstehe, die auf gütlichen und friedlichen Ausgleich abzielten.[267] Art. 9 Abs. 3 GG lasse insofern auch Gestaltungen zu, welche Einigung und Zusammenwirken in den Vordergrund rücken. Damit hat das Bundesverfassungsgericht jedenfalls nicht ausdrücklich dazu Stellung genommen, ob Art. 9 Abs. 3 GG auch eine Kernbereichsgarantie dergestalt umfasst, dass staatlicherseits ein freiwilliges Schlichtungssystem bereitzustellen ist. Es ist jedoch zu beachten, dass die Schlichtung neben dem Arbeitskampf die einzige Möglichkeit bietet, den Tarifkonflikt nach dem Scheitern von Tarifverhandlungen beizulegen und durch den Abschluss von Tarifverträgen eine Ordnung und Befriedung des Arbeitslebens zu erreichen. Insofern wird man annehmen können, dass für das Bundesverfassungsgericht in Art. 9 Abs. 3 GG auch ein verfassungsrechtlich geschützter Kernbereich in der Weise liegt, dass ein staatlicher Regelungsauftrag zur Bereitstellung eines freiwilligen Schlichtungssystems besteht. Berücksichtigt man zudem, dass Art. 9 Abs. 3 GG ein Schutzrecht zugunsten der Koalitionen enthält, aus dem sich die Verpflichtung für den Gesetzgeber ergibt, die organisatorischen Voraussetzungen und die Handlungsmöglichkeiten der Koalitionen zu sichern,[268] so bedeutet das Angebot zu staatlicher Hilfe mittels Bereitstellung eines staatlichen Schlichtungssystems die Erfüllung eines in Art. 9 Abs. 3 GG angelegten Gesetzgebungsauftrags.[269]

II. Die feste Einbindung der Schlichtung in das Arbeitskampfrechtssystem

Möglicherweise ist der Gesetzgeber auch zu einer festen Einbindung der Schlichtung in das Arbeitskampfrechtssystem verpflichtet. Als eine das Arbeitskampfverfahren betreffende Regelung[270] ist das Schlichtungsrecht regelmäßig Bestandteil der Diskussion über die Kodifizierung des Arbeitskampfrechts.[271]

Das Bundesverfassungsgericht hat im Hinblick auf die Frage, ob der Gesetzgeber hinsichtlich der von ihm entwickelten „Wesentlichkeitstheorie“[272] nicht zwingend zur Regelung der Arbeitskampfordnung verpflichtet ist, mit seinem

267 BVerfGE 50, 290 (371 ff.) = AP Nr. 1 zu § 1 MitbestG.

268 *Scholz*, in: Maunz/Dürig, GG, Art. 9 GG, Rn. 167; Otto, MünchArbR/*Otto*, 2. Aufl., § 286 Rn. 13; *Arnold*, RdA 1996, 356 (365).

269 *Otto*, Arbeitskampf- und Schlichtungsrecht, § 20 Rn. 13; *Arnold* RdA 1996, 356 (365); *Dütz*, JA 1987, 405; *Fratzky*, Gesetzgebungskompetenz, S. 186.

270 Seiter, RdA 1986, 165 (187).

271 Vgl. etwa *Birk/Konzen/Löwisch/Raiser/Seiter*, ArbeitskampfG, S. 40; *Seiter*, RdA 1986, 165 (187); *Rieble*, DriZ 2007, 340.

272 BVerfGE 49, 89 (126 f.); 61, 260 (275).

Beschluss vom 26.06.1991[273] für das Arbeitskampfrecht eine Absage erteilt. Er beinhaltet damit zugleich auch eine verneinende Antwort auf die Frage, ob der Gesetzgeber dazu verpflichtet ist, das Schlichtungsrecht als Bestandteil des Arbeitskampfverfahrens selbst zu regeln.[274]

Die in der Rechtsprechung des BVerfG entwickelte Wesentlichkeitstheorie, derzufolge der Gesetzgeber verpflichtet ist, „in grundlegenden normativen Bereichen, zumal im Bereich der Grundrechtsausübung, soweit diese staatlicher Regelung zugänglich ist, alle wesentlichen Entscheidungen selbst zu treffen“,[275] beschränkte das Gericht auf solche Regelungen, die unmittelbar das Verhältnis des Staates zum Bürger betreffen.[276] Im Übrigen soll auch eine zwingende Pflicht zur gesetzlichen Regelung des Arbeitskampfrechts die Gerichte nicht an einer Rechtsfortbildung hindern. Zwar habe der Gesetzgeber insoweit den Regelungsvorrang, gleichwohl müssen die Gerichte aber ihre Pflicht erfüllen, „jeden vor sie gebrachten Rechtsstreit sachgerecht zu entscheiden“.[277] Der Auffassung des BVerfG sind auch Teile der Literatur gefolgt.[278]

Die Ansicht, dass die Wesentlichkeitstheorie nur für das Verhältnis zwischen Staat und Bürger gilt, während eine gesetzliche Regelung nicht erforderlich sein soll, wenn es um das Verhältnis gleichgeordneter Grundrechtsträger geht, lässt sich mit der Definition der Wesentlichkeitstheorie kaum vereinbaren. Richtig ist zunächst, dass der klassische Gesetzesvorbehalt des Art. 20 Abs. 3 GG nur für unmittelbares Handeln des Staates gegenüber dem einzelnen Bürger gilt. Ein derart begründeter Gesetzesvorbehalt kann hier nicht fruchtbar gemacht werden. Zwar gestattet der Staat gerade im Arbeitskampf einseitige Eingriffe nicht nur in die Rechtspositionen der Vertragspartner, sondern auch in Rechtsgüter Dritter.[279] Allerdings erfolgen diese Eingriffe im Verhältnis „gleichgeordneter“ Bürger, es fehlt das Über-Unterordnungsverhältnis Staat-Bürger, das gekennzeichnet ist durch die Befugnis der staatlichen Exekutive, Rechtsfolgen für den Bürger einseitig verbindlich festzulegen.[280]

Die Tatsache, dass die Vergesetzlichung des Arbeitsrechts auf die Normierung von Beziehungen zwischen Privaten zielt, spricht allerdings nicht gegen eine Anwendung der Wesentlichkeitstheorie. Vielmehr hat sich die Wesentlichkeitstheorie insoweit vom klassischen Vorbehalt des Gesetzes gelöst[281] und findet

273 BVerfG, DB 1991, 1678 ff., bestätigt durch BVerfG, NJW 1993, 1379.
274 *Behning*, Schlichtung, S. 227; *Däubler*, AuR 1992, 1 (4 f.); *Richardi*, JZ 1992, S. 27 (29).
275 BVerfGE 49, 89 (126 f.); 61, 260 (275).
276 BVerfG, DB 1991, 1678 (1679).
277 BVerfG, DB 1991, 1678 (1679).
278 *Ipsen*, DVBl. 1984, 1102 (1105); *Jarass/Pieroth*, GG, Art. 9 Rn. 33; *Konzen*, SAE 1991, 335 (337).
279 *Richardi*, JZ 1992, 27 (32).
280 MünchArbR/*Otto*, 2. Aufl. § 284 Rn. 60.
281 *Kloepfer*, NJW 1985, 2497; a.A.: *Ipsen*, DVBl. 1984, 1102 (1105).

auch im Verhältnis Bürger-Bürger Anwendung, wenn ein ausreichender Grundrechtsbezug besteht.[282] Dies zeigen schon andere Entscheidungen des BVerfG, in denen die Wesentlichkeitsjudikatur auch auf entscheidend privatgerichtete Problemlagen angewandt worden ist.[283]

Andererseits würde die Rechtsprechung bei konsequenter Anwendung der Wesentlichkeitstheorie entsprechend ihrer Definition an der grundsätzlichen Ausformung des Arbeitskampfrechts gehindert. Angesichts der Tatsache, dass der Gesetzgeber dies dann tun müsste, sich dazu aber nicht in der Lage befände,[284] entstünde ein regelrechtes Chaos, welches es zu verhindern gilt.

Die Wesentlichkeitstheorie für den hier in Rede stehenden Bereich aber abzulehnen, erscheint als eine Kapitulation vor politischen und ökonomischen Zwängen und muss unter verfassungsrechtlichen Gesichtspunkten kritisch gesehen werden.[285] Das Arbeitskampfrecht kann jedenfalls nicht auf Dauer ohne gesetzliche Grundlage bleiben, sondern es muss ebenso wie die Tarifautonomie einer gesetzlichen Regelung zumindest in seinen normativen Grundprinzipien zugeführt werden.[286]

Ein Gestaltungs- bzw. Konkretisierungsauftrag des Gesetzgebers zum Tätigwerden kann zudem bereits unmittelbar aus Art. 9 Abs. 3 GG abgeleitet werden.[287] Auch die Rechtsprechung betont, dass die Ausgestaltung der Koalitionsbetätigung durch Arbeitskampf in erster Linie dem Gesetzgeber obliegt.[288]

Die Regelung des Arbeitskampfverfahrens einschließlich der Frage, in welcher Weise die Schlichtung in den Arbeitskampf eingebunden wird, ist eine Frage, derer sich der Gesetzgeber nicht unter Verweis auf die Rechtsprechung entziehen darf. Insbesondere im Bereich des Arbeitskampfes braucht der von der Verfassung geschützte Machtabgleich nach dem Gegenmachtprinzip klare und verlässliche Regeln, die den Arbeitskampf als ultima ratio gerade im Drittinteresse beschränken.[289] Diese Aufgabe, einschließlich der Schaffung effektiven Schlichtungsrechts,

---

282 Ebenso *Kloepfer*, NJW 1985, 2497 f.; *Seiter*, RdA 1986, 165 ff.; Scholz, in: Maunz/Dürig, GG, Art. 9 Rn. 168 (312); *Friauf*, RdA 1986, 188 ff.; *Lerche*, NJW 1987, 2465 ff.; *Wank* RdA 1989, 263 ff.

283 Sie wird vom BVerfG grundsätzlich angewandt, siehe BVerfGE 49, 89 (126 f.); 61, 260 (275), aber ausgerechnet auf das Arbeitskampfrecht nur dann, wenn das Verhältnis Staat/Bürger betroffen sei, also gerade für den Normalfall nicht.

284 Vgl. dazu *Rüthers*, NZA 1986, 11 (14), der jeder Regierung und ihrer Parlamentsmehrheit die Existenzgefährdung prognostiziert, sofern sie das „heiße Eisen Arbeitskampfrecht" anfassen würde.

285 So etwa zuletzt *Fischer*, RdA 2009, 287 ff.

286 *Scholz*, in: Maunz/Dürig, GG, Art. 9 Rn. 312.

287 *Säcker*, Grundprobleme, 1969, 81 (84 f.); *Scholz*, in: Maunz/Dürig, GG, Art. 9 Rn. 167; *Seiter*, RdA 1986, 165 (170).

288 BVerfGE 84, 212; BAG, NZA 2007, 1055.

289 *Rieble*, DRiZ 2007, 340.

kann nur der Gesetzgeber zuverlässig erfüllen. Die Rechtsprechung jedenfalls setzt den von ihr selbst entwickelten Rechtsgrundsatz, nach dem der Arbeitskampf nur dann erforderlich und vom Übermaßverbot gedeckt ist, wenn zuvor alle Möglichkeiten der Verständigung fehlgeschlagen sind,[290] nicht konsequent um. So verletzen beispielsweise die vielfachen „Droh- und Warnstreiks" der Gewerkschaften während laufender Tarifverhandlungen das ultima-ratio-Prinzip immer wieder und beeinträchtigen so die Rechte Dritter und der Allgemeinheit zum Teil erheblich.

Bei der Ausgestaltung des Verhältnismäßigkeitsprinzips hat der Gesetzgeber jedoch einen weiten Handlungsspielraum. Das Grundgesetz schreibt ihm nicht vor, wie die gegensätzlichen Grundrechtspositionen im einzelnen abzugrenzen sind.291 Die Ansichten darüber, in welcher Weise das ultima-ratio-Prinzip gerade im Drittinteresse fruchtbar gemacht werden kann, gehen zu weit auseinander und zeigen, dass grundrechtlich qualifizierte Schutzansprüche Dritter den Gesetzgeber nicht auf ein bestimmtes Schlichtungsmodell verfassungsrechtlich festgelegen können.

E. Gerichtliche Nachprüfung eines Schlichtungsspruchs und dessen Verbindlicherklärung

I. Verfahrensgegenstand und Rechtsweg

Von vornherein nicht überprüfbar ist mit Blick auf die Tarifautonomie die Nichtannahme eines Schlichtungsspruches.[292] Allerdings könnte der Schlichtungsspruch als solcher sowie auch die Verbindlicherklärung eines Schlichtungsspruchs den Streitgegenstand einer gerichtlichen Überprüfung bilden.

1. Der Schlichtungsspruch

Zuständig für die Überprüfung eines Schlichtungsspruches einer staatlichen Schlichtungsstelle können neben den Arbeitsgerichten auch die Verwaltungsgerichte sein.

In der Literatur wird die Auffassung vertreten, bei dem Schlichtungsspruch einer staatlichen Schlichtungsstelle handele es sich um einen Verwaltungsakt mit

290 BAG (GS) v. 21.04.1971 – GS 1/68, AP Nr. 43 zu Art. 9 GG Arbeitskampf.

291 Vgl. BVerfG, NJW 1996, 185 (186).

292 *Rieble*, FS Canaris I, 1439 (1448).

dem Inhalt eines Einigungsvorschlages, der zu seiner Wirksamkeit der Mitwirkung der Parteien, mithin der Annahmeerklärung der Tarifpartner bedürfe. Obwohl der Schlichtungsspruch in diesen Fällen die Wirkung eines Tarifvertrages habe, könnte er von den Verwaltungsgerichten auf eine Anfechtungsklage hin aufgehoben und deren Nichtigkeit von den Verwaltungsgerichten festgestellt werden.[293] Lediglich, wenn beide Parteien den Schlichtungsspruch abgelehnt haben, fehle es am Rechtsschutzbedürfnis für ein solches Verfahren. Der dieser Ansicht zugrundeliegenden Argumentation, dass das staatliche Schlichtungsorgan hinsichtlich der schlichtenden Tätigkeit eine Verwaltungsbehörde sei und daher seine Sprüche in Schlichtungssachen Verwaltungsakte im Sinne von § 35 S. 1 VwVfG seien[294], kann jedoch nicht gefolgt werden. Sie ist mit der heutigen Begriffsbestimmung in § 35 S. 1 VwVfG nicht vereinbar.[295] Danach setzt das Vorliegen eines Verwaltungsakts voraus, dass eine Maßnahme „auf dem Gebiet des öffentlichen Rechts" getroffen wird.[296] Dabei ist zu berücksichtigen, dass nicht jedes Handeln einer Verwaltungsbehörde dem öffentlichen Recht zuzurechnen ist. Möglich ist auch ein Verwaltungshandeln auf privatrechtlicher Ebene. Für die Abgrenzung von öffentlichem Recht und Privatrecht werden verschiedene Theorien herangezogen.[297] Nach der sog. Subordinationstheorie wird eine Behörde auf dem Gebiet des öffentlichen Rechts tätig, wenn sie dem Einzelnen in einem Über- und Unterordnungsverhältnis gegenübertritt.[298] Ein solches Überordnungsverhältnis besteht beim Schlichtungsspruch der Schlichtungsstelle gegenüber den Tarifvertragsparteien aber gerade nicht. Die Parteien sind nämlich in erster Linie frei, den Spruch anzunehmen.

Auch unter Heranziehung der herrschenden sog. modifizierten Subjektstheorie gelangt man zu keinem anderen Ergebnis. Nach dieser Theorie ist das Verwaltungshandeln dem öffentlichen Recht zuzuordnen, wenn die dafür maßgeblichen Normen ausschließlich den Staat als berechtigtes oder verpflichtetes Zuord-

---

293 *Brox/Rüthers*, ArbeitskampfR, Rn. 705 (708 ff.); *Dütz*, RdA 1978, 291 (298); *Gamillscheg*, , KollArbR I, S. 1302; *Hueck/Nipperdey*, Arbeitsrecht II/1, S. 792 (803 ff.); *Koch*, in: Schaub, Arbeitsrechts-Handbuch, § 197 Rn. 18; a.A.: *Dersch*, RDA 1952, 441 (442); Löwisch/*Rumler*, Arbeitskampf- und Schlichtungsrecht, 170.11 Rn. 75; *Schnorr v. Carolsfeld*, Arbeitsrecht, S. 76 Fn. 4; Weiß/Gagel-*Seifert*, § 26 A Rn. 91; *Lembke*, RdA 2000, 223 (232).

294 *Isele*, Rechtsprobleme, S. 35; *Dersch*, Die neue Schlichtungsverordnung, Art. I § 5 SchliVO Anm. 7c.

295 Vgl. *Lembke*, RdA 2000, 223 (232).

296 *Maurer*, Allgemeines Verwaltungsrecht, § 9 Rn. 11; *U. Stelkens*, in: Stelkens/Bonk/Sachs, VwVfG, § 35 Rdnr. 209 ff.

297 Vgl. dazu ausführlich *Maurer*, Allgemeines Verwaltungsrecht, § 3 Rn. 14 ff. m.w.N.

298 *Hufen*, Verwaltungsprozessrecht, § 11 Rn. 16; *Maurer*, Allgemeines Verwaltungsrecht, § 3 Rn. 16.

nungssubjekt haben.[299] Abzustellen ist dabei auf den Zweck, der mit der Tätigkeit verfolgt wird und auf den Gesamtzusammenhang der Tätigkeit. Danach ergeht der Schlichtungsspruch nicht auf dem Gebiet des öffentlichen Rechts, denn Hauptbestandteil der schlichtenden Tätigkeit ist die Hilfe zum Abschluss eines Tarifvertrages.[300] Dieser ist aber nichts anderes, als die Ausübung der Tarifautonomie, welche sich ihrerseits als „Privatautonomie auf kollektiver Ebene" verstehen lässt.[301] Unter Berücksichtigung dessen ergeht der unverbindliche Schlichtungsspruch nicht auf dem Gebiet des öffentlichen Rechts, sondern ist als „Vertragshilfe"[302] dem Privatrecht zuzuordnen. Der Streit darüber, ob das Schlichtungsverfahren für die Parteien infolge beidseitiger Annahme eine bindende Regelung hervorgebracht hat und welchen Inhalt diese hat, ist ein Streit über einen Tarifvertrag oder eine arbeitsvertragliche Regelung und kann damit nicht dem öffentlichen Recht zugeordnet werden.[303]

Der Schlichtungsspruch ist aber darüber hinaus auch deshalb nicht als Verwaltungsakt anzusehen, weil es am erforderlichen „Regelungscharakter" fehlt.[304] Regelung ist eine rechtsverbindliche Anordnung, d.h. eine Willenserklärung, die auf die unmittelbare Setzung einer Rechtsfolge gerichtet ist.[305] Für die Streitparteien wird allerdings durch den Spruch keine Rechte und Pflichten erzeugende Regelung getroffen. Dem lässt sich auch nicht mit dem Argument begegnen, der Spruch regele im Verhältnis zu den Tarifvertragsparteien, dass eine Unterwerfung nur nach seiner Maßgabe möglich sei.[306] Denn der Schlichtungsspruch stellt lediglich eine Empfehlung zur Herbeiführung einer tarifvertraglichen Regelung mit einem bestimmten Inhalt dar, den die Behörde als angemessenen Interessenausgleich ansieht. Im Verhältnis zu den Tarifvertragsparteien ist er damit nicht auf unmittelbare Rechtswirkung angelegt. Insbesondere ist es den Tarifvertragsparteien möglich, eine Einigung über einen Tarifvertrag herbeizuführen, welche vom Schlichtungsspruch abweicht.

Nichts anderes gilt für den Fall, dass die Tarifvertragsparteien sich im Voraus dem Spruch der Schlichtungsstelle unterworfen haben.[307] Die Verbindlichkeit

---

299 *Hufen*, Verwaltungsprozessrecht, § 11 Rn. 17 ff.; *Maurer*, Allgemeines Verwaltungsrecht, § 3 Rn. 17 f.

300 Lembke, RdA 2000, 223 (232).

301 *Zöllner/Loritz/Hergenröder*, Arbeitsrecht, S. 350.

302 So *Dersch*, RdA 1952, 441 f.

303 Löwisch/*Rumler*, Arbeitskampf- und Schlichtungsrecht, 170.11 Rn. 75.

304 Löwisch/*Rumler*, Arbeitskampf- und Schlichtungsrecht, 170.11 Rn. 75.

305 Zum Begriff der Regelung im Sinne von § 35 VwVfG statt vieler *Kopp/Ramsauer*, VwVfG § 35, Rn. 47 m.w.N.

306 MünchArbR/*Otto*, 2. Aufl., § 296, Rn. 23.

307 Zur Zulässigkeit der vorherigen Unterwerfung vgl. unten Teil 4 B VI 2.

lässt sich auch dann nicht auf einen hoheitlichen Akt – das Fällen des Schlichtungsspruches – zurückführen, sondern auf die Annahme durch die Beteiligten, die sich materiell als eine zwischen ihnen getroffene Vereinbarung darstellt.[308] Das Verfahren beruht ebenso auf ihrem Willensentschluss wie ein tarifliches Schlichtungsverfahren, das nach allgemeiner Ansicht kein Verwaltungsverfahren ist. Dem Schlichter kommt vergleichbar dem Stellvertreter – allerdings für beide Seiten (§ 181 Alt. 2 BGB) – die Funktion eines Vertragsgehilfen zu.[309]

Dennoch hat dies nicht zur Folge, dass Mängel des Schlichtungsverfahrens der gerichtlichen Kontrolle entzogen sind. In Betracht kommt hier eine „Verbandsklage“ im Urteilsverfahren auf Feststellung des Bestehens oder Nichtbestehens des durch den Schlichtungsspruch und die Unterwerfung gestaltenden Rechtsverhältnisses zwischen den Tarifvertragsparteien bzw. seines Inhalts.[310] Insoweit wäre der Rechtsweg zum Arbeitsgericht nach § 2 Abs. 1 Nr. 1 ArbGG für die Feststellungsklage eröffnet.[311] Das hierfür erforderliche Feststellungsinteresse (§§ 46 Abs. 2 ArbGG, 256 Abs. 1 ZPO) ergibt sich aus der Stellung der Tarifvertragsparteien im Rahmen der tariflichen Ordnung und der tarifvertraglichen Regelung.[312] Feststellungsurteile im Verfahren nach § 2 Abs. 1 Nr. 1 ArbGG erwachsen auch im Verhältnis der tarifgebundenen Arbeitgeber und Arbeitnehmer sowie zwischen diesen und Dritten in Rechtskraft (§ 9 TVG). Im Rahmen dieses Verfahrens ist dann auch nachprüfbar, ob sich Mängel des Schlichtungsverfahrens auf das Zustandekommen der Einigung ausgewirkt haben.

Weiterhin möglich erscheint aber auch eine Feststellungsklage, die den Schlichtungsspruch selbst zum Gegenstand hat.[313] Denkbar ist etwa, dass die Parteien über die Wirksamkeit eines noch nicht angenommenen Schlichtungsspruchs wegen eines Verfahrensfehlers streiten, der im Fall der nachträglichen Zustimmung geheilt würde. Des Umwegs über die Feststellung eines durch die Annahme des Schlichtungsspruchs aufschiebend bedingten Rechtsverhältnisses zwischen den Tarifvertragsparteien bedarf es nicht.[314] Auch einer solchen Ent-

---

308 Löwisch/*Rumler*, Arbeitskampf- und Schlichtungsrecht, Rn. 75; *Dersch*, RdA 1952, 441 (443).

309 *Löwisch/Rieble*, TVG, § 1 Rn. 189. Vgl. auch *Lembke*, RdA 2000, 223 (233), der für den Schlichtungsspruch und dessen Bindungswirkung sogar die §§ 164 ff. BGB unmittelbar anwendet.

310 Vgl. auch Weiß/Gagel-*Seifert*, § 26 A Rn. 92 sowie für der verbandliche Schlichtung: *Otto*, Arbeitskampf- und Schlichtungsrecht, § 21 Rn. 45; *Dütz*, DB 1968, 938 (940).

311 Weiß/Gagel-*Seifert*, § 26 A Rn. 92; Löwisch/*Rumler*, Arbeitskampf- und Schlichtungsrecht, 170.11 Rn. 52.

312 *Oetker*, in: Wiedemann, TVG, § 9 Rn. 17.

313 *Otto*, Arbeitskampf- und Schlichtungsrecht, § 21 Rn. 46; *Dütz*, DB 1968, 938 (940).

314 *Otto*, Arbeitskampf- und Schlichtungsrecht, § 21 Rn. 46; a.A: *Schnorr*, Anm. zu LAG Baden-Württemberg AP Nr. 1 zu Art. I KRG Nr. 35 unter 3.

scheidung über den Schlichtungsspruch selbst müsste in Analogie zu § 9 TVG Drittwirkung zukommen.[315]

Tarifverträge, die aufgrund von staatlichen Schlichtungssprüchen zustande gekommen sind, können darüber hinaus stets inzident im Rahmen von individualrechtlichen Streitigkeiten durch die Arbeitsgerichte im Urteilsverfahren überprüft werden.[316]

2. Die Verbindlicherklärung eines Schlichtungsspruchs

Etwas anderes könnte sich letztlich bei der Einordnung der Verbindlicherklärung eines Schlichtungsspruchs ergeben, die selbständig neben dem Schlichtungsspruch besteht. Der zulässige Rechtsweg richtet sich auch bei der Verbindlicherklärung nach deren Rechtsnatur, die in der Literatur ebenfalls nicht einheitlich beurteilt wird. Nach teilweise vertretener Auffassung soll es sich dabei um einen Verwaltungsakt handeln.[317] Schließlich entstehe die Verbindlicherklärung aufgrund öffentlich-rechtlicher Tätigkeit der Verwaltung.

Nach anderer Ansicht soll es sich bei der Verbindlicherklärung im Hinblick auf die mit ihr beabsichtigte normative Wirkung ebenso wie bei der Allgemeinverbindlicherklärung eines Tarifvertrages gemäß § 5 TVG[318] und der bindenden Festsetzung der Entgelte und sonstigen Arbeitsbedingungen durch die Heimarbeitsausschüsse gemäß § 19 HAG[319] um einen Rechtsetzungsakt eigener Art handeln.[320] Aufgrund dieser normativen Wirkung sei die Einordnung der Verbindlicherklärung als privatrechtsgestaltender Verwaltungsakt nicht überzeugend.[321]

Letztgenannte Auffassung überzeugt. Ebenso, wie über das Bestehen oder Nichtbestehen einer wirksamen Allgemeinverbindlicherklärung inzidenter von den Arbeitsgerichten zu entscheiden ist,[322] sollte dasselbe für die Verbindlicherklärung des Schlichtungsspruchs gelten. Diese Auffassung harmoniert zudem mit § 18

---

315 *Otto*, Arbeitskampf- und Schlichtungsrecht, § 21 Rn. 46; *Krause*, Rechtskrafterstreckung im kollektiven Arbeitsrecht, S. 370.

316 Weiß/Gagel-*Seifert*, § 26 A Rn. 93.

317 *Dütz* DB 1968, 892; *ders.* RdA 1978, 298; *Isele*, Rechtsprobleme, S. 34; Löwisch/*Rumler*, Arbeitskampf- und Schlichtungsrecht, 170.11 Rn. 88.

318 BVerfG v. 24.05.1977 E 44, 322 (340) = AP Nr. 15 zu § 5 TVG = EzA § 5 TVG Nr. 5 m. Anm. *Badura*.

319 BVerfG v. 27.02.1973 E 34, 307 (320) = AP Nr. 7 zu § 19 HAG.

320 *Otto*, Arbeitskampf- und Schlichtungsrecht, § 22 Rn. 21.

321 Vgl. *Badura*, Anm. zu BVerfG 24.05.1977 = EzA § 5 TVG Nr. 5, der es ablehnt, in der dem Antrag auf Allgemeinverbindlicherklärung stattgebenden Entscheidung zugleich einen Verwaltungsakt zu sehen.

322 Vgl. BAG v. 03.02.1965 u. 28.03.1990 AP Nr. 12 u. 25 zu § 5 TVG; *Wank*, in: Wiedemann, TVG, § 5 Rn. 165, 177.

Abs. 4 Satz 3 der Landesschlichtungsordnung Baden, wonach die Verbindlicherklärung nicht durch eine verwaltungsgerichtliche Klage angefochten werden kann. Im Unterschied zu klassischen Verwaltungsakten wird der Inhalt des Schlichtungsspruchs und ebenso die Frage der Verbindlicherklärung in der Regel doch maßgeblich von den Parteien mitbestimmt. In Betracht kommt daher eine gegen die andere Tarifpartei gerichtete Feststellungsklage vor dem Arbeitsgericht im Urteilsverfahren (§ 2 Abs. 1 Nr. 1 ArbGG).[323]

II. Umfang der gerichtlichen Kontrolle eines Schlichtungsspruchs

Im Hinblick auf den Umfang der arbeitsgerichtlichen Überprüfung des Schlichtungsspruchs einer staatlichen Schlichtungsstelle ist zwischen formeller und materieller Rechtmäßigkeit zu unterscheiden.

1. Verfahrensverstöße

Verfahrensfehler wirken sich schon dann auf die Rechtmäßigkeit des Schlichtungsspruchs aus, wenn nicht auszuschließen ist, dass sie für seinen Inhalt kausal geworden sein können.[324]

Haben sich die Parteien im Voraus dem Spruch der Schlichtungsstelle unterworfen, führen Verfahrensfehler grundsätzlich zur Unwirksamkeit des Spruches.[325] Mit der vorherigen Unterwerfung haben die Parteien zum Ausdruck gebracht, dass das Schlichtungsverfahren ihren Ansprüchen genügt. Mängel bei der Durchführung des Verfahrens oder bei dem Zustandekommen des Schlichtungsspruchs haben hier unmittelbare Auswirkung zu Lasten der Parteien.

Wenn sich die Tarifparteien hingegen nachträglich dem Schlichtungsspruch unterwerfen, führen Verfahrensverstöße grundsätzlich nicht zur Unwirksamkeit des Schlichtungsspruchs, wenn die Parteien zum Zeitpunkt der Unterwerfungserklärung Kenntnis von ihnen hatten.[326] Die nachträgliche Unterwerfung stellt sich dann als konkludente Genehmigung der Verfahrensverstöße dar (§ 184 Abs. 1 BGB).

Im Falle fehlender Kenntnis vom Verfahrensmangel stellt sich jedoch die Frage nach der Wirksamkeit des Schlichtungsspruches. Mängel bei der Durch-

323 So im Ergebnis auch Löwisch/*Rumler*, Arbeitskampf- und Schlichtungsrecht, 170.11 Rn. 88.

324 *Otto*, Arbeitskampf- und Schlichtungsrecht, § 21 Rn. 36.

325 MünchArbR/*Otto*, 2. Aufl., § 295 Rn. 38.

326 Weiß/Gagel-*Seifert*, § 26 A Rn. 55.

führung des Verfahrens oder beim Zustandekommen des Spruchs können nicht schon mit dem Argument beiseite geschoben werden, dass sie sich nicht unmittelbar auswirken, sondern eine Wirkung zu Lasten der Tarifparteien und ihrer Mitglieder erst mit der Annahme des Schlichtungsspruchs eintritt. Denn hierbei bleibt unberücksichtigt, dass der Schlichtungsspruch letztlich doch einen wesentlichen Bestandteil der zustandegekommenen Rechtsnorm bildet.[327] Der Schlichtungsspruch kann hier allerdings nur unwirksam sein, wenn die Entscheidung auf elementaren Verfahrensfehlern beruht. Es ist also danach zu fragen, ob es sich um wesentliche Verfahrensverstöße handelt, die für den Spruch kausal waren.[328]

Das ist insbesondere bei fehlerhafter Beschlussfassung oder bei Verletzung des rechtlichen Gehörs zu vermuten.[329]

2. Verstöße gegen materielles Recht

Im Hinblick auf seine materielle Rechtmäßigkeit ist der Spruch einer staatlichen Schlichtungsstelle vom Gericht in vollem Umfang überprüfbar. Liegt ein Verstoß gegen materielles Recht vor, so führt dies zur Unwirksamkeit des Schlichtungsspruchs. Die Prüfung richtet sich allerdings nur auf die Rechtmäßigkeit, eine Zweckmäßigkeitsprüfung findet nicht statt.[330] Es besteht eine umfassende Rechtsbindung, bei der jedoch die „Grenzen der Tarifautonomie" zu beachten sind.

Schlichtungssprüche, denen sich die Tarifvertragsparteien vorher unterworfen haben, sind zusätzlich auf offenbare Unbilligkeit analog § 319 Abs. 1 S. 1 BGB zu überprüfen.[331] Hierdurch wird ein Ausgleich für den Verlust der vertraglichen Richtigkeitsgewähr[332] geschaffen, der mit der Übertragung der zweiseitigen Regelung auf eine einseitig entscheidende Schlichtungsstelle notwendig einhergeht.[333] Eine inhaltliche Kontrolle im Hinblick auf eine offenbare Unbilligkeit hat auch bei einem für verbindlich erklärten Schlichtungsspruch zu erfolgen.[334]

---

327 *Otto*, Arbeitskampf- und Schlichtungsrecht, § 21 Rn. 37.

328 MünchArbR/Otto, 2. Aufl., § 294 Rn. 37.

329 Vgl. auch die Fallgruppen bei *Otto*, Arbeitskampf- und Schlichtungsrecht, § 21 Rn. 40 f.

330 RAG v. 30.11.1927 ARS 1, 42 (48), unter Betonung des Hoheitsakts; *Hueck/Nipperdey*, Arbeitsrecht II/1, S. 806 (811); *Isele*, Rechtsprobleme, S. 36.

331 *Gamillscheg*, KollArbR I § 31, 3 c, S. 1308; *Otto*, Arbeitskampf- und Schlichtungsrecht, § 21 Rn. 43; *Brox/Rüthers*, Arbeitskampfrecht, Rn. 696; *Löwisch/Rieble*, TVG, § 1 Rn. 8 und § 9 Rn. 19; a.A.: Weiß/Gagel-*Seifert*, § 26 A Rn. 56; *Dütz*, DB 1968, 892 (896), die eine Rechtmäßigkeitskontrolle hinsichtlich der Einhaltung der Grenzen einer zulässigen Delegation tarifvertraglicher Rechtsetzungsbefugnis fordern.

332 *Löwisch/Rieble*, TVG, § 1 Rn. 8.

333 Siehe dazu *Rieble,* Die Kontrolle des Ermessens der betriebsverfassungsrechtlichen Einigungsstelle, S. 188

334 *Isele*, Rechtsprobleme, S. 35; *Otto*, Arbeitskampf- und Schlichtungsrecht, § 22 Rn. 26.

Sollte eine arbeitsgerichtliche Überprüfung eines Schlichtungsspruches zu dem Ergebnis führen, dass er insgesamt oder einzelne seiner Bestimmungen gegen höherrangiges Recht verstößt, dann finden die Grundsätze über die Unwirksamkeit von Tarifverträgen Anwendung.[335] Wegen der mit einer Rückabwicklung des Tarifvertrages verbundenen Schwierigkeiten wirkt die Nichtigkeit eines bereits in Vollzug gesetzten Spruches allerdings nur ex nunc.[336]

---

335 Weiß/Gagel-*Seifert*, § 26 A Rn. 57.

336 Zu den Folgen der Mängel von Tarifverträgen statt vieler: *Wiedemann*, TVG, § 1 Rn. 243.

Teil 2 Vorrang- und Sperrwirkung des KRG Nr. 35 gegenüber der Landesgesetzgebung?

A. Das Schlichtungsrecht als Materie der konkurrierenden Gesetzgebungskompetenz

Gilt es zu klären, ob der Bund oder die Länder eine bestimmte Frage durch Gesetz regeln können, muss zunächst beantwortet werden, welcher kompetenzrechtlichen Gesetzgebungsart die fragliche Materie zuzurechnen ist.

Das Grundgesetz regelt die Koalitionsfreiheit in Art. 9 Abs. 3 GG. Dieser sieht den Erlass eines Ausführungsgesetzes nicht vor. Gleichwohl ist es Sache des Gesetzgebers und fällt in den Rahmen seiner Gestaltungsfreiheit, „die Tragweite der Koalitionsfreiheit dadurch zu bestimmen, dass er die Befugnisse der Koalitionen im Einzelnen gestaltet und näher regelt.“[337] Die Gestaltung der Koalitionsfreiheit, wozu auch das Schlichtungsrecht zählt, unterfällt der allgemeinen Kompetenzzuweisung für das Arbeitsrecht in Art. 74 Nr. 12 GG, für das der Bund gemäß Art. 72 Abs. 1 GG die Befugnis zur konkurrierenden Gesetzgebung besitzt.[338]

Daher können die Länder solche Regelungen gemäß Art. 72 Abs. 1 GG nur treffen, solange der Bund von seinem Gesetzgebungsrecht keinen Gebrauch macht.[339] Hat der Bund hingegen in diesem Sinne von seiner Gesetzgebungsbefugnis Gebrauch gemacht, so ergibt sich eine Sperrwirkung zu Lasten der Länder: Ihre Gesetzgebungskompetenz entfällt mit der Folge, dass in diesem Bereich neues Landesrecht nicht mehr entstehen kann; gleichwohl erlassene Landesgesetze sind unwirksam.[340] Dies gilt sogar dann, wenn Bundes- und Landesgesetz inhaltsgleich sind.[341] Regelt der Bund jedoch nur einen Teil der Materie, so bleibt der Rest für eine Regelung durch die Landesgesetzgeber frei, wobei es dabei keinen Unter-

---

337 BVerfG v. 26.05.1970, E 28, 295 = AP Nr. 16 zu Art. 9 GG; BVerfG v. 04.07.1995, E 92, 365 = AP Nr. 4 zu § 116 AFG; MünchArbR/*Löwisch/Rieble*, 3. Aufl., § 154 Rn. 7.

338 *Löwisch/Rieble*, Arbeitskampf- und Schlichtungsrecht, 170.1 Rn. 117; *Löwisch*, 40 Jahre Grundgesetz, S. 59.

339 *Jarass*, NVwZ 1996, 1041 (1043).

340 BVerfGE 36, 342 (363); *Jarass*, NVwZ 1996, 1041 (1043).

341 BVerfGE 109, 190 (230) = NJW 2004, 750 (755).

schied macht, ob der vom Bundesgesetzgeber geregelte Teil der Materie groß oder klein ist.[342]

Das BVerfG hat insbesondere für das Arbeitsrecht festgestellt, dass es sich dabei um ein „besonderes Rechtsgebiet eigener Art“ handelt, für das nicht das den Landesgesetzgeber ausschließende Kodifikationsprinzip der Art. 3, 55, 218 EGBGB gilt. Vielmehr muss im Einzelfall bestimmt werden, ob und inwieweit abschließend gemeinte Regelungen vorliegen.[343]

Darüber hinaus führt Art. 72 Abs. 1 GG zum Außerkrafttreten von bereits erlassenem Landesrecht; insoweit ist ein Rückgriff auf Art. 31 GG nicht erforderlich.[344]

Alleine durch den Erlass des Tarifvertragsgesetzes werden die Landesgesetzgeber aber nicht in ihrer Gesetzgebungskompetenz gehindert.[345] Das Tarifvertragsgesetz bildet die abschließende Grundlage für die Voraussetzungen und Reichweite der Tarifmacht.[346] Den Ländern steht eine Befugnis zur Erweiterung des Tarifvertragsgesetzes und damit der Tarifmacht nicht zu – gerade weil es vom Bund abschließend gemeint ist. Das Schlichtungswesen ist hiervon aber nicht erfasst. Seit der Neuordnung des Schlichtungsrechts durch die Schlichtungsverordnung von 1923 ist das Schlichtungswesen nicht mehr Regelungsgegenstand der Tarifgesetzgebung. Die Schlichtung steht zwar in untrennbarem Zusammenhang mit der Vereinbarung von Tarifverträgen und ist gleich der verfassungsrechtlichen Gewährleistung des Tarifvertragswesens im Kern garantiert. Im Hinblick auf das Tarifvertragssystem ist sie jedoch als eine „Hilfsfunktion“ und damit sekundäre Institution zu erachten, die ein funktionierendes Tarifsystem erst ermöglichen soll.[347] Für das Schlichtungsrecht bietet das Tarifvertragsgesetz lediglich einen mittelbaren Bezugsrahmen.[348] Insofern kann auch eine funktionelle[349] oder systematische[350] Zuordnung der Schlichtung zum Tarifvertragssystem nicht zugleich eine (bundes-)rechtliche Zuweisung in gesetzgebungskompetenzieller Hinsicht

342 *Maunz*, in: Maunz/Dürig, GG, Art. 72 Rn. 5 (14); *Jarass/Pieroth*, GG, Art. 72 Rn. 2 ff.; Fratzky, Gesetzgebungskompetenz, S. 37.

343 BVerfG v. 22.04.1958, E 7, 342 = AP Nr. 2 zu §1 UrlG Hamburg.

344 *Degenhart*, Art. 72 Rn. 30; Jarass/*Pieroth*, GG, Art. 31 Rn. 3; *Kunig*, in: v.Münch/Kunig, GG, Art. 72 Rn. 11; *Jarass*, NVwZ 1996, 1041 (1043); a.A. *Ipsen*, Staatsrecht I, Rn. 739.

345 So auch *Isele*, Rechtsprobleme, S. 39 f.; *Armbruster*, Gutachen, S. 19.

346 MünchArbR/*Klumpp/Rieble*, 3. Aufl., § 162 Rn. 18.

347 *Futter*, Schlichtungswesen, S. 52.

348 *Heinze*, FS Molitor, 159 (160).

349 *Rommelspacher*, Schlichtung und Tarifautonomie, S. 56 f.; *Behning*, Schlichtung, S. 127.

350 *Löwisch*, ZfA 1985, 53 (66); *Rieble*, ZAF 2005, 218 (224). So auch der Antrag der Fraktion der FDP betr. Entwurf eines Gesetzes zur Ergänzung des Tarifvertragsgesetzes vom 29.10.1957, BT-Drucks. III/8 und Antrag der Fraktion der FDP betr. Entwurf eines Gesetzes zur Änderung und Ergänzung des Tarifvertragsgesetzes vom 20.01.1960, BT-Drucks. III/1563.

bedeuten, die den Ländern bei Untätigkeit des Bundesgesetzgebers eine eigene Regelung versperrt.

In Gestalt des KRG Nr. 35 könnte jedoch eine bundesrechtliche Regelung auf dem Gebiet des Schlichtungswesens bestehen.

B. Das KRG Nr. 35 als sperrendes Bundesrecht?

Bei der Untersuchung des deutschen Arbeitsrechts auf Verfahren der gütlichen Beilegung von Arbeitsstreitigkeiten aller Art, stößt man auf das KRG Nr. 35 über Ausgleichs- und Schiedsverfahren in Arbeitsstreitigkeiten[351] vom 20.08.1946, zuletzt geändert durch das Gesetz vom 09.02.1950[352].

Falls es sich bei diesem um deutsches Bundesrecht handelt, würde es als solches gemäß Art. 72 Abs. 1, 74 Nr. 12 GG die Länder an der Gesetzgebung hindern.

Um dies herauszufinden, soll zunächst die Entstehung des KRG Nr. 35 dargestellt und die Frage beantwortet werden, ob es einen inhaltlich abschließenden Anwendungsbereich des Schlichtungsrechts enthält. Bevor schließlich die Rechtsnatur des Gesetzes festgestellt werden kann, ist zu prüfen, ob und in welchen Teilen der Bundesrepublik Deutschland das KRG Nr. 35 überhaupt fortgilt.

I. Entstehung des KRG Nr. 35

Als Folge der militärischen Niederlage, der totalen Besetzung des deutschen Staatsgebietes und der Beseitigung der deutschen Regierung hatten die vier alliierten Besatzungsmächte (USA, Vereinigtes Königreich von Großbritannien und Nordirland, Frankreich und Sowjetunion) in der Viermächte-Erklärung vom 5.6.1945[353] die oberste Regierungsgewalt in Deutschland übernommen. Diese übten sie in Gestalt von Rechtsetzung, Verwaltung und Rechtsprechung aus. Dies geschah teilweise gemeinsam durch die Oberbefehlshaber der Vier Mächte im Alliierten Kontrollrat in allen Deutschland als Ganzes betreffenden Angelegenheiten, teils aber auch durch jeden Einzelnen in seiner jeweiligen Besatzungszone.[354]

---

351 ABl. KR, S. 174. In seiner offiziellen englischen Fassung heißt es „Conciliation and Arbitration Machinery in labor Conflicts".

352 ABl. der Alliierten Hohen Kommission für Deutschland, S. 103.

353 ABl. KR, Erg.-Heft 1, S. 7 ff.

354 Art. 1 des Londoner Abkommens über Kontrolleinrichtungen in Deutschland vom 14.11.1944 und Abschnitt III. A. 1. des Potsdamer Abkommens vom 02.08.1945, beide abgedruckt bei:

Als Veröffentlichungsorgan für Amtshandlungen und Gesetze[355] des Kontrollrats wurde das Amtsblatt des Kontrollrats eingerichtet. Bei der Kontrollratsgesetzgebung handelt es sich um Besatzungsrecht, das anders als das „mittelbare", „verdeckte" oder „indirekte" Besatzungsrecht, welches von deutschen Stellen auf Veranlassung der Besatzungsmächte gesetzt wurde, von den Besatzungsbehörden selbst erlassen wurde. Nachdem eine Normalisierung der Verhältnisse in der vom Krieg stark beeinträchtigten deutschen Wirtschaft absehbar wurde und damit auch die prinzipielle Möglichkeit der Austragung kollektiver Arbeitsstreitigkeiten bestand, erließ der alliierte Kontrollrat am 20.08.1946 das Gesetz Nr. 35 über Ausgleichs- und Schiedsverfahren in Arbeitsstreitigkeiten[356]. Das KRG Nr. 35 trat nach Art. XIV mit dem Tage seiner Verkündung am 26.08.1946 in Kraft.[357]

Sein räumlicher Anwendungsbereich erstreckte sich bei seinem Erlass auf das gesamte besetzte Deutschland.

II. Abschließender inhaltlicher Anwendungsbereich der Vorschrift?

Das Konkurrenzverhältnis zwischen Bundes- und Landesgesetzgebung bezieht sich gem. Art. 72 Abs. 1 GG sowohl auf die grundsätzliche Inanspruchnahme einer Gesetzgebungskompetenz („solange") als auch auf die genaue inhaltliche Reichweite der auf sie gestützten Vorschriften („soweit"). Die Länderzuständigkeit wird mithin nur dann vollständig verdrängt, wenn der Bund eine Materie abschließend geregelt hat.[358]

Daher kann die Frage, ob und in welchen Teilen Deutschlands das KRG Nr. 35 überhaupt als Bundesrecht fortgilt, dahinstehen, wenn sein inhaltlicher Anwendungsbereich nicht abschließend ist und daher die Landesgesetzgeber auch nicht an dem Erlass eigener Landesschlichtungsgesetze zu hindern vermag.

---

v. Münch, Dokumente, Bd. I, S. 29 bzw. S. 32 (35); die Feststellung der Alliierten über das Kontrollverfahren in Deutschland v. 05.06.1945, ABl. KR Ergänzungsblatt Nr. 1, S. 10.

355 Zu den Definitionen der einzelnen Handlungsformen des Kontrollrats Direktive Nr. 10 bezüglich der Methoden der gesetzgebenden Tätigkeit des Kontrollrats vom 22.09.1945, ABl. KR S. 38; Direktive Nr. 51 bezüglich der Akte der Gesetzgebung und andere Akte des Kontrollrats v. 29.04.1947, ABl. KR S. 279.

356 ABl. KR, S. 174. Zuletzt geändert durch Gesetz vom 09.02.1950, ABl. der Alliierten Hohen Kommission für Deutschland, S. 103.

357 ABl. KR, S. 311; *Lembke*, RdA 2000, 223; *Heinrichs*, Das Arbeitsrecht in Württemberg-Baden, Band I, S. 107 Fn. 40.

358 BeckOK/*Seiler*, GG, Art. 72 Rn. 4.

Die Schlichtungsverordnung von 1923 mit dem von ihr vorgesehenen Eingreifen der Schlichtungsausschüsse von Amts wegen und der Möglichkeit einer Verbindlicherklärung des Schlichtungsspruches ging mit der gesamten freiheitlichen Tarifordnung nach 1933 unter.[359] Mit dem KRG Nr. 35 wurde sodann ein Ausgleichsverfahren als staatliche Schlichtungseinrichtung geschaffen, die dem früheren deutschen Schlichtungsrecht unbekannt war[360] und dem englischen Schlichtungswesen entstammte.[361] Es führte die Vertragsfreiheit zur Vereinbarung von Verfahren zur Verhütung oder Schlichtung von Arbeitsstreitigkeiten wieder ein und bot den Tarifparteien ein fakultatives Schlichtungsverfahren ohne jeden Zwang.[362] Gerade dieses Freiwilligkeitsprinzip ist wohl ein wesentlicher Grund dafür, weshalb das Gesetz heute bereits in Vergessenheit geraten scheint und allenfalls noch als praktisch gegenstandsloses[363] „Relikt aus der Besatzungszeit"[364] erwähnt wird.

Zur Durchführung des Schlichtungsverfahrens sehen Art. IV und V KRG Nr. 35 die Errichtung von Schiedsausschüssen bei den Landesarbeitsbehörden vor, die aus einem Vorsitzenden und bis zu fünf Beisitzern jeder Seite bestehen. Der Vorsitzende wird von den Landesarbeitsbehörden für jedes Schlichtungsverfahren aus einer Vorsitzendenliste ausgewählt und bestellt (Art. VI Abs. 1 KRG Nr. 35). Er bedarf nach Art. IX Abs. 2 KRG Nr. 35 der Billigung beider Parteien.

Die Beisitzer sind von der Landesbehörde aus den zu diesem Zweck aufgestellten Beisitzer-Listen auszuwählen und zu bestellen (Art. VII Abs. 1 KRG Nr. 35).

Die Einleitung des Schlichtungsverfahrens erfolgt dadurch, dass die Parteien den zu schlichtenden Konflikt der Arbeitsbehörde des Landes mit der Maßgabe mitteilen, ihn dem Schiedsausschuss zu übergeben (Art. II Abs. 1 KRG Nr. 35).

Hinsichtlich der örtlichen Zuständigkeit der Schiedsausschüsse ist dem KRG Nr. 35 keine ausdrückliche Regelung zu entnehmen. Da sie bei den Landesarbeitsbehörden errichtet werden, ist aber davon auszugehen, dass sie grundsätzlich für Tarifstreitigkeiten zuständig sein sollen, die sich auf das Gebiet des jeweiligen Bundeslandes beschränken.[365] Erstreckt sich eine Tarifauseinandersetzung auf das

---

359 § 2 des Gesetzes über Treuhänder der Arbeit vom 19.05.1933, RGBl. I S. 285; Gesetz über die Übertragung der Restaufgaben der Schlichter auf die Treuhänder der Arbeit vom 20.07.1933, RGBl. I S. 520; § 65 des Gesetzes zur Ordnung der nationalen Arbeit vom 20.01.1934, RGBl. I S. 45.

360 *Nikisch*, Arbeitsrecht, 1. Aufl. 1951, S. 496.

361 *Lembke*, RdA 2000, 223 (226); *Sitzler*, FS Nipperdey, 193 (201).

362 *Kissel*, Arbeitskampfrecht, § 70 Rn. 5; *Lembke*, RdA 2000, 223 (229 f.). Eingehend zum Verfahren nach dem KRG Nr. 35 Löwisch/*Rumler*, Arbeitskampf- und Schlichtungsrecht, 170.11 Rn. 57 ff.

363 *Gamillscheg*, KollArbR I, S. 1299 (1302); Löwisch/*Rumler*, Arbeitskampf- und Schlichtungsrecht, 170.11 Rn. 5, wonach in den Jahren 1988 – 1995 lediglich 50 Verfahren vor behördlichen Schlichtern durchgeführt worden seien.

364 ErfK/*Kissel*, Art. 9 GG Rn. 316.

365 Ebenso Löwisch/*Rumler*, Arbeitskampf- und Schlichtungsrecht, 170.11 Rn. 66; Weiß/Gagel-*Seifert* § 26 A Rn. 71.

Gebiet mehrerer Bundesländer, so sind die Schiedsausschüsse derjenigen Länder örtlich zuständig, die von dem Konflikt betroffen sind;[366] insoweit haben die Tarifvertragsparteien ein Wahlrecht gem. § 35 ZPO analog. Ein an sich unzuständiger Schiedsausschuss wird aber zuständig, wenn die Tarifvertragsparteien dies vereinbart haben[367] oder sich, ohne die Unzuständigkeit geltend zu machen, auf das Schiedsverfahren eingelassen haben gem. § 39 ZPO analog.

Der Schiedsausschuss hat in jeder Lage des Verfahrens auf eine Einigung der Parteien hinzuwirken. Kommt eine Einigung zustande, so ist sie schriftlich niederzulegen und von den Parteien zu unterschreiben. Kann der Schiedsausschuss keine Einigung erzielen, hat er einen Schiedsspruch zu fällen, der schriftlich niederzulegen ist (Art. IX Abs. 5 S. 2 KRG Nr. 35). Für den Schiedsspruch genügt die einfache Mehrheit (Art. IX Abs. 5 S. 1 KRG Nr. 35), so dass der Vorsitzende regelmäßig den Ausschlag geben kann. Der Schiedsspruch ist aber nur dann verbindlich, wenn entweder die Parteien sich ihm vorab unterworfen haben oder wenn sie nachträglich die Annahme erklären (Art. X KRG Nr. 35). Hat der Spruch für die Tarifvertragsparteien erst einmal Verbindlichkeit erlangt, dann besitzt er grundsätzlich die Wirkung eines Tarifvertrages (Art. X Abs. 3). Entfaltet der Schiedsspruch hingegen keine bindende Wirkung, kann der Schiedsausschuss durch Beschluss das Verfahren für gescheitert erklären und beenden, wenn ein erneuter Einigungsvorschlag nicht erfolgversprechend ist.

Mit Art. IX Abs. 1 KRG Nr. 35 wird den Provinzial- oder Landesarbeitsbehörden die Regelung der Verfahrensvorschriften überlassen. Einige der westlichen Länder haben auch Verfahrensregeln zu diesem Gesetz in Form von Durchführungsverordnungen bzw. Verwaltungsvorschriften erlassen.[368] Auch in Berlin wurden auf Grund des Art. XII am 28.06.1949 Verfahrensregeln zum KRG Nr. 35 erlassen,[369] welche allerdings durch Gesetz vom 16.03.2005[370] aufgehoben wurden.

---

366 *Brox/Rüthers*, Arbeitskampfrecht, Rn. 702; Hueck/Nipperdey, Arbeitsrecht Band II/1, 760 f.

367 Löwisch/*Rumler*, Arbeitskampf- und Schlichtungsrecht, 170.11 Rn. 66; *Brox/Rüthers*, Arbeitskampfrecht, Rn. 702; Weiß/Gagel-*Seifert* § 26 A Rn. 71. Die Möglichkeit solcher Vereinbarungen war in § 11 Zweite DurchführungsVO zur SchlichtungsVO (RGBl. 1924 I, 9) sogar ausdrücklich vorgesehen.

368 *Hamburg:* Verfassungsvorschriften vom 27.06.1947, Amtl. Anzeiger S. 281 mit Änderungen vom 07.10.1947, Amtl. Anzeiger S. 423; *Nordrhein-Westfalen:* 2. DVO, Arbeit- und Sozialpolitik 1948, Nr. 18, S. 15, abgedr. bei *Nipperdey I*, Sammlung arbeitsrechtl. Vorschriften, Nr. 523; *Rheinland-Pfalz*, Verwaltungsvorschrift vom 14.03.1983, MinBl. S. 325, abgedr. bei *Nipperdey I*, Sammlung arbeitsrechtl. Vorschriften, Nr. 524; *Schleswig/Holstein:* 2. DVO vom 17.07.1948, GVBl. S. 200; *Württemberg-Baden:* AusfVO vom 02. 10.1947, RegBl. S. 187; *Württemberg-Hohenzollern*, AusfVO vom 23.07.1948, RegBl. S. 112. In *Niedersachsen* gilt der Erlass vom 10.11.1948, ABl. S. 348, nicht mehr.

369 VOBl. S. 213, abgedr. bei *Nipperdey I*, Sammlung arbeitsrechtlicher Vorschriften, Nr. 522.

370 GVBl. S. 125.

In der sowjetischen Besatzungszone wurden ebenfalls in einigen Ländern Durchführungsverordnungen zum KRG Nr. 35 erlassen.[371]

Das KRG Nr. 35 bietet damit ein System freiwilliger Schlichtung. Es ist in der Weise abschließend, dass eine darüber hinausgehende Regelung einer zwangsweisen Schlichtung oder der festen Einbindung der Schlichtung in das Arbeitskampfverfahren nicht möglich ist.[372] Dem Gesetz wird zwar aufgrund der Ermächtigung an die Landesarbeitsbehörden, Verfahrensregeln für das Schiedsverfahren festzusetzen, zu Recht der Charakter eines „Rahmengesetzes" beigemessen.[373] Allerdings ist auch bei einer Rahmenregelung des Bundes im Bereich der konkurrierenden Gesetzgebung zu beachten, dass für Landesregelungen nur Raum bleibt, wenn kein Wille des Bundesgesetzgebers erkennbar geworden ist, die betreffenden Fragen ungeregelt zu lassen.[374]

Vorliegend ist jedoch anzunehmen, dass sich der Gesetzgeber mit der Regelung gerade auf ein freiwilliges staatliches Schlichtungssystem festgelegt und damit gegen eine zwangsweise Schlichtung sowie eine Schlichtungsobliegenheit entschieden hat. So wurde das KRG Nr. 35 auch interpretiert.

Ernst Rudolf Huber schrieb 1954: „Während die Schlichtungsordnung von 1923, welche die staatliche Neutralität in Arbeitsstreitigkeiten als eine aktive Neutralität verstand, in der der Staat als übergeordneter unparteiischer Dritter, falls eine Vermittlung scheitert, zur Entscheidung befugt war, versteht das geltende Schlichtungsrecht die staatliche Neutralität als eine passive Neutralität, der sich die autoritativen Interventionen zu enthalten hat."[375]

Das Gesetz distanzierte sich also ganz bewusst von dem Inhalt der Schlichtungsverordnung von 1923. Insoweit erscheint es auch nachvollziehbar, dass das KRG Nr. 35 wegen Unvereinbarkeit mit der (süd-)badischen Landesschlichtungsordnung in diesem Landesteil erst aufzuheben war, bevor letztere in Kraft treten konnte.[376]

Das KRG Nr. 35 besitzt insofern einen inhaltlich abschließenden Anwendungsbereich. Sollte sich im Folgenden herausstellen, dass es sich bei dem Gesetz um deutsches Recht handelt und es weiterhin dem Bundesrecht zuzuordnen wäre, dann wäre den Ländern eine eigene Schlichtungsregelung, die über den Erlass von Ver-

371 *Raupach*, Schlichtung, S. 75 m.w.N.

372 Vgl. auch *Behning*, Schlichtung, S. 103.

373 *Richardi*, Arbeitsrecht als teil freiheitlicher Ordnung, S. 51; *Arnold*, RdA 1996, 356; *Lembke*, RdA 2000, 223 (228).

374 *Maunz*, in: Maunz/Dürig, GG, Art. 75 Rn. 10.

375 *Huber*, Wirtschaftsverwaltungsrecht, Bd. II, S. 453.

376 Vgl. RdA 1950, 191 und unten Teil 2 B 4 c.

fahrensregeln und Ausführungsvorschriften hinausgeht, gem. Art. 72 Abs. 1, Art. 74 Nr. 12 GG verwehrt.[377]

Das kann indes nur für die Bundesländer gelten, in denen das KRG Nr. 35 überhaupt noch Geltung beansprucht.

III. Fortgeltung des KRG Nr. 35

1. Fortgeltung auf dem Gebiet der „alten" Bundesrepublik

a) zum Zeitpunkt des Inkrafttretens des Grundgesetzes

Die Frage nach der Fortgeltung von Kontrollratsrecht stellt sich grundsätzlich bereits im Zeitpunkt des Inkrafttretens des Grundgesetzes am 23.05.1949. Gemäß Art. 123 Abs. 1 GG gilt Recht aus der Zeit vor dem Zusammentritt des Bundestages nur dann fort, soweit es dem Grundgesetz nicht widerspricht. Die Frage, ob das KRG Nr. 35 zu diesem Zeitpunkt überhaupt von Art. 123 GG erfasst wird, kann dahinstehen, denn seine Vereinbarkeit mit dem Grundgesetz steht nicht in Zweifel. Das KRG Nr. 35 galt mithin auch im Zeitpunkt des Inkrafttretens des Grundgesetzes fort.

b) Erlass des ArbGG von 1953

Teilweise wird angenommen, das KRG Nr. 35 sei durch die Schaffung des Arbeitsgerichtsgesetzes von 1953 aufgehoben worden.[378] Das Kontrollratsgesetz enthalte Regelungen zur Schlichtung von Individual- und Kollektivstreitigkeiten; für den Bereich von Streitigkeiten zwischen einzelnen Arbeitgebern und Arbeitnehmern enthalte das ArbGG von 1953 jedoch ausdrückliche Spezialregelungen. Zwar fehlten solche Spezialregelungen im kollektiven Bereich, jedoch sei das ArbGG von 1953 mit dem gesetzgeberischen Willen geschaffen, alle arbeitsrechtlichen Streitigkeiten zu behandeln. Deshalb sei das in der Kontrollratszeit nicht vorhandene Beschlussverfahren wiederum eingeführt und ausgebaut worden. Zusammen mit den §§ 101 ff., 111 ff. ArbGG sei damit ein Gesetz vorgelegt worden, welches die Arbeitsgerichtsbarkeit auch im kollektiven Bereich umfassend be-

---

377 So auch Löwisch/*Rieble*, Arbeitskampf- und Schlichtungsrecht, 170.1 Rn. 89; GMPM/*Prütting*, ArbGG, Einl. Rn. 97; *Hromadka/Maschmann*, Arbeitsrecht Band 2, § 20 Rn. 12; A.A. *Isele*, Rechtsprobleme, S. 39 f.; *Armbruster*, Gutachen, S. 19.

378 *Prütting*, FS Hanau, 743 (749); GMPM/*Prütting*, ArbGG, Einl. Rn. 97.

handeln wollte. Eine auch nur partielle Weitergeltung des KRG Nr. 35 stehe dazu im Widerspruch.

Eine Aufhebung des Gesetzes wäre jedoch nur möglich gewesen, wenn es mit Inkrafttreten des Grundgesetzes gemäß Art. 125 Nr. 1 GG als Bundesrecht fortgegolten hätte. Denn würde man das Besatzungsrecht als fremdes Recht betrachten, konnte eine Außerkraftsetzung durch den Bundesgesetzgeber alleine gar nicht erfolgen, da eine solche Entscheidung grundsätzlich nur die vier Mächte gemeinsam fällen konnten.[379] Weil eine ausdrückliche Aufhebung aber nicht vorgenommen wurde und auch eine konkludente Zustimmung durch die Besatzungsmächte nicht ersichtlich ist, kommt es darauf an, ob das Gesetz von Art. 125 Nr. 1 GG erfasst wird und damit zur Disposition des deutschen Gesetzgebers stand.

Allerdings kann eine Entscheidung an dieser Stelle noch dahinstehen, wenn in dem Erlass des ArbGG 1953 eine Aufhebung des KRG Nr. 35 nicht erblickt werden kann.

Gegen eine solche Aufhebung spricht, dass die Vorschrift des § 111 des ArbGG 1953 lediglich die Schlichtung von Einzelrechtsstreitigkeiten in Berufsbildungsverhältnissen regelt. Insofern lässt sich ihr schon nicht der gesetzgeberische Wille entnehmen, das KRG Nr. 35 aufzuheben.[380] Trotz der Herausnahme betriebsverfassungsrechtlicher Regelungskonflikte (§ 50 BetrVG 1952) und der Beschneidung durch die Regelung in § 111 ArbGG besitzt das KRG Nr. 35 einen in sich geschlossenen Regelungsinhalt.[381]

Von einer Aufhebung durch den Erlass des Arbeitsgerichtsgesetzes kann folglich selbst dann nicht ausgegangen werden, wenn der deutsche Gesetzgeber hierzu die Befugnis gehabt hätte. Es ist nicht ersichtlich, dass der Gesetzgeber das ArbGG 1953 mit dem gesetzgeberischen Willen geschaffen hat, das KRG Nr. 35 zu beseitigen.

c) nach dem Wegfall des Besatzungsregimes am 05.05.1955

Mit Inkrafttreten der sog. Bonner Verträge vom 26.05.1952 in der geänderten und ergänzten Fassung des Pariser Protokolls über die Beendigung des Besatzungsregimes in der Bundesrepublik Deutschland vom 23.10.1954[382] endete am 05.05.1955 die alliierte Besatzung in den westdeutschen Besatzungszonen.[383]

---

379 Ausführlich *Schröder*, ROW 1989, 73 (77); *Maier*, JZ 1955, 408.

380 Weiss/Gagel-*Seifert*, § 26 A Rn. 14.

381 Insoweit gelten die gleichen Grundsätze wie für die Teilunwirksamkeit von Gesetzen: vgl. BVerfGE 65, 325, 358.

382 BGBl. 1955 II S. 215ff.

383 Siehe auch die Proklamation betreffend die Aufhebung des Besatzungsstatuts und die Auflösung der Alliierten Hohen Kommission, abgedruckt bei: *v. Münch*, Dokumente, Bd. I, S. 249f.

Mit diesem Wegfall des Besatzungsregimes könnte eine Beseitigung des KRG Nr. 35 einhergegangen sein. Allerdings ist das rechtliche Schicksal des bei Beendigung der Besatzung in der Bundesrepublik am 05.05.1955 geltenden Besatzungsrechts von dieser und den drei westlichen Besatzungsmächten vertraglich geregelt worden. Art. 1 Abs. 1 S. 1 und 2 des ersten Teils des sog. Überleitungsvertrags (ÜV),[384] eines Zusatzvertrags zum sog. Generalvertrag,[385] bestimmten die Fortgeltung des Besatzungsrechts bis zu seiner Aufhebung bzw. Änderung durch „die Organe der Bundesrepublik und der Länder." Das fortgeltende Besatzungsrecht wurde damit zunächst im Grundsatz zur Disposition der „Organe der Bundesrepublik und der Länder" gestellt. Bestimmte besatzungsrechtliche Normen blieben allerdings der Verfügung deutscher Stellen entzogen bzw. wurden ihr nur unter bestimmten Voraussetzungen überlassen. Zu letzteren gehörte auch das KRG Nr. 35.

Als sog. unmittelbares Besatzungsrecht konnte es nach Konsultation mit den drei Mächten lediglich „außer Wirksamkeit"[386] gesetzt werden.[387] Eine Aufhebung wäre sogar nur mit Zustimmung der Sowjetunion möglich gewesen.

Bestrebungen, das KRG Nr. 35 aufzuheben oder außer Wirksamkeit zu setzen, sind jedoch nicht unternommen worden, so dass das KRG Nr. 35 auch nach Wegfall des Besatzungsregimes im Jahre 1955 fortgalt.

2. Fortgeltung in der DDR

Das KRG Nr. 35 beanspruchte auch zunächst in der damaligen sowjetisch besetzten Zone Geltung und es wurden dort ebenfalls Durchführungsverordnungen erlassen.[388] Mit der Zustimmung der Sowjetunion zur Staatsgründung der DDR stellte sich aber auch hier die Frage nach dem Schicksal des Besatzungsrechts.[389]

Insbesondere hatte das Schlichtungsrecht in der später gegründeten DDR überhaupt keine praktische Bedeutung mehr, da es weder freie Gewerkschaften, noch freie Tarifverhandlungen gab.[390]

384 Vertrag zur Regelung aus Krieg und Besatzung entstandener Fragen in der der gemäß Liste IV zu dem am 23.10.1954 in Paris unterzeichneten Protokoll über die Beendigung des Besatzungsrégimes in der Bundesrepublik Deutschland geänderten Fassung, BGBl. 1955 II, S. 405. Zu seiner Übereinstimmung mit dem Grundgesetz vgl. BVerfGE 12, 281 (288 ff.); 15, 337 (348 ff.)

385 Vertrag über die Beziehungen zwischen der Bundesrepublik Deutschland und den Drei Mächten vom 26.05.1952 in der Fassung vom 23.10.1954; BGBl. 1955 II, S. 305 ff.

386 Art. 1 Abs. 2 ÜV (1. Teil).

387 Vgl. nur BVerfGE 15, 337 (347); *Schröder*, ROW 1989, 73 (74 ff.); *Maier*, JZ 1955, 408 ff.; *Kimminich*, Souveränität, S. 74 f.

388 *Raupach*, Schlichtung, S. 75.

389 *Blumenwitz*, in: Isensee/Kirchhof, Bd. IX, 1997, § 211 Rn. 35.

390 *Raupach*, Schlichtung, S. 75; Lembke, RdA 2000, 223 (228).

Trotz der Anerkennung der Eigenstaatlichkeit unterlag die DDR auch weiterhin umfangreichen besatzungsrechtlichen und besatzungshoheitlichen Einschränkungen. Durch eine Erklärung vom 23. März 1954 behielt sich die Sowjetunion die „Funktionen" vor, die sich aus den Verpflichtungen ergaben, die der UdSSR aus dem Viermächteabkommen erwuchsen.[391] Das Besatzungsrecht sollte demnach zunächst fortgelten. Durch Beschluss vom 06.08.1954 wurden jedoch alle zonalen Rechtsakte der Sowjetischen Militäradministration in Deutschland (SMAD) aufgehoben.[392] Darüber hinaus beschloss der Ministerrat der UdSSR am 20.09.1955, „dass die in den Jahren 1945 bis 1948 in Ausübung der Besatzungsrechte der vier Mächte vom Kontrollrat in Deutschland erlassenen Gesetze, Direktiven, Befehle und anderen Verordnungen auf dem Gebiet der Deutschen Demokratischen Republik ihre Gültigkeit verlieren. Die Außerkraftsetzung der erwähnten Verordnungen des Kontrollrates auf dem Gebiet der Deutschen Demokratischen Republik berührt nicht die Rechte und Verpflichtungen der Sowjetunion gegenüber Gesamtdeutschland, die sich aus den entsprechenden Beschlüssen der vier Mächte ergeben."[393]

Fraglich ist allerdings, welchen Rechtszustand sie dadurch herbeiführten. In Betracht kommt hier angesichts der bestehenden Verpflichtung gegenüber den anderen alliierten Mächten lediglich die „Außer-Wirksamkeit-Setzung" von Kontrollratsrecht.

In einer Note an die UdSSR vom 03.10.1955 stellten die drei Westmächte klar, dass die mit der DDR getroffene Vereinbarung vom 20.9.1955 in keiner Weise die Verpflichtungen und die Verantwortlichkeit der UdSSR beeinträchtigen, so wie sie sich aus dem Abkommen und den Vereinbarungen über Deutschland einschließlich Berlins ergaben.[394]

Tatsächlich ist der Beschluss vom 20.09.1955 letztlich Ausdruck des gescheiterten Versuchs, das Mitspracherecht der drei Westmächte in Bezug auf Deutschland als Ganzes hinsichtlich der DDR und Berlin (Ost) auszuschalten.[395] Darüber hinaus fehlte es der Sowjetunion gerade an der Befugnis zur einseitigen Verfügung über Viermächterecht.[396] Allerdings bewirkte der Beschluss vom 20.09.1955, dass

---

391 *Blumenwitz*, in: Isensee/Kirchhof, Bd. IX, 1997, § 211 Rn. 34.

392 *Rensmann*, Besatzungsrecht, S. 149; *Blumenwitz*, in: Isensee/Kirchhof, Bd. IX, 1997, § 211 Rn. 35.

393 Beschluss des Ministerrates der UdSSR über die Auflösung der Hohen Kommission der UdSSR in Deutschland vom 20.09.1955, abgedruckt bei: *v. Münch*, Dokumente, Bd. I, S. 331.

394 Nachweis bei *Schenk*, Die Viermächteverantwortung für Deutschland als Ganzes, S. 98; *Blumenwitz*, in: Isensee/Kirchhof, Bd. IX, 1997, § 211 Rn. 35.

395 *Blumenwitz*, in: Isensee/Kirchhof, Bd. IX, 1997, § 211 Rn. 35.

396 *Hofmann/Laubner*, JöR 55 (2007), 123 (127); *Schröder*, Das geltende Besatzungsrecht, S. 18; *Rensmann*, Besatzungsrecht, S. 149 m.w.N

die DDR das Kontrollratsgesetz von nun an als nicht existent betrachten konnte.[397] Da die gemeinsame Kontrolle Deutschlands effektiv nicht mehr vorhanden war, kam es auf den Willen derjenigen Besatzungsmächte an, die auf dem betreffenden Teilgebiet des Deutschen Reiches die Besatzungshoheit inne hatten.[398]

Die Sowjetunion hat dem Kontrollratsgesetz mithin ihren normativen Willen entzogen und damit die Rechtsgrundlage dieser Vorschriften beseitigt. Folglich wurde das KRG Nr. 35 auf dem Gebiet der DDR außer Wirksamkeit gesetzt.[399]

3. Fortgeltung nach der Wiedervereinigung Deutschlands

Der Vertrag über die abschließende Regelung in Bezug auf Deutschland vom 12.09.1990 zwischen den beiden deutschen Staaten und den vier Siegermächten des Zweiten Weltkriegs, dem sog. Zwei-plus-Vier-Vertrag[400], in dem die Vier Mächte auf ihre Vorbehaltsrechte verzichteten, bildete die völkerrechtliche Grundlage für die Wiedervereinigung. Mit der wiedererlangten Souveränität Deutschlands könnte auch eine Beseitigung des KRG Nr. 35 einhergegangen sein.

a) Allgemeine völkerrechtliche Grundsätze

Ein solcher Wegfall könnte sich zunächst schon nach allgemeinen völkerrechtlichen Grundsätzen vollzogen haben. Das Bundesverfassungsgericht hat in einer frühen Entscheidung festgestellt, dass das von den Alliierten erlassene Recht auf ihrer völkerrechtlichen Stellung als Besatzungsmächte beruhe.[401] Folglich konnte sich das Schicksal des Besatzungsrechts nach den Bestimmungen des Völkerrechts richten. Die Regelungen der Haager Landkriegsordnung von 1907[402] und – aus heutiger Perspektive – des Vierten Genfer Rotkreuzabkommens von 1949[403] enthalten jedoch diesbezüglich keine Regelungen. Zwar war ursprünglich in der klassischen Völkerrechtslehre in Anlehnung an Regelungen des römischen Rechts über die Rechtsstellung heimkehrender Kriegsgefangener (ius postliminii) der völkerrechtliche postliminium-Grundsatz entwickelt worden. Danach sollte mit Ende

---

397 *Schröder*, Das geltende Besatzungsrecht, S. 40; *Hofmann/Laubner*, JöR 55 (2007), 123 (128).

398 *Kimminich*, Souveränität, S. 75.

399 A.A: *Raupach*, Schlichtung, S. 75; *Neumann*, RdA 1997, 142 f.

400 BGBl. 1990 II, S. 1318.

401 BVerfGE 3, 368 (375).

402 Ordnung der Gesetze und Gebräuche des Landkriegs, Art. 42 ff., Anlage zum Abkommen betreffend die Gesetze und Gebräuche des Landkriegs (IV. Haager Abkommen) vom 18.10.1907, RGBl. 1910, S. 107.

403 Genfer Abkommen zum Schutze von Zivilpersonen in Kriegszeiten vom 12.08.1949, BGBl. 1954 II, S. 781.

des Besatzungszustands automatisch das Besatzungsrecht wegfallen und der vor der Besatzung herrschende Rechtszustand wieder eintreten.[404] Ein Rechtssatz dieses Inhalts kann jedoch nach der ganz überwiegen Auffassung der Völkerrechtslehre jedenfalls im 20. und 21. Jahrhundert keine Geltung mehr beanspruchen.[405] Zu Recht verweisen *Hofmann/Lauber*[406] in diesem Zusammenhang auf die Praxis der im Laufe des Zweiten Weltkriegs von Deutschland besetzten Staaten. Sie lässt unterschiedliche Vorgehensweisen beim Umgang mit deutschem Besatzungsrecht erkennen, die von einer umfassenden Aufhebung bis zur grundsätzlichen Fortgeltung reichen.[407] Ein Beispiel aus der neuzeitlichen Staatenpraxis zum Umgang mit Besatzungsrecht stellt die irakische Übergangsverfassung aus dem Jahr 2004 dar. Danach gelten die von der Besatzungsverwaltung erlassenen Vorschriften bis zu ihrer Aufhebung bzw. Änderung durch den irakischen Gesetzgeber fort.[408]

Ein ersatzloser Fortfall von Besatzungsrecht bzw. die Wiederherstellung des vor der Besatzung bestehenden Rechtszustands entspricht regelmäßig auch nicht dem Interesse des ehemals besetzten Staates bzw. seiner politischen Führung.[409] Es ist folglich davon auszugehen, dass das Besatzungsrecht grundsätzlich zur freien Disposition des ehemals besetzten Staates steht.[410] Die Dispositionsbefugnis kann jedoch durch selbst auferlegte Beschränkungen sowie auch durch vertragliche Übereinkünfte mit der ehemaligen Besatzungsmacht erfolgen. Der Wegfall der Besatzung in Deutschland bewirkt jedenfalls grundsätzlich keine automatische Nichtigkeit des Besatzungsrechts.[411]

---

404 Hierzu *v.Münch*, in: *Strupp/Schlochauer*, Bd. 2, S. 785 f; *v.Schmoller/Maier/Tobler*, Handbuch des Besatzungsrechts, § 24a, S. 21. Vgl. auch noch die Begründung zu § 3 Abs. 1 des Entwurfs des Ersten Gesetzes zur Aufhebung von Besatzungsrecht, BT-Drs. 2/1552, S. 14.

405 *v.Münch*, in: *Strupp/Schlochauer*, Bd. 2, S. 785 f.; *v.Schmoller/Maier/Tobler*, Handbuch des Besatzungsrechts, § 24a, S. 22.

406 *Hofmann/Laubner*, JöR 55 (2007), 123 (129).

407 Siehe Beispiele bei *v.Schmoller/Maier/Tobler*, Handbuch des Besatzungsrechts, § 24a, S. 25; und *Rensmann*, Besatzungsrecht, S. 110.

408 Art. 26 (C) des Law of Administration for the State of Iraq for the Transitional Period (TAL) vom 8. März 2004.

409 Vgl. *v.Münch*, in: *Strupp/Schlochauer*, Bd. 2, S. 786. Zum fehlenden Interesse der Bundesregierung an einem ersatzlosen Fortfall von Besatzungsrecht im Jahr 1955 vgl. die Begründung zu Art. 1 des Überleitungsvertrages, BT-Drs. 1/3500, Anlage 4, Abschnitt D, sowie die Ausführungen in BVerfGE 15, 337 (347).

410 *v.Schmoller/Maier/Tobler*, Handbuch des Besatzungsrechts, § 24a S. 22; *Maier*, JZ 1955, 408 (Fn. 3); *Berber*, Lehrbuch des Völkerrechts, Bd. 2, S. 135; *v.Münch*, in: *Strupp/Schlochauer*, Bd. 2, S. 785f.; *Rensmann*, Besatzungsrecht, S. 110; *Bötsch*, Nachbefolgung des westalliierten Besatzungsrechts, S. 49 f.

411 Vgl. auch Antwort des Parlamentarischen Staatssekretärs *Rainer Funke* vom 27.02.1998 auf die schriftliche Frage des Abgeordneten *Volker Kröning*, BT-Drs. 13/10073 vom 06.03.1998, Nr. 14.

b) Regelungen des Zwei-plus-Vier-Vertrages

In Betracht kommt eine Beseitigung des Besatzungsrechts jedoch durch die Regelungen im Zwei-plus-Vier-Vertrag. In Art. 7 Abs. 1 S. 1 des Vertrages heißt es: „Die Vier Mächte beenden hiermit ihre Rechte und Verantwortlichkeiten in Bezug auf Berlin und Deutschland als Ganzes.“ Gemäß Art. 7 Abs. 1 S. 2 sollten als Ergebnis „die entsprechenden, damit zusammenhängenden vierseitigen Vereinbarungen, Beschlüsse und Praktiken beendet und alle entsprechenden Einrichtungen der vier Mächte aufgelöst“ werden. In Art. 7 Abs. 2 wird festgestellt: „Das vereinte Deutschland hat demgemäß volle Souveränität über seine inneren und äußeren Angelegenheiten.“

Teilweise wird vertreten, mit der in Art. 7 des Vertrages geregelten Aufhebung des Besatzungsstatuts seien auch sämtliche besatzungsrechtlichen Rechtsnormen eo ipso hinfällig geworden.[412]

Eine andere Auffassung verneint zwar einen automatischen Wegfall des Besatzungsrechts, entnimmt jedoch aus Art. 7 Abs. 1 des Vertrages eine Regelung über dessen Beseitigung.[413] Unter die beendeten „vierseitigen Vereinbarungen, Beschlüsse und Praktiken“ würden auch die von den alliierten Besatzungsbehörden erlassenen Rechtsvorschriften fallen.

Den vorgenannten Ansichten wird allerdings entgegengehalten, dass die Auslegung des Wortlauts und die systematische Stellung von Art. 7 Abs. 1 S. 1 und S. 2 zueinander zeige, dass ein Wegfall beziehungsweise eine Beseitigung des Besatzungsrechts durch den Zwei-plus-Vier-Vertrag nicht erfolgt sei.[414] Die in Rede stehenden Vereinbarungen, Beschlüsse und Praktiken seien vielmehr als solche zu verstehen, die allgemeine Regelungen zu Ausübung und Inhalt der den Vier Mächten obliegenden Rechte und Verantwortlichkeiten in Bezug auf Berlin und Deutschland als Ganzes betreffen. Darüber hinaus werde verkannt, dass es sowohl im Interesse der Alliierten, als auch im Interesse Deutschlands sein konnte, dass Jahrzehnte in Anwendung befindliches Recht nunmehr nicht plötzlich und ohne unmittelbaren Ersatz aufgehoben werde.[415]

Die letztgenannte Ansicht überzeugt. So traten infolge des Zwei-plus-Vier-Vertrages u.a. das Abkommen über die Kontrolleinrichtungen in Deutschland von 1944, die sog. Potsdamer Beschlüsse vom 02.08.1945 sowie die Vereinbarungen, Beschlüsse und Praktiken in Bezug auf den Zugang nach Berlin außer

412 v.Münch/Kunig/*Vedder*, GG, Art. 139 Rn. 10; *Deiseroth*, in: Umbach/Clemens, GG, Art. 139 Rn. 28 f.

413 Vgl. *Blumenwitz*, in: Isensee/Kirchhof, Bd. IX, 1997, § 211 Rn. 40; *ders.*, NJW 1990, 3041 (3047); *Bötsch*, Nachbefolgung des westalliierten Besatzungsrechts, S. 96.

414 *Hofmann/Laubner*, JöR 55 (2007), 123 (131); *Rensmann*, Besatzungsrecht, S. 125 f.

415 *Rensmann*, Besatzungsrecht, S. 125.

Kraft.[416] Ein Wegfall von Rechten bzw. Befugnissen zieht jedoch nicht notwendig den Wegfall des in der Vergangenheit in Ausübung dieser Befugnisse erlassenen Rechts nach sich. Dies zeigt schon ein Blick auf das allgemeine Völkerrecht, das einen solchen Automatismus nicht kennt, sondern dem ehemals besetzten Staat in solchen Fällen die grundsätzliche Dispositionsbefugnis über solches Recht überlässt.[417] Von einer Parallelität des Schicksals der Befugnisse und Rechte der Besatzungsmächte einerseits sowie des von ihnen erlassenen Rechts andererseits, ist nicht auszugehen.

Insoweit blieb auch das KRG Nr. 35 als bloßes Produkt alliierter Befugnisausübung von Art. 7 Abs. 1 des Zwei-plus-Vier-Vertrages unberührt, so dass folglich von einer Fortgeltung des Besatzungsrechts auch nach der Wiedervereinigung Deutschlands auszugehen ist.

Dies wird im Hinblick auf das Gebiet der „alten“ Bundesrepublik[418] zusätzlich durch den Notenwechsel zwischen der Bundesregierung und den Regierungen der Drei Mächte vom 27./28. September 1990[419] gestützt. Dieser ordnet in Ziffer 1 und 2 das Außerkrafttreten des Deutschland- bzw. Generalvertrags – und damit die Beendigung der dort vorbehaltenen Dreimächtebefugnisse – sowie des Überleitungsvertrages an. Davon ausgenommen bleibt allerdings nach Ziffer 3 des Notenwechsels unter anderem Art. 1 Abs. 1 S. 1 ÜV (1. Teil) in folgender, aufrechterhaltener Fassung: „Die Organe der Bundesrepublik und der Länder sind gemäß ihrer im Grundgesetz festgelegten Zuständigkeit befugt, von den Besatzungsbehörden erlassene Rechtsvorschriften aufzuheben oder zu ändern“.

Das Bundesverfassungsgericht hat dazu festgestellt, Ziffer 3 des Notenwechsels bedürfe keines Zustimmungsgesetzes gemäß Art. 59 Abs. 2 S. 1 GG, da dieser lediglich klarstellend bekräftige, dass eine bereits innerstaatlich gültige, völkerrechtliche Regelung fortbestehe.[420] Dies begegnet in jedem Fall im Hinblick auf Art. 1 Abs. 1 S. 1 ÜV (1. Teil) in der oben angegebenen „Restfassung“ keinen durchgreifenden Bedenken.[421] Zwar entfällt aufgrund des Notenwechsels neben sämtlichen bisherigen Einschränkungen der Aufhebungsbefugnis des deutschen Ge-

416 Vgl. *Blumenwitz,* in: Isensee/Kirchhof, Bd. IX, 1997, § 211 Rn. 38.

417 *Hofmann/Laubner*, JöR 55 (2007), 123 (131); *Berber*, Lehrbuch des Völkerrechts, Bd. 2, S. 135; *Wengler*, Völkerrecht, Bd. II, S. 1429 f.

418 Zur Sondersituation einzelner Länder, siehe unten Teil 2 B 4.

419 Vereinbarung vom 27./28.09.1990 zu dem Vertrag über die Beziehungen zwischen der Bundesrepublik Deutschland und den Drei Mächten (in der geänderten Fassung) sowie zu dem Vertrag zur Regelung aus Krieg und Besatzung entstandener Fragen (in der geänderten Fassung), BGBl. 1990 II, S. 1386.

420 BVerfG, EuGRZ 1998, 408 (409); a.A.: *Blumenwitz*, in: Isensee/Kirchhof, Bd. IX, 1997, § 211 Rn. 43 sowie ausführlich *Bötsch*, Nachbefolgung, S. 121 ff.

421 *Hofmann/Laubner*, JöR 55 (2007), 123 (132).

setzgebers auch der ausdrückliche Fortgeltungsbefehl des Art. 1 Abs. 1 S. 2 ÜV (1. Teil). Die Befugnis zur Aufhebung von Besatzungsrecht setzt indes dessen andauernde Geltung notwendig voraus.

c) Ergebnis

Zusammenfassend ist damit festzuhalten, dass das geltende Besatzungsrecht und damit das KRG Nr. 35 im Rahmen der Wiedervereinigung weder augrund allgemeiner völkerrechtlicher Grundsätze, noch durch den Verzicht auf die Vorbehaltsrechte der Vier Mächte im Zwei-plus-Vier-Vertrag weggefallen ist.

4. Sonderfälle: Das KRG Nr. 35 in Berlin, Saarland, (Süd-)Baden und Rheinland-Pfalz

a) Berlin

Die Stadt Berlin nahm in der Besatzungszeit eine Sonderstellung ein. Im Londoner Protokoll vom 12.09.1945 wurde vereinbart, dass Deutschland in Besatzungszonen eingeteilt wurde und „in ein besonderes Berliner Gebiet, das der gemeinsamen Besatzungshoheit der vier Mächte unterworfen wird". Die Eigenständigkeit des Besatzungsregimes über „Groß-Berlin" erfordert daher auch eine gesonderte Betrachtung hinsichtlich der Fortgeltung von Besatzungsrecht.[422] Das KRG Nr. 35 ist auch dort in Kraft getreten und entfaltete zunächst volle Wirksamkeit. Allerdings zog die Sowjetunion im Juli 1948 ihren Vertreter aus der Alliierten Kommandatura für Berlin zurück und verwaltete ihren Sektor der Stadt fortan separat.

Die westlichen Siegermächte hingegen setzten unter Berufung auf die bestehenden vierseitigen Vereinbarungen ab Dezember 1948 die Arbeit der Kommandatura fort, „wobei es ihnen klar war, dass ihre Entscheidungen infolge der sowjetischen Obstruktion zur Zeit nur in den Westsektoren zur Ausführung gelangen konnten."[423] So konnte das KRG Nr. 35 auch nur für das Gebiet des Westens von Berlin durch die Alliierte Hohe Kommission für Deutschland durch Gesetz vom 11.09.1958 [424] für kraftlos erklärt werden.

Gegen den politischen Widerstand des Westens behandelten sowohl die UdSSR als auch die DDR selbst den Ostsektor Berlins praktisch von Beginn an

422 Ausführlich zu den Besonderheiten des Besatzungsrechts in Berlin: *Schröder*, Das geltende Besatzungsrecht, S. 20 ff.; *Rensmann*, Besatzungsrecht, S. 139 ff. (169 ff.).

423 Erklärung des französischen Stadtkommandanten zur Wiederaufnahme der Tätigkeit der Alliierten Kommandatura vom 21.12.1948, abgedruckt bei: *v.Münch*, Dokumente, Bd. I, S. 151.

424 GVBl. S. 866.

weitgehend als Teil der DDR. Dementsprechend wurde auch das im Ostsektor geltende Besatzungsrecht als im gleichen Umfang wie in der DDR für aufgehoben erachtet. Es wurden lediglich einige Anordnungen der Alliierten Kommandatura aus der Zeit vor dem Rückzug des sowjetischen Vertreters im Jahr 1948 bis 1990 faktisch weiter befolgt.[425]

Ausdruck der Wirkungslosigkeit des KRG Nr. 35 auf dem gesamten Gebiet von Berlin ist die dort vorgenommene Aufhebung der Verfahrensregeln[426] zu diesem Gesetz am 16.03.2005.[427]

b) *Saarland*

Die staatsrechtliche Sonderentwicklung des Saarlandes erfordert ebenfalls eine gesonderte Beurteilung hinsichtlich der Geltung des KRG Nr. 35. Am 21.03.1945 wurde das Saarland von der amerikanischen Armee besetzt.[428] Nach dem Beitritt[429] Frankreichs zu den auf der Konferenz von Jalta (03. bis 11.02.1945) getroffenen Vereinbarungen wurde das Saarland offiziell der Französischen Besatzungszone zugeschlagen, nachdem bereits zuvor[430] die amerikanischen Truppen durch französische abgelöst worden waren. Das Saarland bildete damit seit 1945 einen Teil der französischen Besatzungszone und wurde daher als solches auch dem Alliierten Kontrollrat unterstellt.

Am 17.01.1946 formulierte der damalige französische Außenminister *Bidault* erstmals öffentlich in der Pariser Nationalversammlung erste Ansätze einer französischen Saarpolitik, die am 25.04.1946 anlässlich der ersten Pariser Konferenz der alliierten Außenminister überreicht wurden.[431] Inhalt war unter anderem auch die Herauslösung der Saar aus der Zuständigkeit des alliierten Kontrollrates in Berlin.

Die sog. französischen Saar-Memoranden waren in den Jahren 1946 bis 1948 insgesamt vierzehnmal den Alliierten zur Zustimmung vorgelegt worden. Vierzehnmal scheiterte die französische Saarpolitik am Veto der Russen.[432] Die

---

425 *Schröder*, Das geltende Besatzungsrecht, S. 40 f.

426 VOBl. S. 213.

427 GVBl. S. 125.

428 Vgl. *Fischer*, Die Saar zwischen Deutschland und Frankreich, S. 22.

429 Vgl. Abkommen der Europäischen Beratungskommission mit Frankreich über dessen Beitritt zu den Protokollen über die Besatzungszonen in Deutschland und die Verwaltung Groß-Berlins vom 27.02.1945 (Text in Dokumentation zur Deutschlandfrage, Band I, S. 25) und Verordnung Nr. 1 des Französischen Oberbefehlshabers in Deutschland vom 28.07.1945 Journal Officiel du commandement En Chef Français En Allemagne.

430 Am 10.07.1945; vgl. *Henn*, Die verfassungsrechtliche Lage des Saarlandes, S. 18.

431 *Glaeßner*, Politik in Deutschland, S. 284; *Wendt/Rixecker*, Verfassung des Saarlandes, S. 19.

432 *Wendt/Rixecker*, Verfassung des Saarlandes, S. 19.

Kontrollratsgesetze galten daher automatisch für das Saarland.[433] Auch die französische Regierung erkannte diesen rechtlichen Tatbestand an. Noch in ihrem Memorandum an die Moskauer Konferenz vom 10.04.1947 forderte sie, „dass die Saar der Zuständigkeit des Alliierten Kontrollrats entzogen werde". Daraus folgt, dass die Gesetzgebung des Kontrollrats und damit auch das KRG Nr. 35 im Saarland in Kraft gesetzt wurde. So betont auch die Denkschrift des amerikanischen *State Department* zur Saarfrage vom Oktober 1948[434]: „Rechtlich bleibt das Saarland, das seinerzeit als ein Teil der französischen Besatzungszone unter französische Aufsicht gestellt wurde, unter der Jurisdiktion des Alliierten Kontrollrats für Deutschland, solange diese Körperschaft ihre Autorität über das Saarland beibehalten will."

Allerdings wurde im Saarland das Gesetz Nr. 189 über Tarifverträge und Schlichtungswesen vom 22.06.1950[435] erlassen. Das KRG Nr. 35 wurde damit außer Wirksamkeit gesetzt. Dass dies letztlich möglich war, wird ersichtlich, wenn man berücksichtigt, dass das Saarland sich in der Verfassungsrealität zu einem Protektoratstaat Frankreichs entwickelte.[436] Das Protektorat war in diesem Fall jedoch nur eine verschleierte Form der Annexion, so dass in den ersten Nachkriegsjahren zwischen Doppelzone und französischer Zone ein „Seidener Vorhang" als Gegenstück des „Eisernen Vorhangs" zum Osten existierte. War es den sowjetischen Besatzungsmächten möglich, aufgrund der umfangreichen besatzungsrechtlichen und besatzungshoheitlichen Einschränkungen der DDR, die Besatzungsnormen des Kontrollrats dort außer Wirksamkeit zu setzen,[437] so muss dies auch in Bezug auf das Saarland der Fall gewesen sein, nachdem der Alliierte Kontrollrat seine Tätigkeit im März 1948 faktisch eingestellt hatte. Da eine gemeinsame Kontrolle des Saarlandes durch die Alliierten nicht mehr vorhanden war, kam es auf den Willen Frankreichs an, über die Wirksamkeit des KRG Nr. 35 zu disponieren.

Durch das Tarifvertragsgesetz Nr. 561 vom 22. Dezember 1956[438] wurde das Gesetz Nr. 189 allerdings aufgehoben. Das Saarland enthielt sich fortan einer Regelung des Schlichtungswesens, so dass es seitdem dort keine gesetzliche und staatliche Schlichtung mehr gibt.[439] Ein Gesetzesentwurf der Landesfraktion CDU Saar

433 *Krause*, JöR 29 (1980), 393 (399).

434 *Department of State*, Documents and State Papers, Vol. I, Nr. 7, Nr. 445.

435 ABl. S. 597.

436 *Brosig*, in: Henn, SVerf, S. 26.

437 Vgl. oben Teil 2 B III 2.

438 ABl. S. 1708.

439 So im Ergebnis ebenfalls *Raupach*, Schlichtung, S. 72; *Rommelspacher*, Schlichtung, S. 38.

Anfang 1957 wurde dem Landtag zwar vorgelegt und auch beraten, aber er wurde letztlich wegen des Widerstandes der Gewerkschaften nicht Gesetz.[440]

c) (Süd-)Baden

Im Gebiet des ehemaligen Landes Baden, das später den Regierungsbezirk Südbaden umfasste und heute Teile der Regierungsbezirke Freiburg, Karlsruhe und Tübingen im Land Baden-Württemberg ausmacht, ist statt des Kontrollratsgesetzes das Landesgesetz über das Schlichtungswesen bei Arbeitsstreitigkeiten vom 19.10.1949[441] in der Fassung vom 04.07.1983 anwendbar.[442] Die Möglichkeit der Gesetzgebung resultierte daraus, dass das KRG Nr. 35 durch Art. 2 des Gesetzes Nr. A-1 der Alliierten Hohen Kommission vom 09.02.1950[443] außer Wirksamkeit gesetzt worden ist, so dass die Landesschlichtungsordnung in diesem Landesteil als eigenständige Regelung des Schlichtungswesens in Kraft treten konnte.[444]

d) Rheinland-Pfalz

Die Frage nach der Fortgeltung des KRG Nr. 35 stellt sich auch für das Bundesland Rheinland-Pfalz. Hier wurde am 30.03.1949 das Landesgesetz über das Ausgleichs- und Schiedsverfahren in Arbeitsstreitigkeiten erlassen (ASG Rheinland-Pfalz).[445] Es wurde durch die 1. DVO vom 3. August 1949[446] und die 2. DVO vom 07.04.1951[447] ergänzt.

Isele[448] nimmt zwar an, das Gesetz sei in Ausführung des KRG Nr. 35 ergangen. Dem kann jedoch nicht gefolgt werden. Denn das ASG änderte das KRG Nr. 35 in wesentlichen Punkten. Es sah über die bloße Einigung und den Ausgleich einer Streitigkeit hinaus die Möglichkeit einer Verbindlichkeitserklärung von Schiedssprüchen vor (§ 13 ASG Rheinland-Pfalz), nahm also Züge der alten

---

440 *Raupach*, Schlichtung, S. 72.

441 Badisches GVBl. 1950 S. 60; in der Fassung des Änderungsgesetzes vom 29.08.1951, Badisches GVBl. S. 135, und von Art. 30 Nr. 10 des Gesetzes vom 04.07.1983, Baden-Württembergisches GVBl. S. 265, abgedr. bei *Nipperdey I*, Sammlung arbeitsrechtl. Vorschriften, Nr. 521.

442 Ausführlich dazu *Arnold*, RdA 1996, 356 ff.

443 ABl. AHK S. 103.

444 Löwisch/*Rieble*, Arbeitskampf- und Schlichtungsrecht, 170.1 Rn. 91; *Brox/Rüthers,* Arbeitskampfrecht, Rn. 699; *Löwisch*, 40 Jahre Grundgesetz, S. 60; näher zur Badischen Landesschlichtungsordnung: *Arnold*, RdA 1996, 356 ff.; Löwisch/*Rumler*, Arbeitskampf- und Schlichtungsrecht, 170.11 Rn. 77 ff.; MünchArbR/*Otto*, 2. Aufl., § 288 Rn. 5 ff.

445 GVBl. 1949, S. 98; abgedruckt bei *Nipperdey*, Arbeitsrecht, Nr. 524; ausführlich zu dem Gesetz *Isele*, Rechtsprobleme.

446 GVBl. 1949, S. 498.

447 GVBl. 1951, S. 107.

448 *Isele*, Rechtsprobleme, S. 5.

Schlichtungsverordnung von 1923 wieder auf. Es ermöglichte sogar eine Einleitung des Verfahrens auf Erlass einer Verbindlichkeitserklärung von Amts wegen, „wenn das öffentliche Interesse dies dringend erfordert". Das rheinland-pfälzische Schlichtungsgesetz beruhte daher vielmehr auf ganz eigener Schlichtungsgesetzgebung.[449] Es verwirklichte den Gesetzgebungsauftrag aus Art. 54 der Verfassung für Rheinland-Pfalz vom 18.05.1947[450]. Art. 54 Abs. 1 sah insoweit vor: „Für alle Arbeitnehmer ist ein einheitliches Arbeitsrecht zu schaffen. Im Rahmen dieses Arbeitsrechts können Gesamtvereinbarungen nur zwischen den Gewerkschaften und den Arbeitgebervertretungen abgeschlossen oder durch verbindlich erklärte Schiedssprüche ersetzt werden. Schiedssprüche schaffen verbindliches Recht, das durch private Vereinbarungen zuungunsten der Arbeitnehmer nicht abgedungen werden kann." Absatz 2 enthielt sodann den Gesetzgebungsauftrag: „Das Schlichtungswesen wird gesetzlich geregelt."

Dass hier eine völlig neue, mit dem KRG Nr. 35 nicht vereinbare Regelung vorgenommen wurde, zeigen auch die Reaktionen des Prüfungsausschusses der Alliierten Hohen Kommission für die deutsche Gesetzgebung auf das Gesetzesvorhaben in Bezug auf die im Wesentlichen vergleichbare (süd-)badische Schlichtungsregelung. Dieser stellte nämlich im Dezember 1949 fest, dass das (süd-)badische Gesetz dem KRG Nr. 35 widerspreche und unwirksam sei, solange letzteres in Baden gelte.[451] Die Französische Hohe Kommission setzte sich daher bei der Alliierten Hohen Kommission für die Zurücknahme des Kontrollratsgesetzes für den Landesteil (Süd-)Baden ein, was dann auch am 13.03.1950 geschah.[452]

Es wird insoweit vertreten, dass auch in Rheinland-Pfalz das KRG Nr. 35 nicht mehr gelte.[453] Eine ausdrückliche Regelung oder Entscheidung der Besatzungsmächte ist jedoch nicht ersichtlich, welche das KRG Nr. 35 in Rheinland Pfalz außer Wirksamkeit setzte. Möglicherweise ist dies konkludent erfolgt. Angesichts der Tatsache, dass das ASG Rheinland-Pfalz erst durch Gesetz vom 22.12.1982[454] aufgehoben wurde, erscheint letzteres wahrscheinlich. Es war auch Ausdruck des Bestrebens der französischen Besatzungspolitik, ein dezentralisiertes und schwaches Deutschland zu schaffen. So lässt sich auch eine Vielzahl von Konflikten mit Amerikanern, Briten und zeitweise auch mit der Sowjetunion erklären, wenn es darum ging, deutsche Zentralverwaltungen zu errichten oder zonale Zu-

---

449 *Raupach*, Schlichtung, S. 71; *Rommelspacher*, Schlichtung, S. 38; *Futter*, Schlichtungswesen, S. 19.

450 VOBl. S. 209.

451 Vgl. *Arnold*, RdA 1996, 356; StA Freiburg C 1/1 Nr. 166, Bl. 74; Löwisch, FS 50 Jahre B-W, 131.

452 Vgl. RdA 1950, 191.

453 So auch *Rommelspacher*, Schlichtung, S. 38; *Diestelkamp*, Zwischen Kontinuität und Fremdbestimmung, S. 163.

454 GVBl. S. 481.

sammenschlüsse zu ermöglichen. Folge dieser dezentralen Politik war eine Selbständigkeit der Landesparlamente, die durch kein übergeordnetes Gremium koordiniert wurde. Aufgrund dessen war die Vielfalt der Gesetze in den Ländern der französischen Besatzungszone besonders ausgeprägt.[455] So erklärt sich auch, dass Frankreich den Ländern Rheinland-Pfalz und (Süd-)Baden eine andere gesetzliche Gestaltung des Schlichtungsrechts ermöglichte.[456] Da in diesem Bundesland allerdings mit Verwaltungsvorschrift vom 14. März 1983[457], zuletzt geändert durch Verwaltungsvorschrift vom 17.11.1999[458], Verfahrensregeln zum KRG Nr. 35 erlassen wurden, ist zumindest von der heutigen Wirksamkeit des Gesetzes in Rheinland Pfalz auszugehen.

5. Ergebnis

Das KRG Nr. 35 ist auf dem Gebiet der fünf neuen Bundesländer sowie Berlin, dem Saarland und dem Landesteil (Süd-)Baden außer Wirksamkeit gesetzt worden und gilt dort nur noch formell fort. Auf dem übrigen Gebiet der Bundesrepublik Deutschland gilt es fort und hat seine Wirksamkeit nicht verloren.

IV. Rechtsnatur des KRG Nr. 35

Im Folgenden soll nun erörtert werden, welche Rechtsnatur das heute noch fortgeltende KRG Nr. 35 besitzt.

Wenn sich herausstellt, dass es sich bei dem KRG Nr. 35, welches ohne Mitwirkung der Gesetzgebungsorgane des Bundes erlassen wurde, um deutsches Recht handelt und es weiterhin dem Bundesrecht zuzuordnen ist, dann wäre den Ländern, in denen das KRG Nr. 35 fortgilt, eine eigene Schlichtungsregelung verwehrt, gem. Art. 72 Abs. 1, Art. 74 Nr. 12 GG.[459]

1. Rechtsnatur der alliierten Besatzungsgewalt

Das KRG Nr. 35 würde deutsches Recht darstellen, wenn die alliierten Besatzungsmächte bei der Ausübung ihrer Besatzungsgewalt die deutsche Staatsgewalt in Anspruch genommen hätte. Eine Ansicht vertritt die Meinung, dass die Aus-

---

455 Vgl. hierzu *Richardi*, Arbeitsrecht als Teil freiheitlicher Ordnung, S. 71.
456 *Richardi*, Arbeitsrecht als Teil freiheitlicher Ordnung, S. 71.
457 MinBl. 1983, S. 325.
458 MinBl. 1999, S. 532.
459 Vgl. oben Teil 2 A.

übung der Besatzungsgewalt zugleich die Ausübung deutscher Staatsgewalt darstellte.[460] Angeführt wird hierfür meist der sog. Treuhandgedanke. Insbesondere hätten die Alliierten deutlich weitergehende Eingriffe in die deutsche Staatsordnung vorgenommen, als sie einem Okkupanten nach völkerrechtlichen Grundsätzen zustünde, so dass ihre Maßnahmen nicht lediglich aus einer völkerrechtlich begründeten Besatzungsgewalt abzuleiten seien.[461] Deshalb müsse man annehmen, die Alliierten hätten treuhänderisch die deutsche Staatsgewalt, die mangels einer deutschen Regierung sonst nicht hätte ausgeübt werden können, an sich gezogen und die sich hieraus ergebenden Befugnisse ausgeübt.[462]

Nach anderer Ansicht ist die Besatzungsgewalt eine auf einem völkerrechtlichen Titel beruhende, von derjenigen des besetzten Staates getrennte Gewalt.[463] Umstritten ist innerhalb dieser Ansicht allerdings, ob sich die völkerrechtliche Grundlage der Besatzung nur aus den Art. 42 ff. der Haager Landkriegsordnung[464] oder aus sonstigen völkerrechtlichen Grundsätzen[465] ergibt. Eine Entscheidung ist an dieser Stelle jedoch entbehrlich, da erstgenannte Ansicht nicht überzeugt.

Gegen die Argumentation dieser Auffassung spricht, dass sie von der faktischen Wirkung unzulässigerweise auf die Rechtsgrundlage schließt.[466] Darüber hinaus soll das Recht der kriegerischen Besetzung gerade einen Ausgleich schaffen zwischen der autochthonen Gewalt und den Interessen des Okkupanten, nicht aber die Übernahme der Staatsgewalt des besetzten Staates ermöglichen. Will der Besetzer die Staatsgewalt an sich ziehen, so muss er eindeutig zu erkennen geben, das er das besetzte Gebiet endgültig aus dem bisherigen Staatsverband lösen will, also die Annexion des betreffenden Gebietes erklären. Dies aber haben die Alliierten in ihrer Erklärung zur Übernahme der obersten Gewalt in Deutschland gerade ausgeschlossen. Auch vermag der Gedanke der Treuhand nicht über diese Tatsache hinwegzuhelfen. Zunächst ist schon der für ein Treuhandverhältnis erforderliche Treugeber nicht ersichtlich, denn keine deutsche Regierung hat jemals die Alliier-

---

460 *Meyer*, in: v.Münch/Kunig, Art. 100, Rn. 21; *Zinn*, JZ 1947, 4 ff.; *Mann*, JZ 1967, 585 (587); *Pfeiffer*, DVBl 1973, 57 ff.

461 *Zinn*, JZ 1947, 4 ff; *Pfeiffer*, DVBl 1973, 60 ff.

462 *Pfeiffer*, DVBl 1973, 60 ff; *Zivier*, PuK 1987, 22.

463 *Berber*, Lehrbuch des Völkerrechts, Bd. 2, S. 127; *Rensmann*, Besatzungsrecht, S. 44; *Tomuschat*, in: Fünf Jahre Grundvertragsurteil des BVerfG, S. 73 ff.; *Stödter*, Deutschlands Rechtslage, S. 121 ff.; *Kaufmann*, Deutschlands Rechtslage unter der Besatzung, S. 27; *Bentzien*, ROW 1988, 8 (9); *Scholz*, in: Isensee/Kirchhof, Bd. I, 2003, § 9 Rn. 36; *Bernhardt*, in: Isensee/Kirchhof, Bd. I, 2003, § 8 Rn. 39.

464 So insbesondere *Stödter*, Deutschlands Rechtslage, S. 228 ff.; *Berber*, Lehrbuch des Völkerrechts, Bd. 2, S. 127.

465 *Kaufmann*, Deutschlands Rechtslage unter der Besatzung, lehnt die Anwendung der Haager Landkriegsordnung ab.

466 *Stödter*, Deutschlands Rechtslage, S. 146.

ten mit der Ausübung der deutschen Staatsgewalt betraut. In der bedingungslosen Kapitulation ist ebenfalls nicht das Einverständnis zu einem Treuhandverhältnis zu erblicken[467], denn hierbei handelt es sich lediglich um eine rein militärische Unterwerfungserklärung. Darüber hinaus wird eine Besatzungsmacht nur aus eigenem Interesse und nicht im Interesse des besetzten Staates tätig. Die Annahme eines Treuhandverhältnisses würde zudem auch gewisse Pflichten für den Treunehmer implizieren und diesen damit in einen unlösbaren Interessengegensatz stürzen, weil er dann auch zur Wahrnehmung der Interessen des besetzten Staates verpflichtet wäre.[468]

Die Grundlage für die Beurteilung der Rechtsnatur der Besatzungsgewalt ist vielmehr im Völkerrecht zu suchen. Dieses aber kennt die Möglichkeit der Ausübung der Staatsgewalt des besetzten Staates nicht, sondern nur die Ausübung einer die Staatsgewalt des besetzten Staates überlagernden Okkupationsgewalt. Die diesbezüglichen gewohnheitsrechtlichen Regeln haben ihren Ausdruck im wesentlichen im Recht der kriegerischen Besetzung (occupatio bellica) nach Art. 42 ff. der Haager Landkriegsordnung gefunden.[469] In keinem Fall ermöglichen diese Regeln die Ausübung der Staatsgewalt des besetzten Staates, denn das Recht der kriegerischen Besetzung soll ja gerade einen Ausgleich schaffen zwischen dem Weiterbestand der autochthonen Gewalt und den Interessen des Okkupanten, aber nicht die Übernahme der Staatsgewalt des besetzten Staates ermöglichen.

Durch die Besetzung werden die Besatzungsmächte also nicht Inhaber der Staatsgewalt des besetzten Staates, sondern sie erhalten durch die militärische Besetzung aufgrund eines völkerrechtlichen Titels eine der Staatsgewalt des besetzten Landes übergeordnete, jedoch völkerrechtlich begrenzte Gewalt.[470] Zutreffend hat das Bundesverfassungsgericht demnach auch in einer frühen Entscheidung festgestellt, dass das von den Alliierten erlassene Recht auf ihrer völkerrechtlichen Stellung als Besatzungsmächte beruhe.[471]

Festzuhalten ist daher, dass es sich bei dem KRG Nr. 35 um im Ursprung fremdes Recht handelt.

2. Rechtslage bei Inkrafttreten des Grundgesetzes

Da das KRG Nr. 35 ohne Mitwirkung der Gesetzgebungsorgane des Bundes erlassen wurde, könnte es dann Bundesrecht geworden sein, wenn es zum Zeitpunkt des

---

467 *Berber*, Lehrbuch des Völkerrechts, Bd. 2, S. 127.

468 *v.Schmoller/Maier/Tobler*, Handbuch des Bestazungsrechts, § 7 A S. 2.

469 *Berber*, Lehrbuch des Völkerrechts, Bd. 2, S. 126. ff.

470 *Berber*, Lehrbuch des Völkerrechts, Bd. 2, S. 136.

471 BVerfGE 3, 368 (375).

Inkrafttretens des Grundgesetzes am 23.05.1949 von Art. 125 Nr. 1 GG erfasst worden wäre. Da es innerhalb aller Besatzungszonen einheitlich gegolten und auch früheres Reichsrecht, nämlich das Arbeitsordnungsgesetz nach dem 08.05.1945 abgeändert hat, sowie zum Bereich der konkurrierenden Gesetzgebungszuständigkeit des Bundes nach Art. 74 Nr. 12 GG gehört, käme ihm gemäß Art. 125 Nr. 1 und 2 GG auch der Rang von Bundesrecht zu.[472]

Folglich wäre den Ländern, in denen das KRG Nr. 35 fortgilt, eine eigene Schlichtungsregelung verwehrt.[473]

Teilweise wird die Ansicht vertreten, dass auch unmittelbares Kontrollratsrecht, wie das KRG Nr. 35, schon im Zeitpunkt des Inkrafttretens des Grundgesetzes unter Art. 125 GG falle.[474]

Das Bundesverfassungsgericht[475] hat sich dieser Auffassung allerdings nicht angeschlossen und begründete dies mit der mangelnden Befugnis des Verfassungsgebers, über Kontrollratsrecht zu disponieren. Schließlich sei es ihm verwehrt, über unmittelbares, auf der völkerrechtlichen Stellung der Besatzungsmächte beruhendes Besatzungsrecht in der Form zu verfügen, dass seine weitere Wirksamkeit sich nach Art. 123 GG bestimmte. Diese Ansicht hat sich heute ganz überwiegend durchgesetzt.[476] Der Verfassungsgesetzgeber habe schließlich Besatzungsrecht nicht schlechthin in deutsches Recht „umwerten" können.[477]

Diese Sichtweise erscheint auch vorzugswürdig. Der Verfassungsgeber hätte andernfalls, wollte er über das Besatzungsrecht disponieren, in die das deutsche Verfassungsrecht überlagernde Besatzungsrechtsordnung eingegriffen. Denn aus Ziffer 7 des Besatzungsstatuts folgte, dass Rechtsvorschriften der Besatzungsmächte auch auf den nicht vorbehaltenen Gebieten bis zu ihrer ausdrücklichen Aufhebung oder Abänderung durch die Besatzungsmächte oder die von ihnen ermächtigten deutschen Stellen in Kraft bleiben. Gleiches ergibt sich auch aus dem Genehmigungsschreiben der Militärgouverneure der Drei Mächte zum

472 So auch Löwisch/*Rieble*, Arbeitskampf- und Schlichtungsrecht, 170.1 Rn. 89; GMPM/*Prütting*, ArbGG, Einl. Rn. 97; *Hromadka/Maschmann*, Arbeitsrecht Band 2, § 20 Rn. 12.

473 A.A. *Isele*, Rechtsprobleme, S. 39 f.; *Armbruster*, Gutachen, S. 19.

474 VGH Freiburg, ZMR 1952, 11; Löwisch/*Rieble,* Arbeitskampf- und Schlichtungsrecht, 170.1 Rn. 89; MünchArbR/*Otto*, 2. Aufl., § 294 Rn. 17; *Kissel*, Arbeitskampfrecht, § 70 Rn. 7*; Zinn*, Weinheimer Tagung, 53 (67 f.); *Ipsen*, Weinheimer Tagung, 88 f.; *Henrichs*, Weinheimer Tagung, 112 f.; siehe auch die ausdrückliche Norm des Art. 159 HessVerf.

475 BVerfGE 3, 368 (374 f.)

476 BGHZ 1, 363; *Maunz*, in: Maunz/Dürig, GG, Art. 123 Rn. 4; v. Mangoldt/Klein/Starck/*Wolff*, GG, Art. 123 Rn. 17; v.Münch/Kunig/*Kirn*, GG, Art. 123 Rn. 11; *Holtkotten*, in: Dolzer/Vogel/ Graßhof, BK-GG, Art. 123 Anm. I. 4., S. 7; *Stettner*, in: Dreier, GG, Bd. III, Art. 123 Rn. 19; *Kern*, MDR 1950, 68 (71); *Otto*, Arbeitskampf- und Schlichtungsrecht, § 20 Rn. 17; *Lembke*, RdA 2000, 223 (228); *Ringelmann*, Weinheimer Tagung, 96 (107f.)

477 *Ringelmann*, Weinheimer Tagung , 96 (108); *Kern*, MDR 1950, 68 (71).

Grundgesetz.[478] Das KRG Nr. 35 überlagerte als unmittelbares Besatzungsrecht die bundesdeutsche Rechtsordnung und besaß Vorrang auch gegenüber dem Grundgesetz. Als solches unterlag es daher nicht der Verfügungsgewalt des Grundgesetzgebers. Das Inkrafttreten des Grundgesetzes konnte insofern kein Fortgelten des Besatzungsrechts nach Maßgabe des Art. 125 GG als Bundesrecht bewirken.[479] Auch das fortgeltende KRG Nr. 35 blieb Besatzungsrecht und behielt seinen fremdrechtlichen Charakter bei.

3. Rechtslage nach dem Überleitungsvertrag

Einen weiteren Anknüpfungspunkt für die Frage nach der Rechtsnatur des KRG Nr. 35 bildet der 1955 in Kraft getretene Überleitungsvertrag. Als solcher enthält er unmittelbar keine Regelung zur Rechtsnatur des in der Bundesrepublik fortgeltenden Besatzungsrechts.[480] In Betracht kommt daher eine Fortgeltung sowohl als deutsches, wie auch als fremdes Recht.

Art. 1 und Art. 2 des Überleitungsvertrages ermächtigen die Organe der Bundesrepublik und der Länder „gemäß ihrer im Grundgesetz festgelegten Zuständigkeit" Besatzungsrecht aufzuheben bzw. außer Wirksamkeit zu setzen. Diese Formulierung könnte für eine Fortgeltung des Gesetzes als Bundesrecht sprechen. Das Bundesverfassungsgericht hat sich in seiner ersten Entscheidung zum Überleitungsvertrag auf die Feststellung beschränkt, das Zustimmungsgesetz zum Überleitungsvertrag habe „dieser vertraglichen Abmachung die Kraft innerstaatlichen deutschen Rechts verliehen" und habe „so für die Weitergeltung der besatzungsrechtlichen Normen eine neue Rechtsgrundlage geschaffen, auf der von jetzt an mindestens formell die Geltung dieses in seinem Ursprung fremden Rechts beruhe."[481] Diese Äußerungen beziehen sich allerdings allein auf den das Besatzungsrecht durch Art. 1 Abs. 1 S. 2 ÜV (1. Teil) betreffenden vertraglichen Anwendungs- bzw. Weitergeltungsbefehl.[482] Die Frage, ob das bisherige Besatzungsrecht selbst durch Überleitungsvertrag und Vertragsgesetz seine Rechtsnatur geändert hat und deutsches Recht geworden oder ob es Besatzungsrecht geblieben ist, hat das BVerfG jedoch zunächst ausdrücklich dahinstehen lassen.[483]

Für den weiterhin „fremdrechtlichen" Charakter des fortgeltenden Besatzungsrechts spricht indes die in Art. 1 Abs. 1 S. 2 ÜV (1. Teil) gewählte Formulierung,

478 Ziff. 2 des Schreibens der Miltärgouverneure betreffend die Genehmigung des Grundgesetzes vom 12.05.1949, abgedruckt bei: *v.Münch*, Dokumente, Band I, S. 130.

479 *Lembke*, RdA 2000, 223 (228); *Maunz*, in: Maunz/Dürig, GG, Art. 123, Rn. 4.

480 *Tischbein*, NJW 1955, 1179 (1180).

481 BVerfGE 12, 281 (289).

482 *Hofmann/Laubner*, JöR 2007, 123 (142).

483 BVerfGE 12, 281 (289).

wonach Besatzungsvorschriften in Kraft „bleiben“.[484] Darüber hinaus zeigt der Wortlaut des Art. 1 Abs. 1 S. 3 und Abs. 2 ÜV (1. Teil), dass gerade das hier in Rede stehende Kontrollratsrecht nicht zur Disposition des deutschen Gesetzgebers gestellt werden sollte, sondern nur nach Absprache mit den Drei Mächten außer Wirksamkeit gesetzt werden konnte. Eine Transformation des Kontrollratsrechts in deutsches Recht kann daher unmittelbar in Art. 1 und 2 des Überleitungsvertrages nicht geregelt sein.[485]

Im Übrigen liegt auch der zweiten Entscheidung des Bundesverfassungsgerichts zum Überleitungsvertrag, in der es die Fortgeltung dispositiven Besatzungsrechts ungeachtet seiner Verfassungsgemäßheit bestätigte, und seine eigene Kompetenz zur Verwerfung besatzungsrechtlicher Bestimmungen verneinte,[486] ersichtlich die Auffassung zugrunde, fortgeltendes Besatzungsrecht habe seinen fremdrechtlichen Rechtscharakter beibehalten und sei nicht in deutsches Recht transformiert worden.[487]

Wegen mangelnder Dispositionsbefugnis der Bundesrepublik, über das Kontrollratsrecht zu verfügen, ist auch eine Anwendbarkeit des Art. 125 Nr. 1 GG auf das KRG Nr. 35 ab dem Zeitpunkt des Wegfalls des Besatzungsregimes am 05.05.1955 ausgeschlossen. Auf die Frage, ob die Art. 123 ff. GG grundsätzlich auch zu diesem Zeitpunkt anwendbar wären, muss an dieser Stelle noch nicht eingegangen werden.

Das Vertragsgesetz zum Überleitungsvertrag hat damit fortgeltendes Kontrollratsrecht weder unmittelbar in deutsches Recht überführt, noch zu einer Anwendbarkeit von Art. 123 ff. GG geführt.[488] Das Besatzungsrecht selbst hat seinen fremdrechtlichen Charakter beibehalten.[489] Hiervon sind neben dem Bundesverfassungsgericht auch die Bundesregierung und der Bundesgesetzgeber ausgegangen, als sie von einer Aufnahme besatzungsrechtlicher Vorschriften in die Sammlung des Bundesrechts im Jahr 1968 absahen.[490]

---

484 *Hofmann/Laubner,* JöR 2007, 123 (142).

485 *Ulsamer*, in: Maunz/ Schmidt-Bleibtreu/Klein/Bethge, BverfGG, § 80 Rn. 61.

486 BVerfGE 15, 337 (346 ff.) (349).

487 Vgl. BVerwG, DVBl. 1973, 408 (409); *Hofmann/Laubner,* JöR 2007, 123 (142).

488 *Hofmann/Laubner,* JöR 2007, 123 (142).

489 Vgl. BVerfGE 3, 369 (376); *Hofmann/Laubner,* JöR 2007, 123 (142). *Tischbein*, NJW 1955, 1179 (1180). Transformation durch das Zustimmungsgesetz zum Überleitungsvertrag nach Art. 100 Abs. 1 GG analog ablehnend *Rensmann*, Besatzungsrecht, S. 111 f.

490 Begründung zum Entwurf eines Gesetzes über den Abschluss der Sammlung des Bundesrechts, BT-Drs. V/3227, S. 3. Vgl. auch die Übersicht über das in der Bundesrepublik Deutschland in Kraft befindliche Besatzungsrecht vom 01.09.1961, Beilage zum Bundesanzeiger Nr. 187 vom 28.09.1961, S. 2, in der das fortgeltende Besatzungsrecht als „Fremdkörper“ bezeichnet wird.

4. Rechtslage nach der Wiedervereinigung Deutschlands

Die durch die Wiedervereinigung Deutschlands zurückgewonnene „volle Souveränität über seine inneren und äußeren Angelegenheiten“[491] könnte eine Überführung des KRG Nr. 35 in deutsches Bundesrecht aufgrund einer aufschiebend bedingten Anwendung des Art. 123 Abs. 1 i.V.m. Art. 125 Nr. 1 GG bewirkt haben.

Die Art. 123 ff. GG sind jedenfalls nicht so gefasst, dass ihnen unter allen Umständen nur im Augenblick des Zusammentritts des Bundestages Wirkungskraft zukommen könnte. Sie ließen sich auch so auslegen, dass sie auf Recht, das der Disposition der deutschen Staatsgewalt erst zu einem späteren Zeitpunkt unterworfen wurde, eben von diesem Zeitpunkt an anwendbar sind.[492] Das Bundesverfassungsgericht hat die Frage der aufschiebend bedingten Anwendbarkeit von Art. 123 ff. GG in einer frühen Entscheidung ausdrücklich offen gelassen.[493]

a) Anwendbarkeit der Art. 123 ff. GG

Von Teilen der Literatur wird vertreten, dass der Eintritt der uneingeschränkten Dispositionsbefugnis über fortgeltende besatzungsrechtliche Vorschriften deren Fortgeltung als deutsches (Bundes- oder Landes-) Recht aufgrund einer aufschiebend bedingten Anwendung der Art. 123 ff. GG zur Folge hat.[494] Nachdem die Bundesrepublik Deutschland inzwischen uneingeschränkte Souveränität erlangt habe und damit dem Besatzungsrecht die völkerrechtliche Basis entzogen sei, bestehe kein Grund mehr, warum dieses nicht auch einer uneingeschränkten Beachtung der verfassungsrechtlichen Gebote unterliegen soll. So seien die Gründe für die ursprünglich von Seiten des Bundesverfassungsgerichts geübte Rücksichtnahme mit dem Fortfall der ihr zugrunde liegenden deutschlandpolitischen Zwänge des Gesetzgebers nach der Wiedervereinigung der beiden deutschen Staaten gleichfalls entfallen.[495] Hinsichtlich der nach Zusammentritt des Bundestages erlassenen Besatzungsrechtsnormen wird zudem teilweise eine entsprechende Anwendung von Art. 123 ff. GG angenommen.[496] Nach dieser Ansicht wäre das KRG Nr. 35 folg-

---

491 Art. 7 Abs. 2 des Zwei-plus-Vier-Vertrages vom 12.9.1990 (BGBl. II S. 1318).

492 BVerfGE 15, 337; *Maunz*, in: Maunz/Dürig, GG, Art. 123 Rn. 4; *Kern,* MDR 50 (71); *Wetterkamp,* Die Einstufung der Rechtsnormen, S. 119 f. (148 f.); ähnlich auch *Tischbein,* NJW 1955, 1179 (1180).

493 BVerfGE 3, 369 (376).

494 *Stettner*, in: Dreier, GG, Bd. III, Art. 123 Rn. 19, Art. 124 Rn. 8; v.Mangoldt/Klein/Starck/*Wolff*, GG, Art. 123 Rn. 19, Art. 125 Rn. 6; v.Münch/ Kunig/*Kirn*, GG, Art. 123 Rn. 11, Art. 124 Rn. 6; *Jarass/Pieroth*, GG, Art. 123 Rn. 4 a; BeckOK/*Seiler*, GG, Art. 123 Rn. 7.

495 *Hofmann/ Laubner,* JöR 2007, 123 (143).

496 *Jarass/Pieroth*, Art. 123 Rn. 4a; vgl. auch *Stettner*, in: Dreier, GG, Bd. III, Art. 123 Rn. 19.

lich mit Wiedererlangung der vollen Souveränität gem. Art. 123 Abs. 1 i.V.m. 125 Nr. 1 GG in deutsches Bundesrecht transformiert worden.

b) Unanwendbarkeit der Art. 123 ff. GG

Nach anderer Ansicht gilt Besatzungsrecht auch nach der Wiedervereinigung nicht über Art. 123 ff. GG als deutsches Recht fort.[497] Vielmehr habe es seinen Charakter als im Ursprung fremdes Recht bis heute nicht verloren.

So bestehe zwar die Möglichkeit einer entsprechenden gedanklichen Konstruktion einer aufschiebend bedingten Anwendung der Art. 123 ff. GG. Der Grundgesetzgeber habe diese jedoch nicht durch eine für die Schaffung hinreichender Rechtsklarheit erforderliche, ausdrückliche Anordnung nachvollzogen.[498] Ferner sei auch diese Problematik im Hauptausschuss nicht erörtert worden.[499] Schließlich würde eine solche Einbeziehung dem völkerrechtlichen Grundsatz nicht gerecht, wonach nach Beendigung der Besetzung alles unmittelbare Besatzungsrecht zur Disposition des ehemals besetzten Staates stehen muss.[500] Auch der Gesetzgeber sei schließlich bei Erlass des Besatzungsrechtsbereinigungsgesetzes[501] (BesRBerG) vom 30.11.2007 nicht von dem weiter bestehenden Fremdrechts-Charakter des Besatzungsrechtes ausgegangen.[502]

Nach dieser Ansicht hätte das KRG Nr. 35 auch nach der Wiedervereinigung seinen fremdrechtlichen Charakter beibehalten.

c) Stellungnahme

Sicherlich können die Befürworter der nachträglichen Anwendbarkeit der Art. 123 ff. GG hierfür ein praktisches Bedürfnis anführen. Denn bei der Fülle an besatzungsrechtlichen Vorschriften war es nicht absehbar, dass sich der deutsche Gesetzgeber ihrer in absehbarer Zeit werde annehmen können. Insoweit trägt die Argumentation *Ipsens*[503] nicht, der im Jahre 1949 zu Bedenken gab, „dass man damit rechnen könne bzw. dürfe, dass eine Zug-um-Zug-Ablösung des Besatzungsrechts durch deutsches Recht in Abrede zwischen den Besatzungsmächten und den deutschen Stellen vor sich gehen würde und auf diese Weise alle Komplikationen vermieden blieben“. Gegen eine Anwendbarkeit der Art. 123 ff. GG

497 Vgl. auch *Schulze*, in: Sachs, GG, Art. 123 Rn. 6; *Sannwald*, in: Schmidt-Bleibtreu/Klein, GG, Art. 123 Rn. 13; *Rensmann*, Besatzungsrecht, S. 121.

498 *Holtkotten*, in: Dolzer/Vogel/Graßhof, BK-GG, Art. 123, Anm. I. 4.

499 *Holtkotten*, in: Dolzer/Vogel/Graßhof, BK-GG,Art. 123, Anm. I. 4. c.

500 *Rensmann*, Besatzungsrecht, S. 114.

501 Gesetz vom 23.11.2007, BGBl I S. 2614

502 Vgl. BR-Drs. 63/07, S. 41.

503 *Ipsen*, Weinheimer Tagung, S. 103.

spricht jedoch, dass der Wille des Verfassungsgebers nicht ausreichend zum Ausdruck kommt. Nimmt man eine aufschiebend bedingte Anwendbarkeit der Art. 123 ff. GG an, so würden sich diese dennoch grundsätzlich nur auf vorkonstitutionelles unmittelbares Besatzungsrecht beziehen, denn sie erfassen unmittelbar nur solches Recht, welches *vor* Zusammentritt des Bundestages erlassen wurde. Die schon während der Geltung des Grundgesetzes ergangenen Besatzungsrechtsnormen, wie insbesondere das Recht der Alliierten Hohen Kommission, wären folglich nicht erfasst. Um die Fülle an nachkonstitutionellem Besatzungsrecht in Bundesrecht zu transformieren, müssten die Art. 123 ff. GG diesbezüglich also zusätzlich analog angewendet werden.

Für eine derart weite Ausdehnung spricht ebenfalls nicht, dass der allgemeine Redaktionsausschuss des Parlamentarischen Rates in seinem Vorschlag zur Gestaltung des Art. 125 GG das Besatzungsrecht mit aufgeführt hat.[504] Denn hierbei hat er das Vorhandensein einer schon zu diesem Zeitpunkt bestehenden deutschen Dispositionsbefugnis angenommen. Darüber hinaus ist dieses Problem schließlich auch im Hauptausschuss überhaupt nicht thematisiert worden.[505] Es ist vielmehr davon auszugehen, dass der Verfassungsgeber überhaupt nur Recht bis zum Zeitpunkt des Zusammentritts des Bundestages einem automatischen Transformationsbefehl unterwerfen wollte, da er dieses Recht umfassend kannte. Insofern fehlt es auch an einer für eine Analogie erforderlichen planwidrigen Regelungslücke. Hinzu kommt, dass es sich bei der Besatzungsgewalt um eine von der Staatsgewalt des besetzten Staates verschiedene Gewalt handelt. Sie stellt einen Fremdkörper in der Rechtsordnung eines jeden Staates dar. Im Gegensatz zu sonstigem vorkonstitutionellen Recht entspringt es gerade nicht der deutschen Staatsgewalt. Ausdruck dessen ist auch, dass die Besatzungsbehörden Exekutiv- und Legislativgewalt in einer Hand hielten. Zudem sind die Kontrollratsgesetze immer auch nach den Vorstellungen und Rechtsgrundsätzen der Urheberstaaten entstanden. Sie wurden ausschließlich in den jeweiligen Amtssprachen englisch, französisch und russisch veröffentlicht, welche für eine Auslegung der Gesetze alleine maßgeblich sind. Eine automatische Überleitung solchen Rechts in deutsches Recht kann nicht angenommen werden. Vielmehr sollte Besatzungsrecht nach völkerrechtlichen Grundsätzen gerade zur Disposition des besetzten Staates stehen. Weder ein Wegfall eo ipso, noch eine automatische Überleitung des Besatzungsrechts würde diesem Grundsatz entsprechen. Für Letzteres bedarf es gerade der Schaffung einer mit hinreichender Rechtsklarheit versehenen ausdrücklichen Anordnung. Die Art. 123 ff. GG vermögen dieser Anforderung jedenfalls nicht zu genügen. Mit dem Wegfall der Vorbehaltsrechte wurde der deutsche Gesetzgeber lediglich „in die Lage versetzt, das

504 *Holtkotten*, in: Dolzer/Vogel/Graßhof, BK-GG, Art. 123 GG, Anm. II 4 c.

505 *Holtkotten*, in: Dolzer/Vogel/Graßhof, BK-GG, Art. 123 GG, Anm. II 4 c.

umfangreiche, dem deutschen Recht oft wesensfremde Besatzungsrecht in eine der deutschen Rechtsordnung entsprechende und vom Grundgesetz geforderte Regelung überzuleiten"[506].

Im Ergebnis ist daher mit der letztgenannten Ansicht davon auszugehen, dass auch mit der Wiedervereinigung Deutschlands eine Umwandlung des KRG Nr. 35 in deutsches Recht nicht stattgefunden hat.

5. Inkorporation durch die Regelung des § 1 Abs. 2 Besatzungsrechtsbereinigungsgesetz?

Indem durch § 1 Abs. 1 BesRBerG[507] das Besatzungsrecht umfassend aufgehoben wurde, jedoch Absatz 2 des Gesetzes das KRG Nr. 35 von der Aufhebung ausdrücklich ausgenommen hat, könnte eine Übernahme durch den nachkonstitutionellen Gesetzgeber erfolgt sein.

Bei der Beantwortung dieser Frage sind grundsätzlich dieselben Maßstäbe wie bei der entsprechenden Frage hinsichtlich der zu Art. 100 GG entwickelten Rechtsprechung betreffend das Verhältnis von vorkonstitutionellem und nachkonstitutionellem Recht im Rahmen der konkreten Normenkontrolle zu Grunde zu legen.[508] Eine Übernahme des Gesetzes in die deutsche Rechtsordnung ist daher anzunehmen, wenn der Gesetzgeber zum Ausdruck bringt, dass er dieses Recht in seinem Willen gelten lassen will.[509] Schließlich handelt es sich auch bei dem sog. vorkonstitutionellen Recht, bei dem eine solche Aufnahme zweifelsfrei möglich ist, letztlich um Recht einer Staatsgewalt, die der heutigen nicht voll entspricht. Insoweit liegt eine Parallele zu dem fortgeltenden Besatzungsrecht vor, denn beide Vorschriften rühren letztlich nicht vom derzeitigen Gesetzgeber her. Es besteht daher auch kein Grund, warum der Gesetzgeber nach Erlangung voller Souveränität im Rahmen der Wiedervereinigung das sog. vorkonstitutionelle Recht in seinen Willen aufnehmen kann, das Besatzungsrecht aber nicht.

Das hervorstechendste Beispiel für eine Umwandlung von Besatzungsrecht in Bundesrecht bildet die Höfeordnung vom 24. April 1947[510], die zwar ursprünglich unmittelbares Besatzungsrecht war,[511] aber durch gesetzgeberische Akte

---

506 BVerfGE 15, 337.

507 = Artikel 4 des Gesetzes vom 23.11.2007, BGBl. I S. 2614.

508 v.Mangoldt/Klein/Starck/*Wolff*, GG, Art. 123 Rn. 19; *Kirn*, in: v.Münch/Kunig, GG, Art. 123 Rn. 12.

509 Vgl. allgemein zu Überführungen BVerfGE 70, 126 (129 f.).

510 Amtsblatt der Britischen Militärregierung Nr. 18, S. 505.

511 BVerfGE 15, 337 (339).

vollständig in den Willen des Bundesgesetzgebers aufgenommen und in nachkonstitutionelles Gesetzesrecht überführt worden ist.

Das BVerwG[512] hat in einer Entscheidung aus dem Jahre 1972 eine Veränderung des besatzungsrechtlichen Charakters einer Vorschrift allerdings mit der Begründung verneint, dass an diesem keine Veränderung vorgenommen worden sei. Danach wäre das KRG Nr. 35 ebenfalls nicht in deutsches Recht transformiert worden. Das Gericht beruft sich dabei ausdrücklich auf eine Entscheidung des Bundesverfassungsgerichts[513], in der es dargelegt hat, dass das im Bundesgebiet geltende Besatzungsrecht gemäß Art. 1 ÜV (1. Teil) als Fremdrecht fortgilt und danach zwar zur Disposition des deutschen Gesetzgebers gestellt worden ist, aber so lange als solches in Kraft bleibt, bis es „aufgehoben" oder „geändert" wird. Das BVerwG schlussfolgert daraus, es könne wegen der Unterschiedlichkeit des Charakters des Besatzungsrechts als Fremdrecht für seine Umformung in deutsches Recht nicht genügen, dass der deutsche Gesetzgeber es lediglich „bestätigt" oder durch Bezugnahme „in seinen Willen aufnimmt", wie es das Bundesverfassungsgericht für die Übernahme des sog. vorkonstitutionellen deutschen Rechts annimmt. Für die Ablösung von Besatzungsrecht durch deutsches Recht sei ein auch nach außen als solcher erkennbarer Rechtsetzungsakt erforderlich. Diese strengen Anforderungen können aber angesichts der wiedererlangten Souveränität im Jahre 1990 nicht mehr gelten. Es ist nicht einzusehen, warum der Gesetzgeber noch einen nach außen erkennbaren Rechtsetzungsakt vornehmen muss, um die Vorschrift in seinem Willen aufzunehmen. Vielmehr beruhte diese eingeschränkte Möglichkeit, Besatzungsrecht zu rezipieren, auf der eingeschränkten Verfügungsbefugnis hierüber, die mit dem Überleitungsvertrag von 1955 einherging. Der Gesetzgeber sollte eben zu diesem Zeitpunkt lediglich durch Änderung oder Aufhebung der Besatzungsnormen in der Lage sein, eine der deutschen Rechtsordnung und dem Grundgesetz entsprechende Lage herbeizuführen. Die bloße Willensbetätigung reichte nicht aus, um die Vorschriften dem Grundgesetz zu unterwerfen. Dass dies auch als die Auffassung des BVerfG zu werten ist, zeigt sich an zwei Entscheidungen aus dem Jahr 1954[514] und 1973[515], in der es den Charakter eines Gesetzes als Besatzungsrecht einstufte und eine Aufnahme des Gesetzes durch den Gesetzgeber in seinen Willen für unbeachtlich befand, gerade weil der Gesetzgeber hierüber bei den Besatzungsmächten keine uneingeschränkte Verfügungsbefugnis beantragt hat und letztlich auch nicht besaß. Da diese Be-

512 BVerwGE 41, 1 (4).
513 BVerfGE 15, 337 (349).
514 BVerfGE 4, 45 (50).
515 BVerfGE 36, 146 (170).

schränkungen nach der Wiedervereinigung nicht mehr existieren, können auch keine besonderen Kennzeichnungspflichten mehr gefordert werden.[516]

Dennoch bleibt die Frage, ob die in § 1 Abs. 2 BesRBerG erfolgte Ausnahme von der Aufhebung des Besatzungsrechts, tatsächlich eine Aufnahme des KRG Nr. 35 in den Willen des Gesetzgebers darstellte.

Zur Aufnahme des Gesetzes in seinem Willen muss der Gesetzgeber das jeweilige Gesetz in einem förmlichen Gesetzgebungsverfahren behandelt haben.[517] Daher genügt es grundsätzlich nicht, wenn die Norm in einer allgemeinpolitischen Debatte, einem Ausschuss oder in einer Fraktion lediglich erörtert wird.[518] Darüber hinaus muss sich der Bestätigungswille aus dem Inhalt des Gesetzes selbst oder aus dem engen sachlichen Zusammenhang zwischen unveränderten und geänderten Normen objektiv erschließen lassen.[519] Dabei sind die Motive und Vorstellungen der Mitglieder der gesetzgebenden Körperschaften nicht entscheidend, soweit sie nicht im Gesetz ihren Ausdruck gefunden haben.[520]

Insbesondere, wenn eine alte Norm als Gesetz neu verkündet wird, wenn eine neue (nachkonstitutionelle) Norm auf die alte Norm verweist oder wenn ein begrenztes und überschaubares Rechtsgebiet durchgreifend geändert wird und veränderte und unveränderte Normen eng miteinander zusammenhängen, ist eine „Hinnahme" der vorkonstitutionellen Norm anzunehmen. Hingegen ist von einem Willen zur Bestätigung eines vorkonstitutionellen Gesetzes nicht auszugehen bei der Änderung nur einzelner Vorschriften dieses Gesetzes, denen ein solcher Zusammenhang fehlt. Das gleiche gilt, wenn der Gesetzgeber eine vorkonstitutionelle Norm nur als solche hinnimmt und von ihrer Aufhebung oder sachlichen Änderung vorerst absieht, ohne sie in ihrer Geltung bestätigen zu wollen[521] oder wenn er lediglich eine Rechtsbereinigung mehr technischer Natur vornimmt, ohne sich mit dem Inhalt der Vorschrift zu befassen.[522] Die „Hinnahme" einer vorkonstitutionellen Norm durch den Gesetzgeber beschreibt jedoch einen vorläufigen Zustand, so dass für die Entscheidung der Frage, ob eine Regelung vor- oder nachkonstitutionelles Recht ist, auch das Zeitmoment von Bedeutung ist. Je länger der Gesetzgeber vor Inkrafttreten des Grundgesetzes erlassene Regelungen

---

516 *Kirn*, in: v.Münch/Kunig, GG, Art. 123 Rn. 12.

517 BVerfGE 11, 126 (131 ff.).

518 *Meyer*, in: v.Münch/Kunig, GG, Art. 100 Rn. 16.

519 BVerfGE 66, 248 (254); *Jarass/Pieroth*, GG, Art. 100 Rn. 8; *Meyer*, in: v.Münch/Kunig, GG, Art. 100 Rn. 15.

520 v.Mangoldt/Klein/Starck/*Sieckmann*, GG, Art. 100 Rn. 28.

521 BVerfGE 11, 126 (131); 18, 216 (223); 32, 256 (258); 32, 296 (299); 70, 126 (129 f.).

522 BVerfGE 25, 213 (215); *Meyer*, in : v.Münch/Kunig, GG, Art. 123 Rn. 15.

in Geltung lässt, desto geringer werden die Voraussetzungen für die Annahme, er habe sie in seinen Willen aufgenommen.[523]

Objektiv erkennbare Anhaltspunkte, aus denen auf einen Bestätigungswillen des Gesetzgebers geschlossen werden kann, werden dadurch aber nicht entbehrlich. Die gesetzgebenden Organe müssen, sofern von einem Bestätigungswillen ausgegangen werden soll, zumindest in irgendeiner Weise mit der zur Prüfung gestellten Norm und ihrem Regelungsgehalt befasst gewesen sein.[524]

Gemessen an diesen Maßstäben kommt eine Inkorporation der Norm letztlich nicht Betracht. Der Erlass des § 1 BesRBerG zeigt, dass der Gesetzgeber das Besatzungsrecht umfassend auf sein Erhaltungsbedürfnis geprüft hat. Dabei geht er hinsichtlich des KRG Nr. 35 von Folgendem aus: „Allein für die Beibehaltung des KRG Nr. 35 besteht Bedarf. Auf seiner Grundlage wird – auf dem Gebiet der alten Bundesrepublik – seit Jahrzehnten und in einer nicht unerheblichen Zahl von Fällen das sogenannte staatliche Schlichtungsverfahren betrieben. Es ist nach seiner normativen Ausgestaltung ein subsidiäres und freiwilliges Verfahren. Es ergänzt gerade wegen des Freiwilligkeitsprinzips die ansonsten bestehenden Schlichtungsmöglichkeiten in einer Weise, die es angeraten erscheinen lässt, den potentiellen Verfahrensbeteiligten nicht ersatzlos die Grundlage für die Durchführung solcher Verfahren zu entziehen."[525]

Zwar ließe sich aus der ausdrücklichen Regelung in Abs. 2 BesRBerG der Schluss ziehen, dass der Gesetzgeber das KRG Nr. 35 als grundgesetzmäßig erachtet, da er es andernfalls ebenso aufgehoben hätte. Dennoch wird man in der Ausnahme von der Rechtsbereinigung nicht zugleich auch einen konkreten Bestätigungswillen erkennen können. Mit dieser Ausnahmeregelung von der Rechtsbereinigung kommt wohl nur die Auffassung des Gesetzgebers zum Ausdruck, dass er diese Vorschrift als gültig erachtet und nicht als entbehrlich ansieht. Es ergibt sich aus dieser Regelung nicht, dass diese Vorschrift von ihm generell in seinen Willen aufgenommen sein sollte. In diesem Zusammenhang fehlt es an einer ausreichenden inhaltlichen Auseinandersetzung mit dem Gesetz.

Dem KRG Nr. 35 ist dadurch der Charakter des Besatzungsrechts nicht genommen worden.

523 vgl. BVerfGE 63, 181 (188); 66, 248 (255).

524 BVerfGE 70, 126 (133); *Meyer*, in: v.Münch/Kunig, GG, Art. 123 Rn. 15.

525 Vgl. BR-Drs. 63/07, S. 53.

V. Ergebnis

Festzuhalten ist also, dass das KRG Nr. 35 lediglich noch in den alten Bundesländern, mit Ausnahme von Berlin, dem Saarland und dem Landesteil (Süd-)Baden, seine Wirksamkeit entfaltet und dort seinen fremdrechtlichen Charakter nicht verloren hat. Es besteht als Besatzungsrecht fort und wurde weder durch Art. 125 Nr. 1 GG, noch durch das BesRBerG in deutsches Bundesrecht umgewandelt. Folglich kann es als solches auch nicht den Kompetenztitel des Art. 74 Nr. 12 GG mit der Folge einer Sperrwirkung zu Lasten der Länder gem. Art. 72 Abs. 1 GG beanspruchen.

C. Das KRG Nr. 35 als vorrangiges und sperrendes Besatzungsrecht?

Besteht also das KRG Nr. 35 in Teilen der Bundesrepublik Deutschlands als Besatzungsrecht fort, so stellt sich nunmehr die Frage, ob es als solches die betreffenden Länder an ihrer Gesetzgebung hindert, ob es sich im Kollisionsfall gegenüber Landesschlichtungsgesetzen als vorrangig erweisen würde und ob nicht sogar die Landesgesetzgeber befugt sind, das Gesetz für den Bereich des jeweiligen Landes aufzuheben, um es durch eigene zu ersetzen.

Da die Besatzungsmächte nicht Inhaber der deutschen Staatsgewalt wurden,[526] Staats- und Besatzungsgewalt also nicht identisch waren, sind auch Staats- und Besatzungsrecht grundsätzlich zwei klar voneinander getrennte Schichten mit unterschiedlicher Legitimation.[527] Mit Inkrafttreten des Besatzungsstatuts erhielt das Besatzungsrecht im Verhältnis zum Grundgesetz und zu deutschem Recht den Vorrang und konnte nicht an diesen gemessen werden.[528] Es konnte daher auch nur von den Besatzungsmächten geändert werden und behielt seine Rechtswirksamkeit, bis es von ihnen oder mit ihrer Ermächtigung durch deutsche Stellen aufgehoben wurde.[529] Das Bestehen zweier unterschiedlicher Legitimationsschichten macht zugleich deutlich, dass die Besatzungsgewalt die deutsche Gesetzgebung zwar überlagert, jedoch nicht beschnitten hat. So waren Bund und

---

526 Vgl. oben Teil 2 B IV 1.

527 BVerfGE 7, 330 (339); 8, 99 (101 f.); 10, 332 (339); 14, 1 (6).

528 BVerfGE 7, 330 (339); 8, 99 (101 ff.); 10, 332 (339); 14, 1 (6); BGHZ 39, 169 (172); BVerwGE 6, 351 (353); 8, 4 (11).

529 BVerfGE 3, 368 (372).

Länder auch weiterhin zur Gesetzgebung befugt, das Besatzungsrecht behielt allerdings im Kollisionsfall den Vorrang.

Auch das KRG Nr. 35 ging dem Staatsrecht vor und wäre im Falle des Widerspruchs bzw. der Kollision alleine anzuwenden gewesen. Daran änderte sich auch nach dem Überleitungsvertrag nichts. Vielmehr sollte das Besatzungsrecht, wie das Bundesverfassungsgericht betonte – zunächst – auch ohne Rücksicht auf seine Vereinbarkeit mit dem Grundgesetz weitergelten.[530]

Mit dem Rückzug der Besatzungsgewalt und der Wiederherstellung der uneingeschränkten Souveränität im Rahmen der Wiedervereinigung Deutschlands wurde das auf Grund der Besatzungsgewalt gesetzte Recht jedoch zur uneingeschränkten Disposition des deutschen Gesetzgebers gestellt.

Die Besatzungsgesetze bezogen ihre verbindliche Kraft fortan nicht mehr aus der Besatzungshoheit der vier alliierten Mächte, sondern aus der deutschen Gesetzgebungsgewalt, in deren Belieben es nun stand, sie aufzuheben oder fortgelten zu lassen.[531] Da eine Überlagerung der deutschen Rechtsordnung nicht mehr angenommen werden kann, genießt das Besatzungsrecht seither auch keinen Vorrang mehr vor der deutschen Gesetzgebung.[532]

Insbesondere ordnete der Notenwechsel zwischen der Bundesregierung und den Regierungen der Drei Mächte vom 28./29. September 1990[533] das Außerkrafttreten des Deutschland- bzw. Generalvertrags – und damit die Beendigung der dort vorbehaltenen Dreimächtebefugnisse – sowie der Ziffern 1 und 2 des Überleitungsvertrages an. Dadurch entfielen sämtliche bisherigen Einschränkungen der Aufhebungsbefugnis des deutschen Gesetzgebers einschließlich des ausdrücklichen Fortgeltungsbefehls des Art. 1 Abs. 1 S. 2 ÜV (1. Teil). Mit der Aufhebung des Fortgeltungsbefehls konnte es sich auch bei dem KRG Nr. 35 nicht mehr um ein Produkt vertraglich eingeräumten Vorbehaltsrechts handeln. Ein dem Besatzungsrecht widersprechendes Landesgesetz kann damit auch nicht mit dem Zustimmungsgesetz zum Überleitungsvertrag unvereinbar sein und von diesem als Bundesrecht gemäß Art. 31 GG gebrochen werden.[534]

Die durch den Notenwechsel aufrechterhaltene Fassung des Art. 1 Abs. 1 S. 1 ÜV (1. Teil), nach dem die Organe der Bundesrepublik und der Länder (...) gemäß ihrer im Grundgesetz festgelegten Zuständigkeiten befugt sind, von den Besat-

530 BVerfGE 15, 337 (347 ff.).

531 *Maier*, JZ 1955, 408 (409).

532 *Stern*, Staatsrecht, Bd. III/2, S. 299.

533 Vereinbarung vom 27./28.09.1990 zu dem Vertrag über die Beziehungen zwischen der Bundesrepublik Deutschland und den Drei Mächten (in der geänderten Fassung) sowie zu dem Vertrag zur Regelung aus Krieg und Besatzung entstandener Fragen (in der geänderten Fassung), BGBl. 1990 II, S. 1386.

534 Vgl. *Ulsamer*, in: Maunz/Schmidt-Bleibtreu/Klein/Bethge § 80 Rn. 154.

zungsbehörden erlassene Rechtsvorschriften aufzuheben oder zu ändern, verschafft dem KRG Nr. 35 schließlich auch keine neue völkervertragliche Grundlage, sondern bringt zum Ausdruck, dass besatzungsrechtliche Rechtsnormen nicht einfach hinfällig werden.[535] Eine derartige Regelung entspricht grundsätzlich der völkerrechtlichen Praxis bei der Beendigung von Gebietsbesetzungen.[536] Damit würden sich nunmehr auch dem KRG Nr. 35 inhaltlich entgegenstehende Landesschlichtungsgesetze als vorrangig erweisen.

Hinsichtlich der Aufhebung von Besatzungsrecht hielt der Bund nun auch jüngst an der bislang von ihm verfolgten Staatspraxis[537] fest, wonach er nur die Befugnis in Anspruch nimmt, die ihm zustünde, wenn es sich bei dem unmittelbaren Besatzungsrecht um deutsches Recht handelte.[538] Dies bedeutet vorrangig, dass der Bundesgesetzgeber die Kompetenz in Anspruch nehmen darf, dasjenige unmittelbare Besatzungsrecht aufzuheben, das den in den Art. 73 und 74 des Grundgesetzes aufgeführten Regelungsmaterien zuzurechnen wäre, wenn es sich um deutsches Recht handelte.[539] Da aus Gründen der Rechtssicherheit eine Aufhebung der Besatzungsrechtsnormen auf dem Wege formeller Gesetzgebung erfolgen sollte, ist es nur konsequent, hierfür auch das Kompetenzgefüge der Art. 70 ff. GG entsprechend heranzuziehen.[540] Auch die Länder stellten bei der Frage nach der Aufhebungskompetenz gerade auf die ihnen vom Grundgesetz zugewiesenen positiven Gesetzgebungszuständigkeiten ab.[541] Die Tatsache, dass der Bund aus diesem Grunde befugt ist, auch das KRG Nr. 35 aufzuheben oder zu ändern,[542] kann jedoch nicht zugleich eine Vorrangstellung des Gesetzes zu Lasten der Länder in diesem Bereich bewirken. Es kann auch nicht angenommen werden, solches Recht übe eine Sperrwirkung in gesetzgebungskompetenzieller Hinsicht auf die Länder aus. Die bloße Nichtaufhebung von Besatzungsrecht vermag insofern nicht die Voraussetzungen von Art. 72 Abs. 1 GG zu erfüllen und die

---

535 v.Münch/Kunig/*Kirn*, GG, § 123 Rn. 11.

536 *Wittkowski*, Staatensukzession, S. 217.

537 Vgl. zu diesem Kriterium BVerfGE 41, 205 (220).

538 Vgl. BR-Drs. 63/07, S. 45 ff.

539 Erstes Gesetz zur Aufhebung von Besatzungsrecht vom 30.05.1956, BGBl. 1956 I, S. 437; Zweites Gesetz zur Aufhebung von Besatzungsrecht vom 30. 05.1956, BGBl. 1956 I, S. 446; Drittes Gesetz zur Aufhebung von Besatzungsrecht vom 23.07.1958, BGBl. 1958 I, S. 540; Viertes Gesetz zur Aufhebung von Besatzungsrecht vom 19.12.1960, BGBl. 1960 I, S. 1015

540 *Hofmann/ Laubner,* JöR 2007, 123 (145).

541 Vgl. Gesetz zur Aufhebung von Besatzungsrecht in Bayern vom 25.03.1958, GVBl. 1958, S. 39; Erstes hamburgisches Gesetz zur Aufhebung von Besatzungsrecht vom 03.07.1956, GVBl. 1956, S. 135; Niedersächsisches Gesetz zur Aufhebung von Besatzungsrecht vom 28.01.1958, GVBl. 1958, S. 5; Landesgesetz zur Aufhebung von Besatzungsrecht im Lande Rheinland-Pfalz vom 21.02.1966, GVBl. 1966, S. 59.

542 Vgl. BR-Drs. 63/07, S. 49.

Landesgesetzgeber an einer eigenen Gesetzgebung zu hindern. Es wäre nicht hinnehmbar, dass das Weiterbestehen von Besatzungsrecht, zu dessen Aufhebung auch der Bund befugt ist, die Länder in ihrer Gesetzgebungskompetenz beeinträchtigt, obgleich es seinen fremdrechtlichen Charakter nicht verloren hat. Obwohl Art. 125 Nr. 1 GG nicht anwendbar ist, würde eine vergleichbare Wirkung über Umwege dennoch herbeigeführt. Die Länder wären nach dem Wegfall der Besatzungshoheit schlechter gestellt, als vor der Wiedervereinigung, wo es ihnen zweifelsohne möglich war, Gesetze zu erlassen, deren Durchsetzbarkeit aber eben beschränkt war.

Mangels entsprechender sperrender bundesgesetzlicher Regelung bliebe es den Ländern sogar unbenommen, das KRG Nr. 35 in Landesrecht zu überführen. Davon geht auch der Bundesgesetzgeber aus.[543] Es bleibt daher den Ländern ebenso vorbehalten, das KRG Nr. 35 für den Bereich ihres Landes durch eigene Landesschlichtungsgesetze zu ersetzen. Dem Bundesgesetzgeber soll es eben, anders als den einzelnen Bundesländern, möglich sein, das Besatzungsrecht, das den in den Art. 73 und 74 des Grundgesetzes aufgeführten Regelungsmaterien zuzurechnen wäre, länderübergreifend aufzuheben oder in Bundesrecht zu transformieren. Bleibt er hingegen untätig, können die Länder selbst aktiv werden und von der ihnen durch das Grundgesetz gewährten Gesetzgebungskompetenz Gebrauch machen. Können sie das KRG Nr. 35 sogar in Landesrecht überführen und anschließend aufheben, so muss es ihnen ebenfalls möglich sein, das Gesetz, solange es noch Besatzungsrecht ist, selbst und unmittelbar für den Bereich ihres Landes aufzuheben und durch ein eigenes Landesschlichtungsgesetz zu ersetzen. Mit der Zuweisung der positiven Gesetzgebungskompetenz soll schließlich auch die Aufhebungskompetenz der Länder für das Besatzungsrecht einhergehen.

Das gefundene Ergebnis wird umso deutlicher, wenn man sich vor Augen führt, dass die vier Besatzungsmächte eine praktisch unübersehbare Fülle von Rechts- und Verwaltungsvorschriften auf fast allen Rechtsgebieten, teilweise bundesweit, zum Teil auf die jeweiligen Besatzungszonen beschränkt, geschaffen haben. Gerade auf dem Gebiet des Arbeitsrechts hat die Rechtsetzungsgewalt der Besatzungsmächte, die Aufteilung Deutschlands in Besatzungszonen sowie die daneben laufenden Bemühungen um einen neuen wirtschaftlichen und staatlichen Zusammenschluss von Ländern zu Zonen, eine fast unübersehbare Fülle von Neuregelungen gebracht, die vielfach ohne die gewünschte Abstimmung zum überkommenen Recht wie zum Recht der Nachbarzonen und –länder stehen.[544] Ein Teil dieser Vorschriften dürfte überhaupt ungedruckt geblieben sein, weil das nordame-

543 Vgl. BR-Drs. 63/07, S. 53 f.

544 So Vorwort vom 31.03.1949 zur 1. Auflage der von *Nipperdey* begründeten Lose-Blatt-Textsammlung „Arbeitsrecht“. München.

rikanische und das britische Recht die Publikation von Rechtsvorschriften in einem bestimmten Verkündungsorgan nicht notwendig machte.[545] In diesen Bereichen sollten die Landesgesetzgeber, insbesondere nach der Wiedervereinigung, ganz sicher nicht mit dem Risiko der Wirksamkeit und Durchsetzbarkeit ihrer Gesetzgebung belastet werden. Landesgesetzen gebührt daher der Vorrang gegenüber Besatzungsrechtsnormen gleich welcher Art.

Weiterhin erscheint es nicht sachgerecht, denjenigen Bundesländern, in denen das KRG Nr. 35 keine Wirksamkeit entfaltet,[546] die Möglichkeit des Erlasses wirksamer Landesschlichtungsgesetze einzuräumen, den übrigen Ländern aber eine solche zu versagen, weil sich das KRG Nr. 35 angeblich als vorrangig erweist und ihnen eine Aufhebung nicht gestattet sei.

Mit dem Ende der Vier-Mächte-Rechte ging der vollständige Verlust des ursprünglichen Vorranges des Besatzungsrechts vor der deutschen Gesetzgebung einher. Es kann nicht mehr davon ausgegangen werden, dass dieses die deutsche Rechtsordnung überlagert und selbst das Grundgesetz nicht „besatzungsfest" ist. Umgekehrt kann nicht schon die Befugnis des Bundes, ein Besatzungsrecht aufzuheben oder zu ändern, dazu führen, dass es den Ländern verwehrt ist, das Besatzungsrecht für den Bereich ihres Landes selbst aufzuheben und eigene Landesgesetze zu erlassen, solange der Bundesgesetzgeber untätig bleibt.

Im Ergebnis können die Bundesländer daher, jeweils für ihren Bereich, das KRG Nr. 35 durch eigene Landesschlichtungsgesetze ersetzen.

---

545 *Schneider*, Gesetzgebung, S. 383.

546 Vgl. oben Teil 2 B III 5.

Teil 3 Beschränkung des Landesgesetzgebers durch das Bundesrichterrecht zum Arbeitskampf?

„Richterrecht zum Bundesrecht ist Teil des Bundesrechtes“ lautete es in einer Entscheidung des Bundesarbeitsgerichts zur Frage der Zulässigkeit der Aussperrung.[547] Die sich hieran anschließende Diskussion über die kompetenzrechtliche Stellung der Rechtsprechung des Bundesarbeitsgerichts wird bis heute noch kontrovers geführt. Der aufgeworfenen Frage über das Verhältnis von Bundesrichterrecht zu Landesrecht muss auch im vorliegenden Zusammenhang nachgegangen werden.

Den Landesgesetzgebern könnte es insoweit nämlich angesichts des Verfassungsgefüges nach Art. 72 Abs. 1, 74 Nr. 12, 31 GG in Verbindung mit der Rechtsprechung des Bundesarbeitsgerichts zum Arbeitskampf verwehrt sein, eigene Landesschlichtungsgesetze zu erlassen. Die Landesgesetzgeber hätten die Rechtsprechung des Bundesarbeitsgerichts zum Arbeitskampf im Sinne der Art. 72, 74 Nr. 12, 31 GG zu respektieren, wenn dieses wie Legislativrecht wirken würde und als Bundesrecht dem Bereich des Schlichtungswesens zuzuordnen wäre.

A. Das Bundesrichterrecht zum Arbeitskampf

Der Beantwortung der Frage kann jedoch nicht nachgegangen werden, ohne zunächst eine Begriffsbestimmung des Richterrechts vorzunehmen und einen Blick auf die Rolle des Bundesarbeitsgerichts im Arbeitskampfrecht zu werfen.

547 BAG v. 10.06.1980, AP Nr. 64 zu Art. 9 GG Arbeitskampf.

I. Definition des Richterrechts

Der Begriff „Richterrecht“ wird heute ständig gebraucht. Er wird dabei jedoch mit unterschiedlichem Bedeutungsgehalt verwendet.[548] Führt man sich die zum Erlass eines Urteils führende Rechtsfindungstätigkeit des Richters vor Augen, lassen sich verschiedene Komplexe unterscheiden.

Auszuschließen sind zunächst diejenigen Fälle, in denen der Richter einen Streitfall allein dadurch entscheidet, dass er den Sachverhalt feststellt und diesen unter eine eindeutige Norm subsumiert.[549] Denn damit wird alleine charakterisiert, dass der Fall durch richterliche Tätigkeit, ohne jedes schöpferische Zutun des Richters, entschieden wurde. Der Richter hat hier außer der Umsetzung des Willens des Gesetzgebers keinen Beitrag geleistet, der über den entschiedenen Fall hinaus wirken könnte.

Soll das Richterrecht neben Gesetzes- und Gewohnheitsrecht stehen, so kann der Sinn nicht allein in der Beschreibung einer Tätigkeit liegen.[550] Schließlich sind Gesetzes- und Gewohnheitsrecht Ergebnisse eines Prozesses, an dessen Ende etwas qualitativ besonderes steht, indem sie eine eigene inhaltliche Regelung aussprechen.

Das ist der Fall, wenn dem Richter die Aufgabe zukommt, unbestimmte Rechtsbegriffe auszulegen. Dasselbe gilt für Tätigkeiten wie das Feststellen und Ausfüllen von Regelungslücken sowie das Anwenden unbestimmter Rechtsbegriffe und Generalklauseln.[551] Schließlich muss er dabei auf über die einzelne Norm hinausgehende Erwägungen zurückgreifen.

Der schöpferische Akt der Rechtsprechung ist von größerer Eigenständigkeit, wenn ein Fall bewusst entgegen der gesetzlichen Regelung entschieden wird.[552] Bei einer solchen contra legem Entscheidung wird dem Gesetz über dessen bisherige Anwendung hinaus Geltung verschafft oder dessen Geltung eingeschränkt. Der Richter fügt dem Gesetz den mutmaßlichen, vernünftigen und gerechten Willen des Gesetzgebers hinzu bzw. korrigiert ihn in dieser Weise.[553] Der Rechtsschöpfungsakt ist hier von größerer Eigenständigkeit als in den zuvor gebildeten Kategorien.

Noch weitergehender ist der schöpferische Akt des Richters, wenn er neue Rechtsregeln oder -institute erschafft. Denn in in diesem Fall agiert sie im geset-

---

548 Vgl. dazu ausführlich den Überblick bei *Rüthers*, Die unbegrenzte Auslegung, S. 458 ff.

549 *Meyer-Ladewig*, AcP 161, 97 (105).

550 *Gretscher*, Rechtsquellenlehre, S. 34.

551 *Rüthers*, Die unbegrente Auslegung, S. 458.

552 Siehe auch *Krey*, JZ 1978, 361.

553 *Zippelius*, Juristische Methodenlehre, § 13; *Gretscher*, Rechtsquellenlehre, S. 34.

zes-[554] und gewohnheitsrechtsleeren Raum und wird endgültig zum „Ersatzgesetzgeber“.[555] Sie erzeugt vollständig neue Rechtssätze und zwar losgelöst von einem zu einem etwa zu Grunde liegenden Gesetz. Es wird ein neuer Tatbestand mit eigener Rechtsfolge geschaffen und nicht lediglich ein Tatbestand ausgeweitet.[556]

Der Richter bewegt sich noch innerhalb der Rechtsordnung, bedient sich jedoch mit übergreifender Systemargumenten und Gerechtigkeitserwägungen, indem er die Gesamtheit der Regelungen eines Rechtsgebietes betrachtet und versucht, dessen Grundstruktur offen zu legen und darauf aufbauend ergänzende Regelungen zu schaffen.[557]

II. Bedeutung des Bundesrichterrechts für den Arbeitskampf

Das deutsche Recht kennt keine umfassende Kodifikation des Arbeitsrechts. Seit Gründung der Bundesrepublik Deutschland schweigt der Gesetzgeber beredt zu arbeitskampfrechtlichen Fragen.[558] Nicht einmal der strengen bundesverfassungsgerichtlichen Aufforderung, den Streikbrechereinsatz von Beamten gesetzlich eindeutig zu regeln, ist er nachgekommen.[559] Auch der Entwurf eines Gesetzes zur Regelung kollektiver Arbeitskonflikte wurde nie umgesetzt.[560] Gerade im Arbeitskampfrecht hat sich der Gesetzgeber seit dem Bestehen der Bundesrepublik als zu schwach erwiesen, um die erforderlichen Regeln für Streik und Aussperrung, Friedenspflicht und Schlichtung, Urabstimmung und das Arsenal der Kampfmittel zu setzen. Zu stark sind die Widerstände der einen oder der anderen Seite (Gewerkschaften – Arbeitgeberverbände) gegen geplante Gesetzesvorhaben in diesem Bereich.[561]

Eine Gesamtschau von Grundgesetz, einzelnen Gesetzen und Internationalen Verträgen ergibt zwar, dass Arbeitskämpfe generell als zulässig angesehen werden können, es besteht aber keine geschlossene arbeitskampfrechtliche Ordnung auf gesetzlicher Grundlage, das vorgibt, unter welchen Voraussetzungen und in

554 Gemeint sind hiermit Gesetze im materiellen Sinne; vgl. *Bringewat*, ZStW 84, 585 (600).
555 *Rüthers*, Die unbegrenzte Auslegung, S. 458.
556 *Gretscher*, Rechtsquellenlehre, S. 34.
557 *Rüthers*, Die unbegrenzte Auslegung, S. 458; *Gretscher*, Rechtsquellenlehre, S. 34.
558 Vgl. nur *Rieble*, RdA 2004, 78.
559 BVerfG v. 02.03.1993 – 1 BvR 1213/85.
560 *Hromadka/Maschman*, Arbeitsrecht Band 2, § 14 Rn. 1 a.E. m.w.N.
561 *Richardi*, NZA 1992, 772.

welchen Grenzen Arbeitskämpfe tatsächlich geführt werden dürfen.[562] Schon *Heck* hat festgestellt, dass der meiste Teil der zweifelhaften Rechtsfragen auf Gesetzeslücken beruht.[563]

Das Arbeitskampfrecht der Bundesrepublik ist folglich im Kern der richterlichen Ausgestaltung überlassen worden. Das offenkundige Versagen des Gesetzgebers in einem für die Grundrechtsgarantie des Art. 9 Abs. 3 GG zentralen Bereich schafft einen „Rechtsnotstand“, den zu beseitigen die Gerichte berufen sind.[564] Denn auch die Arbeitsgerichte können in solchen Fällen nicht einfach nach dem Grundsatz verfahren, dass Ansprüche, für die es eine ausdrückliche Grundlage im Gesetz nicht gibt, abzuweisen seien und dass andererseits alles erlaubt sei, was nicht ausdrücklich gesetzlich verboten ist.[565]

Wie bei den Zivilgerichten liegt dabei auch bei den Arbeitsgerichten der Schwerpunkt der Rechtsfortbildung bei dem entsprechenden Obersten Gerichtshof des Bundes, dem Bundesarbeitsgericht, und dort wiederum beim Großen Senat. In wörtlicher Übereinstimmung mit § 137 des Gerichtsverfassungsgesetzes sieht § 45 Abs. 2 S. 2 des Arbeitsgerichtsgesetzes vor, dass der erkennende Senat in einer Frage von grundsätzlicher Bedeutung die Entscheidung des Großen Senats herbeiführen kann, wenn nach seiner Auffassung die Fortbildung des Rechts es erfordert.

So ist das Arbeitskampfrecht auf der Grundlage der Einrichtungsgarantie des Arbeitskampfes (Art. 9 Abs. 3 GG) daher in seiner Gesamtkonzeption wie in seinen Einzelheiten maßgeblich vom Bundesarbeitsgericht ausgestaltet und fortentwickelt worden.[566] Dadurch ist ein entsprechendes richterrechtliches System des Arbeitskampfrechts entstanden.[567] Insbesondere mit den Entscheidungen des Großen Senats des Bundesarbeitsgerichts vom 28.01.1955[568] und vom 21.04.1971[569] wurde ein engmaschiges Netz von Regeln für den Streik aufgestellt und zugleich die Aussperrung zugelassen.

Damit ist das Bundesarbeitsgericht auf diesem Gebiet zu einem „Ersatzgesetzgeber“ geworden.[570] Eine etwaige Lücke im geltenden Recht wurde gefüllt, indem praktisch eine komplette „Arbeitskampfordnung" erlassen wurde. Nicht

562 ErfK/*Dieterich*, Art. 9 GG Rn. 111.
563 AcP 112, 160 (174).
564 *Otto*, Arbeitskampf- und Schlichtungsrecht, § 4 Rn. 64.
565 *Löwisch*, Richten und Schlichten von Arbeitsstreitigkeiten in Deutschland, S. 205 (208).
566 *Rüthers*, Rechtsprobleme der Aussperrung, S. 46.
567 *Rieble*, RdA 2004, 78 (79).
568 BAG (GS) AP Nr. 1 zu Art. 9 GG Arbeitskampf.
569 BAG (GS) AP Nr. 43 zu Art. 9 GG Arbeitskampf.
570 Vgl. BAG (GS), AP Nr. 43 zu Art. 9 GG Arbeitskampf.

nur aus diesem Grund hat *Gamillscheg* gesagt: „Der Richter ist der eigentliche Herr des Arbeitsrechts“.[571]

Dabei darf man die Rechtsfortbildung des Bundesarbeitsgerichtes nicht als bloße Verfassungsinterpretation missverstehen.[572] Zur Verfassungsinterpretation sind die Gerichte zweifellos berufen, einer besonderen Rechtfertigung bedarf ihre Tätigkeit insoweit nicht. Indessen sind die Aussagen der Verfassung zum Arbeitskampfrecht beschränkt.[573] Viele Einzelheiten der Rechtsprechung des Bundesarbeitsgerichtes lassen sich nicht der Verfassungsgarantie als solcher entnehmen, sondern gehören zum Bereich des dem Gesetzgeber zugewiesenen Gestaltungsauftrages. Die Rechtsprechung des Bundesarbeitsgerichtes kann hier nur als Rechtsschöpfung verstanden und gerechtfertigt werden.[574] Es handelt sich um die bewusste schöpferische Ausfüllung von Regelungslücken, und damit um die eindeutigste Form von Richterrecht.

B. Einheit von Arbeitskampf- und Schlichtungsrecht

Hat das Bundesarbeitsgericht das Arbeitskampfrecht nun in seiner Gesamtkonzeption, wie in seinen Einzelheiten maßgeblich ausgestaltet und fortentwickelt und würde man seine Rechtsprechung als Bundesrecht anerkennen, welches die Landesgesetzgeber im Hinblick auf Art. 72, 74 Nr. 12, 31 GG zu respektieren hätten, so kann selbiges in Bezug auf das Schlichtungsrecht nicht mit dem Hinweis auf die Unterschiedlichkeit der Regelungsgegenstände ausgeschlossen werden. Denn Arbeitskampf- und Schlichtungsrecht stellen eine Einheit dar.

In seiner Leitentscheidung aus dem Jahre 1971 hat der Große Senat des Bundesarbeitsgerichtes mit besonderem Nachdruck betont, dass der Arbeitskampf ultima ratio, also das letzte Mittel sein müsse.[575] Das Gericht führte in seiner Entscheidung aus: „Jede Arbeitskampfmaßnahme – sei es Streik, sei es Aussperrung – darf ferner nur nach Ausschöpfung aller Verständigungsmöglichkeiten ergriffen werden; der Arbeitskampf muss also das letzte mögliche Mittel (ultima ratio) sein. Deshalb ist auch ein Schlichtungsverfahren erforderlich.“ Der Große Senat hat damit eine Rechtsfortbildung in die Richtung einer Bindung des Streik- und Aussperrungsrechts an die vorherige Durchführung eines Schlichtungsver-

---

571 *Gamillscheg*, AcP 164, 385 (388).

572 In der Analyse zutreffend *Weiss*, KritV. 1986, 366 (376 f.).

573 MünchArbR/*Otto*, 2. Aufl., § 284 Rn. 30.

574 Vgl. *Gamillscheg*, KollArbR I, § 20 III 4, S. 954 und allgemein zum Richterrecht § 1 II 3, S. 32 ff.

575 BAG (GS) 21. 4. 1971 AP Nr. 43 zu Art. 9 GG Arbeitskampf in Teil III A 2a.

fahrens in die Wege geleitet.[576] Aus dem Gesamtzusammenhang seiner Ausführungen wird man entnehmen können, dass ein Arbeitskampf nur noch nach Scheitern eines Schlichtungsverfahrens zulässig sein soll.[577] Man kann annehmen, das Bundesarbeitsgericht verfolgte damit das Ziel, den Zusammenhang zwischen Tarifautonomie, Arbeitskampf und Schlichtung enger zu gestalten. *Rüthers*[578] spricht sogar von einem „kollektivrechtlichen, quasi untrennbaren Dreieck". In der Tat zeigt diese Entscheidung auch, dass Arbeitskampf und Schlichtung nicht von einander losgelöst betrachtet werden können. Sie sind vielmehr als Einheit zu begreifen. Eine solche Einheit vollzieht sich auf der Ebene der Konfliktlösung. Während Schlichtung in erster Linie Verhandlungsförderung ist, zielt der Arbeitskampf auf Konfliktlösung durch Kampf.[579] Die jeweils andere Seite soll durch Ausübung wirtschaftlichen Drucks zum Nachgeben gezwungen und dadurch der Boden für die notwendige Einigung bereitet werden. Die Verhandlungsförderung durch Schlichtung und die Einwirkung auf die Verhandlungspositionen durch Arbeitskampf ergänzen sich. Auf der einen Seite sind Tarifverhandlung und Schlichtung und die in ihnen erarbeiteten Vorschläge von Einfluss darauf, ob es zu einem Arbeitskampf kommt, welchen Umfang er einnimmt und wann er beendet wird. Auf der anderen Seite erhöht die Möglichkeit eines Arbeitskampfes und noch vielmehr sein Stattfinden die Einigungsbereitschaft und fördert damit letztendlich die Schlichtung.

Beide Institute zielen im Ergebnis auf eine Regelung von Leistung und Gegenleistung im Arbeitsverhältnis ab.

Deutlich wird diese Einheit zudem bei der Frage nach der Statuierung einer staatlichen Schlichtungspflicht bzw. einer Schlichtungsobliegenheit, die regelmäßig Bestandteil der Kontroverse über die Kodifizierung des Arbeitskampfrechtes ist.

Die mit der Ausformung des Arbeitskampfrechts befasste Rechtsprechung kann mithin schlichtungsrechtlich relevante Korrekturen des Arbeitskampfes vornehmen. Zwar wird das Bundesarbeitsgericht selbst keine Schlichtungsvereinbarungen entwerfen und deren Respektierung fordern, allerdings vermag es etwa Rechtsfolgen für den Fall des Verstoßes gegen das von ihm aufgestellte Schlichtungsgebot zu statuieren. Dafür käme das Rechtswidrigkeitsverdikt in Betracht: Arbeitskämpfe, die das Schlichtungsgebot missachten, müssten als

---

576 vgl. BAGE 23, 292 (307 f.). In diesem Sinne bereits *Brox/Rüthers*, Arbeitskampfrecht, S. 143 und *Hueck/Nipperdey*, Arbeitsrecht II/2, S. 1023; *de lege ferenda* auch *Nikisch*, FS DJT 1960, Bd. I, 317 (342); zurückhaltender *Sitzler*, FS Nipperdey, 193 (208 f.) – dem Großen Senat zustimmend *Rüthers*, ArbR-GW 10 (1973), 23 (27 f.); *Löwisch*, ZfA 1971, 319 (339).

577 *Seiter*, Streikrecht, S. 511 f.

578 ArbR-GW 10 (1973), 23 (26).

579 Löwisch/*Rieble*, Arbeitskampf- und Schlichtungsrecht, 170.1 Rn. 4.

rechtswidrig angesehen werden. Auch bei der Verwirklichung der Rechtswidrigkeitssanktion im Falle einer unterlassenen Schlichtung würde es sich daher zweifellos um richterliche Rechtsfortbildung handeln.[580]

Hat das Bundesarbeitsgericht das Arbeitskampfrecht nun in seiner Gesamtkonzeption wie in seinen Einzelheiten maßgeblich ausgestaltet und fortentwickelt und würde man seine Rechtsprechung als Bundesrecht anerkennen, welches die Landesgesetzgeber im Hinblick auf Art. 72, 74 Nr. 12, 31 GG zu respektieren hätten, so würde selbiges auch für das Schlichtungsrecht gelten.

C. Das Kompetenzgefüge des Grundgesetzes

Zur Beantwortung der Frage, ob die Zulässigkeit des Landesgesetzgebers zum Erlass eines Landeschlichtungsgesetzes durch das Bundesrichterrecht zum Arbeitskampf beschränkt werden kann, ist vom Kompetenzgefüge des Grundgesetzes auszugehen.

I. Die Kollisionsnorm des Art. 31 GG

Die Kollisionsnorm des Art. 31 GG mit der Bestimmung „Bundesrecht bricht Landesrecht“ soll zur Lösung derjenigen Fälle führen, in denen auf Bundes- und Landesebene Normen zusammenstoßen, welche einen identischen Regelungsgegenstand und einen miteinander unvereinbaren Normbefehl beinhalten.[581] Im vorliegenden Fall könnten also auf Bundesebene mit der Rechtsprechung des Bundesarbeitsgerichts und auf Landesebene mit einem Landesschlichtungsgesetz Regelungen aufeinander treffen, die die Materie „Schlichtungsrecht“ beinhalten. Geht man davon aus, dass einander widersprechende Normbefehle verhindert werden sollen, ist es überzeugend, in Fällen inhaltsgleichen Bundes- und Landesrechts anzunehmen, dass keine Kollision vorliegt und in der Folge das inhaltsgleiche Landesrecht auch nicht gebrochen wird.[582] Damit würde auch ein Landesschlichtungsgesetz nicht verdrängt, wenn es sich im Rahmen der Vorgaben des Bundesarbeitsgerichts hielte. Zu erörtern ist sodann die Frage, ob Art. 31 GG kon-

580 *Lieb*, FS Hanau, 561 (573).

581 *Korioth*, in: Maunz/Dürig, GG, Art. 31 Rn. 1; BeckOK/*Hellermann*, GG, Art. 31 Rn. 13.

582 *Stern*, Staatsrecht, Bd. I, S. 570 unter Hinweis auf eine diesen Schluss nahelegende Entscheidung des BVerfGE 36, 342 ff.; so auch *Dreier*, in: Dreier, GG, Art. 31 Rn. 40 ff.; BeckOK/*Hellermann*, GG, Art. 31 Rn. 13.1.

kret Landesrecht verdrängt, das Schlichtungsregeln abweichend von den Grundsätzen des Bundesarbeitsgerichts aufstellt. Dabei kann Art. 31 GG nicht losgelöst vom Kompetenzgefüge der Art. 70 ff. GG betrachtet werden, denn Art. 31 GG ist nicht zuletzt auch für die Absicherung der im Grundgesetz vorgesehenen Verteilung der Gesetzgebungsbefugnisse zwischen Bund und Ländern zuständig.[583]

II. Die konkurrierende Gesetzgebungszuständigkeit nach Art. 74 Nr. 12 GG

Die Kompetenz, das Schlichtungsrecht zu regeln, wird von der konkurrierenden Gesetzgebungszuständigkeit des Bundes nach Art. 74 Nr. 12 GG für das Arbeitsrecht bestimmt.[584] Die Länder haben die Befugnis zur Gesetzgebung, solange und soweit der Bund von seinem Gesetzgebungsrecht keinen Gebrauch macht. Eine Zuständigkeit des Landesgesetzgebers besteht mit Sicherheit dann nicht, wenn ein Bundesgesetz eine Materie erschöpfend regelt.[585] Es kommt hier also darauf an, ob das Schlichtungsrecht bundesrechtlich erschöpfend geregelt ist. Soweit nicht geschehen, könnten die Landesgesetzgeber die Lücken füllen.

Vorliegend könnte die umfassende Rechtsprechung des Bundesarbeitsgerichtes zum Arbeitskampf bereits eine bundesrechtlich erschöpfende Regelung getroffen haben, die – wie gezeigt – auch das Schlichtungsrecht mit umfasst. Die Arbeitskampfrechtsprechung durch das Bundesarbeitsgericht würde also eine bundesrechtlich erschöpfende Regelung für das Schlichtungsrecht darstellen, wenn man sie als Bundesrecht anerkennt und ihr gleichzeitig eine gesetzesgleiche Wirkung auf gesetzgebungskompetentieller Ebene zumisst. Es ist daher vorliegend zu prüfen, ob die Rechtsprechung des Bundesarbeitsgerichtes zur bundesrechtlich erschöpfenden Regelung fähig und befugt ist.

D. Die kompetenzrechtliche Stellung der Rechtsprechung des Bundesarbeitsgerichtes

Damit muss schließlich die Frage nach dem Verhältnis von Bundesrichterrecht und Landesrecht in kompetenzieller Hinsicht beantwortet werden. Die kompetenz-

583 *Lübbert*, Befristete Arbeitsverhältnisse, S. 85.

584 Vgl. oben Teil 2 B I.

585 BVerfGE 7, 324 (351); *Maunz*, in: Maunz/Dürig, GG, Art. 72 Rn. 13.

rechtliche Stellung der Rechtsprechung des Bundesarbeitsgerichts wird äußerst kontrovers diskutiert.

I. Entscheidung des Bundesarbeitsgerichts vom 26.04.1988[586]

Die Rechtsprechung des Bundesarbeitsgerichts gab wiederholt Anlass, über die Zulässigkeit und Grenzen richterlicher Rechtsfortbildung nachzudenken.[587] Das Verhältnis von Bundesrichterrecht zu Landesrecht hat das Bundesarbeitsgericht insbesondere in seinen Aussperrungsurteilen ausgelotet. In der Diskussion um das hessische Aussperrungsverbot gemäß Art. 29 Abs. 5 HessLVerf stellte sich die Frage nach dem Verhältnis zwischen richterlicher Rechtsfortbildung und bundesverfassungsrechtlicher Kompetenzverteilung. Insbesondere war zu klären, ob sich die nähere Ausgestaltung durch die Rechtsprechung gem. Art. 31 GG gegenüber geschriebenem Landesverfassungsrecht durchsetzen kann.[588]

Der 1. Senat des Bundesarbeitsgerichts sah in der Regelung des Art. 29 Abs. 5 der HessLVerf kein Grundrecht i.S.d. Art. 142 GG, da die Vorschrift nicht von ihrer Funktion her auf einen grundrechtsverstärkenden Schutz des gewerkschaftlichen Streikrechts reduziert werden kann.[589] Vor diesem Hintergrund brauchte er nicht auf Art. 142 GG als Kollisionsnorm zurückzugreifen. Da aber der Senat bereits zuvor festgestellt hatte, dass sich die Zulässigkeit der suspendierenden Abwehraussperrung aus dem die Tarifautonomie konkretisierenden geltenden Tarifrecht ergebe und dieses durch die Einzelvorschriften des Bundesrechts bestätigt werde, in denen die Zulässigkeit der Aussperrung vorausgesetzt wird, lag in Bezug auf Art. 29 Abs. 5 der HessLVerf eine Kollision vor, die das Gericht entsprechend Art. 31 GG zugunsten des Bundesrechts und damit der Zulässigkeit der suspendierenden Abwehraussperrung aufgelöst hat.

Teilweise wird nun vertreten, der Senat habe auf diese Weise die Zulässigkeit der Abwehraussperrung letztlich aus der Tarifautonomie abgeleitet, wie sie im Grundgesetz in Art. 9 Abs. 3 GG gewährleistet wird. Insofern habe es sich bei der Ableitung der Zulässigkeit der Abwehraussperrung um Rechtsanwendung aufgrund bundesrechtlicher Vorschriften gehandelt. Letztlich sei es daher nicht um Richterrecht als Rechtsquelle gegangen, sondern um die durch Rechtsanwen-

586 BAG v. 26.04.1988 AP Nr. 101 zu Art. 9 GG Arbeitskampf.

587 BVerfGE 7, 242 ff.; 34, 269 ff.; 59, 231 ff.; BVerfG, NJW 1984, 474 f.

588 *Bertelsmann*, Aussperrung, S. 386 ff.; *Seiter*, Streikrecht, S. 126 f.

589 BAG v. 26.04.1988 AP Nr. 101 zu Art. 9 GG Arbeitskampf; a.A.: *Herschel*, Sozialer Fortschritt 1980, 217 f.; *Kittner*, AuR 1981, 289 (292); *Wohlgemuth/Bobke*, BB 1981, 2141 (2147).

dung gefundene Erkenntnis, dass die Tarifautonomie, wie sie das Grundgesetz gewährleistet, die Möglichkeit einer suspendierenden Abwehraussperrung beinhaltet.[590] Hierfür spreche, dass das BAG in seinem Urteil nachdrücklich die Möglichkeit verneinte, dass seine Rechtsprechung als Richterrecht Rechtsgrundlage sein könne, indem es feststellte: „Die Gerichte können nicht Normen setzen, sondern wenden Recht an. Auch rechtsfortbildendes Richterrecht ist im Wesentlichen Rechtsauslegung; die Gerichte bilden das Recht fort, indem sie es anwenden".[591]

Jedoch ist auch zu berücksichtigen, dass das BAG sich früher deutlich zu seiner Rolle als „Ersatzgesetzgeber" bekannte, indem es von „gesetzesvertretendem Richterrecht" sprach.[592] Insbesondere hat das Bundesarbeitsgericht in seiner Entscheidung vom 10.06.1980 festgestellt, dass im Bereich des Arbeitskampfrechts die rechtsfortbildende Funktion der Rechtsprechung „offen zutage" liegt.[593] In dieser Entscheidung wird verlangt, dass sich richterliche Erkenntnisse auf der Grundlage geltender Normen zu legitimieren haben. Deshalb könne der Rang einer rechtsfortbildenden Grundsatzentscheidung innerhalb der Rechtsordnung nur nach der Rangstufe des Rechts bestimmt werden, das durch die Rechtsordnung ausgelegt oder ergänzt wird. Zur Rangstufe seines arbeitskampfrechtlichen Richterrechts hatte der Senat dann angeführt, „Richterrecht zum Bundesrecht (sic. Tarifrecht) ist selbst Teil des Bundesrechts".[594] Darin war zumindest ein verdecktes Ja zur normativen Qualität des Richterrechts zu erblicken.

Tatsächlich ist auch das landesrechtliche Aussperrungsverbot wegen Unvereinbarkeit mit der tarif- und richterrechtlichen Grundlage der Aussperrung nach der Begründung des Bundesarbeitsgerichtes für nichtig erklärt worden. Denn Rechtsgrundlage der Aussperrung war nach Ansicht des Senats das Tarifrecht des Bundes, genauer das Tarifvertragsgesetz. Mit diesem hat der Bund von seiner konkurrierenden Gesetzgebungszuständigkeit nach Art. 74 Nr. 12 GG Gebrauch gemacht. Das Gericht legt seiner Entscheidung allerdings nunmehr stillschweigend die richterrechtliche Konkretisierung des Tarifrechts durch das Bundesarbeitsgericht zu Grunde, welches die Grundsätze des Arbeitskampfrechts erst in das Tarifvertragsgesetz hineinliest, um sie dann als Bestandteil des Bundesrechts wieder daraus abzuleiten.[595] Dabei wird das so gebildete Richterrecht, wie das Bundesar-

590 MünchArbR/*Ricken*, 3. Aufl., § 199 Rn. 13.

591 AP Nr. 101 zu Art. 9 GG Arbeitskampf unter B II 2c ee sowie LS 1.

592 Vgl. BAG (GS) v. 21.04.1971 – GS 1/68, AP Nr. 43 zu Art. 9 GG Arbeitskampf unter F. In BAG, NZA 1984, 393 (398) ist von „Rechtsregeln" die Rede, die die Rechtsprechung entwickelt hat.

593 Vgl. BAG EzA Nr. 36 zu Art. 9 GG Arbeitskampf unter A III 4 der Gründe.

594 Vgl. BAG EzA Nr. 36 zu Art. 9 GG Arbeitskampf unter A III 4 der Gründe.

595 *Rüthers/Bakker*, EzA Nr. 74 zu Art. 9 GG Arbeitskampf, S. 39 f.

beitsgericht am 10.06.1980 festgestellt hat, selbst Bundesrecht.[596] Das BAG hält folglich Art. 29 Abs. 5 HessLVerf für unwirksam, weil er das entgegenstehende Bundesrecht in Gestalt der Rechtsprechung des Großen Senats als Teil der „tragenden Grundsätze“ des bundesgesetzlich geregelten Tarifrechts qualifiziert.[597]

Dies hat auch kürzlich das Sächsische Landesarbeitsgericht[598] so gesehen und festgestellt: „Spätestens seit der Entscheidung des Bundesarbeitsgerichts vom 26.04.1988 – 1 AZR 399/86 – BAGE 58, 138 zum Verhältnis zwischen dem Aussperrungsverbot des Art. 29 Abs. 5 der Hessischen Verfassung einerseits und der – (suspendierende Abwehr–) Aussperrungen zulassenden – Rechtsprechung des Bundesarbeitsgerichts ergibt sich, dass selbst bundesrechtliches Richterrecht sogar Landesverfassungsrecht verdrängt.“

Es ist auch konsequent, dies so zu sehen, denn allein aus einem Blick auf das Tarifvertragsgesetz ergibt sich die Zulässigkeit der Aussperrung nicht. Hierzu bedarf es vielmehr eines Blickes auf die Rechtsprechung des Bundesarbeitsgerichtes. Dieses hat in ständiger Rechtsprechung die Aussperrung grundsätzlich für zulässig erklärt, ihre Folgen jedoch in bestimmter Weise eingegrenzt und besondere Voraussetzungen für ihre Zulässigkeit entwickelt.[599] Dies wird umso deutlicher, wenn man sich die unstreitige Tatsache vor Augen führt, dass es kein gesetzliches Arbeitskampfrecht gibt, sondern lediglich das Arbeitskampfrecht als Richterrecht.

Wenn sich nun das Bundesarbeitsgericht zur Begründung seiner Entscheidung auf das geltende Tarifrecht stützt und nicht eine unmittelbare Kollision, etwa mit Art. 9 Abs. 3 GG, anführt, so kann nur der Schluss gezogen werden, dass vorliegend Bundesrichterrecht Landesrecht verdrängt hat. Da Art. 31 GG dazu dient, die im Grundgesetz vorgesehene Verteilung der Gesetzgebungsbefugnisse zwischen Bund und Ländern abzusichern, kann die Norm nicht losgelöst vom Kompetenzgefüge der Art. 70 ff. GG betrachtet werden. Auf den vorliegenden Fall übertragen bedeutet dies, dass eine Zuordnung des Richterrechts zum Bundesrecht im Hinblick auf Art. 31 GG zugleich auch eine solche zu Art. 72, 74 Nr. 12 GG bedeutet.

596 Vgl. BAG EzA Nr. 36 zu Art. 9 GG Arbeitskampf unter A III 4 der Gründe.

597 BAG v. 10.06.1980, AP Nr. 64 und 65 zu Art. 9 GG Arbeitskampf und vom 26.04.1988, AP Nr. 101 zu Art. 9 GG Arbeitskampf bezüglich des Aussperrungsverbotes der Hessischen Verfassung.

598 Sächsisches LAG v. 17.12.2008, Az: 2 SaGa 23/08.

599 Vgl. insbesondere BAG (GS) v. 21.04.1971 – GS 1/68, AP Nr. 43 zu Art. 9 GG Arbeitskampf.

II. Lösungsvorschläge des Schrifttums

1. Bundesrichterrecht mit landesgesetzverdrängender Wirkung

Auch ein Teil der arbeitsrechtlichen Doktrin nimmt an, dass in der Bundesrepublik ein im wesentlichen einheitliches Richterrecht bestehe, das nach Art. 31 GG entgegenstehendes Landesrecht breche.[600] Das Arbeitskampfrecht sei gesetzesvertretendes Bundesrecht und könne als solches gem. Art. 31, 72, 74 GG Landesrecht verdrängen. Hierfür spreche, dass nicht wenige bundesgesetzliche Vorschriften die richterrechtlich entwickelte Arbeitskampfrechtsordnung voraussetzten und bestätigten.[601] Der Gesetzgeber habe seine punktuellen Normierungen an dem vorgefundenen richterrechtlichen Arbeitskampfrecht ausgerichtet. Insbesondere habe er bei den mehrfachen gesetzgeberischen Teilregelungen eine Modifizierung der richterlich entwickelten Grundsätze nicht vorgenommen. Damit habe er seine verfassungsmäßige Normsetzungsbefugnis durch die eigene Untätigkeit nicht nur auf die Gerichte abgeschoben, sondern vielmehr die von der Rechtsprechung entwickelten Grundsätze als geltendes Recht bestätigt. Gesetzesrecht und Richterrecht bildeten daher als eine untrennbare Einheit das geltende Bundesrecht zum Arbeitskampf. Als solche sei es auch als „Bundesrecht" im Sinne des Art. 31 GG anzuerkennen.

Bei der Rechtsprechung der Bundesarbeitsgerichte handele es sich nicht lediglich um Schaffung von Fallnormen zur konkreten Falllösung, sondern um die Herausarbeitung von Präzedenzfällen, die geeignet seien, in der Zukunft der Rechtsprechung Hilfe zu bieten.[602] Gerade das richterlich entwickelte Arbeitskampfrecht belege die Notwendigkeit und die Eignung richterlicher Normsetzung durch letztinstanzliche Gerichte zur Schaffung einheitlicher Beurteilungsmaßstäbe.

Zum anderen habe das Bundesarbeitsgericht bei seiner Normsetzung zum Arbeitskampfrecht die ihm nach der Gerichtsverfassung zukommende gesetzesvertretende Funktion als „Ersatzgesetzgeber" wahrgenommen. Dies sei, wie die Adaption der richterrechtlichen Normen in das nachfolgende Gesetzesrecht zeige, mit der Billigung des Bundesgesetzgebers, sowohl was die Tatsache, als auch den Inhalt der richterrechtlichen Normsetzung angehe, geschehen. Deshalb sei das vom Bundesarbeitsgericht entwickelte Arbeitskampfrecht als geltendes Bundes-

---

600 *Hueck/Nipperdey*, Arbeitsrecht II/2, S. 926; *Gamillscheg*, KollArbR I, S. 960; *Brox/Rüthers*, Arbeitskampfrecht, Rn. 99; *Säcker*, Grundprobleme, S. 86; *Gamillscheg*, KollArbR I, S. 51; *Peters*, Das scheitern der Tarifverhandlungen, S. 4; *Rüthers*, Rechtsprobleme der Aussperrung, S. 53 ff.

601 *Rüthers*, Rechtsprobleme der Aussperrung, S. 60.

602 *Rüthers*, Rechtsprobleme der Aussperrung, S. 57.

recht anzusehen. Normen, die im Wege richterlicher Rechtsfortbildung entwickelt worden seien, teilen den Rang und die Qualität des fortbildenden Normenkomplexes. Andernfalls stünde jede richterliche Rechtsfortbildung im Bereich der konkurrierenden Gesetzgebung zur Disposition des Landesgesetzgebers, was sowohl im Hinblick auf den Gedanken der Rechtseinheit als auch im Hinblick auf die fließenden Übergänge zwischen „bloßer" Auslegung, Gesetzesanalogie, Rechtsanalogie und „freier" Rechtsfortbildung unerträglich erscheine. [603]

2. Behandlung entsprechend der Grundsätze für das Gewohnheitsrecht

Eine differenzierende Ansicht nimmt an, dass das Richterrecht kollisionsrechtlich gleich dem Gewohnheitsrecht zu behandeln sei.[604] Insbesondere könne die höchstrichterliche gesetzesvertretende Judikatur grundsätzlich den gleichen funktionalen Rang beanspruchen wie das Recht, das sie vertritt und im Einzelfall substituiert.

In ihrer kompetenzrechtlichen Wirkung sei die Rechtsprechung allerdings auf die auch dem Gewohnheitsrecht eigene Begrenzung verwiesen. Bundesrecht mit bundeseinheitlichem Geltungsanspruch, das dem konkurrierenden Kompetenzbereich des Bundes zuzuordnen ist, sei nur insoweit als Bundesrecht – mit verdrängender Wirkung gegenüber Landesrecht – zu qualifizieren, als es geschriebenes Bundesrecht ergänzt oder korrigiert. Habe der Bund von der judizierenden Rechtsmaterie keinen legislativen Gebrauch gemacht, so sei die entsprechende gesetzesvertretende höchstrichterliche Judikatur nicht als Bundesrecht, sondern als bundeseinheitlich wirkendes Landesrecht zu qualifizieren; es unterscheide sich hierin nicht von entsprechendem Gewohnheitsrecht. Die jeweiligen Rechtsprechungsinhalte stünden auch hier dem Landesgesetzgeber zur Änderung bzw. Abschaffung im Rahmen der Art. 70 und 72 GG sowie unter Beachtung aller anderen Vorschriften des Grundgesetzes offen.

603 *Canaris*, GS Dietz, 223.

604 v.Mangoldt/Klein/Starck/*März*, GG, Art. 31 Rn. 35, nach dessen Auffassung eine derogierende Wirkung von „Bundesrichterrecht" nicht in jedem Fall eintritt.

3. Keine Beschränkung des Landesgesetzgebers durch Bundesrichterrecht

Der Behauptung, dass Bundesrichterrecht über Art. 31 GG Landesrecht breche, wird von staatsrechtlicher Seite widersprochen.[605] Das Bundesverfassungsgericht habe in seiner Entscheidung zum Geldersatz für immaterielle Schäden[606] alleine die Frage zu beantworten gehabt, ob Richterrecht Recht im Sinne von Art. 20 Abs. 3 GG sein könne. Es habe damit nicht die Wirkung von Richterrecht im bundesstaatlichen Verhältnis erörtert und es habe gewiss nicht die Möglichkeit der Korrektur von Richterrecht durch die Gerichte selbst verneinen wollen. Wenn diese Korrekturmöglichkeit aber bestehe, so sei die Bindung der Gerichte an Richterrecht notwendig schwächer als die an Gesetz. Würde man nämlich dem in der Rechtsprechung der obersten Bundesgerichte akzeptierten Richterrecht automatisch die brechende Kraft des Art. 31 GG zuschreiben, so müsste die Bindung der unterinstanzlichen Gerichte, die Gerichte der Länder sind, an diese Normen als Bundesrecht stärker sein, als die Bindung der Bundesgerichte selbst, da diese die Erzeuger von Bundesrecht wären.[607] Aus diesem Grund schon könne Richterrecht die Folge des Art. 31 GG nicht auslösen.

Weiterhin wird zur Begründung angeführt, das Richterrecht sei auch in seiner gestaltend-rechtsschöpferischen Funktion stets konkret-sachverhaltsorientiertes Recht.[608] Der normative Geltungsanspruch jeder richterlichen Rechtsschöpfung beschränke sich auf die konkret individuelle Streitentscheidung. Ein kompetenzieller „Umschlag" solchen konkret-individuellen Richterrechts in abstrakt-generelles „Ersatzgesetzesrecht" könne unter kompetenzrechtlichen Aspekten nie stattfinden. Landesrecht müsse daher dem Bundesarbeitsrichterrecht nicht weichen.[609]

Der Begriff des Bundesrechts i.S.d. Art. 31 GG meine allein das Gesetzesrecht; denn nur dieses könne in abstrakt-genereller Rechtsgeltung qualitativ gleichartige Rechtsnormen des Landesrechts verdrängen. Richterrechtliche Normen seien jedoch bloßes „Einzelfallrecht"; da der Richter nur im Einzelfall verbindliche Rechtsfolgen verfüge, könnten von ihm gesetzte oder vermittelte Normen nie

---

605 v.Mangoldt/Klein/Starck/*März*, Art. 31 Rn. 35; *Stern*, Staatsrecht, Bd. II, S. 587; *Brockmeyer*, in: Schmidt-Bleibtreu/Klein, Art. 31 Rn. 4; *Scholz/Konzen*, Aussperrung, S. 74 (76); *Evers*, Arbeitskampffreiheit, S. 85 ff. (90); *Scholz*, DB 1972, 1771 (1773); *Reimann*, DVBl. 1969, 951 (952 f.).

606 BVerfGE 34, 269.

607 *Frowein*, Aussperrung, S. 49.

608 *Scholz/Konzen*, Aussperrung, S. 74 ff.; *Scholz*, DB 1972, 1773 ff.; *Frowein*, Aussperrung, S. 47 ff.; *Evers*, Arbeitskampffreiheit, S. 85 ff.; kritisch auch *Zeuner*, BAG-Festschrift 1979, S. 729 ff. (737 ff.).

609 *Scholz/Konzen*, Aussperrung, S. 74 ff.

einen Geltungsrang erreichen, der den abstrakt –generellen (Gesetzes-)normen entspreche.

Zudem seien Bundes- und Landesgerichtsbarkeit insbesondere im Bereich der Arbeitsgerichtsbarkeit kompetenziell nicht derart voneinander geschieden, dass die jeweiligen Rechtsprechungsakte in solche bundesrechtlicher und solche landesrechtlicher Qualität geschieden werden könnten. Folglich könnte das vom Bundesarbeitsgericht gesetzte Arbeitsrichterrecht auch aus bundesstaatlicher Sicht nicht als „Bundesrecht" i.S.d. Art. 31, 70 ff. GG qualifiziert werden.[610]

Hinter der Regel, Bundesrecht breche Landesrecht, stehe zudem die föderalistische Ordnung mit ihrem Grundsystem föderativ geschiedener Staatsorgane. Dieses Grundsystem funktioniere im Bereich der rechtsprechenden Gewalt aber nur zum Teil. Denn Landes- und Bundesgerichte stünden organschaftlich und funktionell nicht nebeneinander (Art. 92 ff. GG). Sie seien kompetenziell vielmehr miteinander verbunden und instanziell übereinandergeschaltet; Bundes- und Landesgerichte bildeten daher einheitliche und nicht föderativ unterschiedene Instanzenzüge. Gerichtliche Hoheitsakte ließen sich daher nicht in die allgemeine bundesstaatliche Gliederung von bundes- und landesrechtlichen Hoheitsakten einfügen. Für die Bundesarbeitsgerichtsbarkeit gelte dies zudem in spezieller Form. Im Gegensatz zur zivil- und verwaltungsprozessualen Revisionsgerichtsbarkeit (vgl. §§ 549 I ZPO, 137 I VwGO) sei im arbeitsgerichtlichen Revisionsprozess vor dem BAG gem. § 73 Abs. 1 ArbGG auch das Landesarbeitsrecht revisibel.[611] Das bedeute, dass auch insoweit von keinem „Bundesarbeitsrichterrecht" gesprochen werden dürfe, das inhaltlich „Bundesrecht" im Sinne des Art. 31 GG sei.[612]

III. Überprüfung der Lösungsvorschläge

Die Diskussion um die kompetenzrechtliche Stellung der Rechtsprechung des Bundesarbeitsgerichtes zeigt, dass eine Beschränkung des Landesgesetzgebers nur erfolgen kann, wenn man die Rechtsprechung als Bundesrecht anerkennt und ihr gleichzeitig eine gesetzesgleiche Wirkung auf gesetzgebungskompetenzieller Ebene zumisst.

610 *Scholz*, Koalitionsfreiheit, S. 354; *ders.*, DB 1972, 1773 ff.

611 BAGE 4, 346 (347 ff.).

612 *Reimann*, DVBl. 1969, 951, 952 f.

Bei der Beantwortung dieser Frage soll die Zulässigkeit des Richterrechts nicht näher betrachtet werden, da sie heute überwiegend anerkannt ist.[613] Existenz und Legitimität des Richterrechts sind grundsätzlich nicht mehr im Streit. Das Bundesverfassungsgericht rechnet in ständiger Rechtsprechung die Rechtsfortbildung zu den legitimen Aufgaben und Befugnissen der Gerichte und bezeichnet sie als „im modernen Staat geradezu unentbehrlich".[614] In den Lückenbereichen der Rechtsordnung besteht eine Pflicht der Gerichte zur Rechtsfortbildung,[615] da sonst Art. 19 GG verletzt würde.[616]

Allerdings muss zunächst beantwortet werden, ob das Bundesrichterrecht als Rechtsquelle angesehen werden kann, oder ob es nur eine konkret-individuelle Streitentscheidung vornimmt. Da der Begriff der Rechtsquelle rein formaler Art ist, muss, wenn die Rechtsprechung in Gestalt ihrer Präjudizien als Rechtsquelle qualifiziert worden wäre, auch noch untersucht werden, ob sämtliche Rechtsquellen gleich zu behandeln sind. Der nächste Schritt wäre es also dann, zu untersuchen, ob das Richterrecht als Rechtsquelle genauso wie Legislativrecht behandelt werden muss, mithin, welchen Rang es innerhalb des Stufenbaus der Rechtsquellen einnimmt und als solches Landesrecht einzuschränken vermag.

1. Richterrecht als Rechtsquelle

Unter dem Begriff der Rechtsquelle sind zunächst Gesetze im materiellen Sinne, also Verfassung, förmliche Gesetze, Rechtsverordnungen und Satzungen zu verstehen. Daneben gilt das aufgrund lang dauernder Übung und allgemeiner Rechtsüberzeugung gebildete Gewohnheitsrecht als verbindlich.[617]

Die Lehre von den Rechtsquellen beantwortet die Frage, welche Vorschriften der Richter bei der Entscheidungsfindung anzuwenden hat und systematisiert diese Vorschriften nach ihrer Herkunft.[618] Es geht der Rechtsquellenlehre darum, Kriterien zur Ermittlung dessen, was das Recht ist, zu bestimmen. Dabei soll die Rechtsprechung des Bundesarbeitsgerichts im vorliegenden Zusammenhang nur dann als Rechtsquelle aufgefasst werden, wenn es allgemeine Geltung beanspruchen kann und für den Rechtsanwender verbindliche Rechtssätze erzeugt.

---

613 Vgl. BVerfGE 13, 318 (328); *Ehlers*, in: Erichsen/Ehlers, AllgVerwR, § 6 Rn. 79; *Scheffelt*, Rechtsprechungsänderung, S. 61 f.

614 BVerfGE 69, 188 (203).

615 *Dieterich*, RdA 1993, 67 ff.

616 *Bakker*, Richtermacht, S. 135.

617 *Rüthers*, FS Molitor, 293 (302).

618 *Rüthers*, Rechtstheorie, S. 149.

a) Verneinung einer eigenständigen Rechtsquelle

Nach einer Ansicht kommt dem Richterrecht nur der Status einer unverbindlichen Rechtserkenntnisquelle zu.[619] In Abgrenzung zu den Rechtsquellen sollen die Rechtserkenntnisquellen diejenigen Gegebenheiten in unserer Rechtsordnung sein, die über das positive Recht als Inbegriff aller rechtlichen Regelungen Aufschluss geben.[620] „Aus den Rechtserkenntnisquellen könne das geltende Recht entnommen werden."[621] Die richterliche Rechtsfortbildung bringe lediglich zur Geltung, was dem Recht bereits entspreche, auch wenn es noch in keinem Gesetz seinen Niederschlag gefunden habe. Sie lasse sich daher auch als „schöpferische Rechtserkenntnis" bezeichnen. Der Geltungsanspruch richterlicher Rechtsfortbildung folge somit nicht, wie der des Gesetzgebers, aus einer Kompetenz zur allgemeinverbindlichen Regelung, sondern aus der faktischen Bindung der Fachgerichte an höchstrichterliche Judikate.[622] Die Verbindlichkeit der abstrakten Maßstabsbildung durch das Gericht beruhe lediglich auf der Richtigkeitsüberzeugung der richterlichen Erkenntnis.[623] Während die Gesetzgebung durch Erzeugung abstrakt-genereller Regelungen definiert ist, erschöpfe sich die Rechtsprechung generell im „streitentscheidenden Rechtsakt".[624]

Die phänomenologischen Aspekte seien scharf von normativen abzugrenzen und eine Lösung des Problems unter soziologischen Aspekten abzulehnen.[625] Aus der faktischen Geltung resultiere eben nicht eine normative Geltung des Richterrechts".[626]

Daher folge aus dem Umstand, dass die Rechtsgenossen die höchstrichterliche Rechtsprechung befolgten, noch nicht, dass sie sie auch befolgen sollen.[627] Gerade die Befolgungspflicht, so wird ausgeführt, unterscheide das Richterrecht von den Rechtsquellen Gesetz und Gewohnheitsrecht. Das Richterrecht habe daher keine

---

619 *Grimm*, Rechtsentstehung, in: Grimm, Einführung in das Recht, S. 76 f.; *Larenz/Canaris*, Methodenlehre, S. 255; *Neuner*, Rechtsfindung contra legem, S. 84 (183); *Picker*, JZ 1988, 62 (72 f.); *Schneider*, MDR 1971, 705 (706); *Schoch*, JZ 1995, 109 (113); *Scholz*, DB 1972, 1771, (1775 ff.); *Vogel*, JZ 1988, 833 (835 f.).

620 *Müller*, Rechtsquellen, S. 12; *Ostertun*, Gewohnheitsrecht, S. 36 (Rechtsquelle ist Erkenntnisgrund, Rechtserkenntnisquelle ist Erkenntnismittel).

621 *Müller*, Rechtsquellen, S. 13.

622 *Jachmann*, ZBR 1994, 1 (8); *Starck*, VVDStRL 34 (1976), 43 (71); Wank, Grenzen richterlicher Rechtsfortbildung, S. 114 ff.

623 *Jachmann*, ZBR 1994, 1 (8); *Kirchhof*, FS Juristischen Fakultät Heidelberg, 65 (80); Söllner ZG 10 (1995), 1 (13).

624 *Neuner*, Rechtsfindung contra legem, S. 52.

625 *Scholz*, DB 1972, 1771 (1775).

626 *Scholz*, DB 1972, 1771 (1775).

627 *Larenz*, Methodenlehre, S. 405.

normative Kraft, da es ihm an der Bindungswirkung fehle und es ferner eine geringere Förmlichkeit, Ausdrücklichkeit und Deutlichkeit aufweise.[628]

Der Grund für die mangelnde Verbindlichkeit wird allgemein darin gesehen, dass dem Richter die Kompetenz zur abstrakt-generellen Normsetzung fehle. Die Begründung einer solchen Kompetenz stehe immer unter dem Vorbehalt einer parlamentarisch-demokratischen Ermächtigung und diese liege für den Richter, mit Ausnahme der Verfassungsgerichtsbarkeit, nicht vor. Eine Ermächtigung zur delegatorischen oder subsidiären Ausübung der legislativen Rechtsetzungsbefugnis könne auch nicht durch Schweigen des Gesetzgebers zu einem bestimmten Problem geschaffen werden.[629] Aus der mangelnden Befolgungspflicht ergebe sich, dass es grundsätzlich jedem Richter unbenommen ist, von höchstrichterlichen Präjudizen abzuweichen, wenn er diese als falsch erachte. Ob das Präjudiz richtig sei, habe der Richter in jedem Fall selbst zu entscheiden, denn die Verantwortung für die Richtigkeit der konkreten Entscheidung könne ihm das Präjudiz nicht abnehmen. Daher sei der Richter nicht nur berechtigt, sondern sogar verpflichtet, von einem Präjudiz abzuweichen, wenn er es für unrichtig halte. Dem Präjudiz wird dann in diesem Zusammenhang allenfalls eine Richtigkeitsvermutung zuerkannt.[630]

Für *Esser* ist schon die Fragestellung, ob „auch" die Rechtsprechung Rechtsquelle sei, „widersinnig, missverständlich und unfruchtbar".[631] Seiner Ansicht nach schaffe das Richterrecht als Teil des Gesetzesrechts materielles, positives Recht und sei aus diesem Grund Teil der Rechtsquelle Gesetz. Fehlt es an einem Normtext, dann müsse der Ordnungsgedanke eben aus einem übergeordneten Rechtsgedanken oder Präjudizien entnommen werden.[632] Allerdings besäßen die Präjudizien lediglich eine präsumtive Verbindlichkeit in dem Sinne, dass sie ein Indiz für eine vernünftige und konsensfähige Entscheidung darstellen.[633] Der Richter habe eine Ergänzung und Weiterführung des geschriebenen Gesetzes zu leisten; die dabei entwickelten Grundsätze leiteten allerdings gerade nur die Entscheidung des Einzelfalls und hätten keine darüber hinausgehende Wirkung.[634]

---

628 *Fischer*, Weiterbildung des Rechts, S. 38; *Forsthoff*, DÖV 1959, 41 (43).

629 *Scholz*, DB 1972, 1771 (1776).

630 *Larenz*, Methodenlehre, S. 405.

631 *Esser*, FS Hippel, 95 (118); *ders.*, Grundsatz und Norm, S. 283.

632 *Esser*, Vorverständnis und Methodenwahl in der Rechtsfindung, S. 33.

633 Vgl. *Esser*, Vorverständnis und Methodenwahl in der Rechtsfindung, S. 189 f.; *ders.* JZ 1962, 513 (515).

634 *Bettermann*, in: Isensee/Kirchhof, Bd. III, 1988, § 73 Rn. 28; *Kissel*, AuR 1982, 137 (138); *Leisner*, DVBl. 1986, 705 (707); *Söllner*, RdA 1985, 328, 333; *ders.*, FS Molitor, 333 (337).

b) *Richterrecht als Gewohnheitsrecht*

Gewohnheitsrecht ist ungeschriebenes Recht, welches grundsätzlich aufgrund lang andauernder tatsächlicher Übung und durch allgemeine Anerkennung seiner Verbindlichkeit im Sinne einer Überzeugung von der rechtlichen Notwendigkeit der Übung entstanden ist.[635] Es besteht aus einem gesetzesvertretenden Rechtssatz, der Tatbestand und Rechtsfolge enthält und ist daher mit dem Richterrecht vergleichbar, welches ebenfalls gesetzesvertretende Sätze aufstellt.[636] Teilweise wird vertreten, die Rechtsprechung sei zumindest in ihren „wohlbestätigten Regeln" Gewohnheitsrecht und gehöre damit dieser Rechtsquelle an.[637] *Larenz/Canaris* sind der Auffassung, dass eine ständige Rechtsprechung gesetzesgleiche Verbindlichkeit erlangen könne, indem sie zur Grundlage eines Gewohnheitsrechts wird.[638] Durch die Bildung einer allgemeinen Rechtsüberzeugung und ihre Betätigung durch eine andauernde Übung erstarke das Richterrecht zum Gewohnheitsrecht, wobei *Larenz* dann auf das Kriterium einer längeren Übung verzichten will, wenn ein höchstrichterliches Präjudiz von vornherein einer allgemeinen Rechtsüberzeugung Ausdruck verleiht.[639]

c) *Richterrecht als selbständige Rechtsquelle*

Während Teile der Literatur das Richterrecht nur in Form des Gewohnheitsrechts zur Rechtsquelle erhebt und *Esser* es dem Gesetz selbst zurechnet, sieht eine im Vordringen befindliche Ansicht in ihm eine selbständige Rechtsquelle.

Teilweise wird hierfür allein auf die faktische Geltung als Grund für den Rechtsquellencharakter des Richterrechts abgestellt.[640] Der weit reichenden tatsächliche Einfluss des Richterrechts erfordere die „Hinwendung zu einer realistischen Rechtsquellentheorie"[641] und die „Versöhnung der Theorie mit der Praxis"[642]. Dies könne nur dadurch erreicht werden, indem man nicht die Augen vor der Wirklichkeit verschließt, sondern schlicht die Trennung von Rechtsquellentheorie

---

635 Vgl. BVerfGE 22, 114 (121); 34, 293 (303 f.); 61, 149 (203).

636 *Gretscher*, Rechtsquellenlehre, S. 42.

637 *Enneccerus/Nipperdey*, BGB, § 39 II 3; *Bötticher*, RdA 1969, 367 (368); *Buchwald*, Objektive Bindungswirkung, S. 157; *Bydlinski*, JZ 1985, 149 (150); *Olzen*, JZ 1985, 155 (158 f.) (163); *Picker*, JZ 1984, 153 (154 f.); *Vossen*, Tarifdispositives Richterrecht, S. 25.

638 Methodenlehre, S. 258; ähnlich *Meyer-Ladewig*, AcP 161, 97 (110f.).

639 *Larenz*, FS Schima, 247 (262); *Gretscher*, Rechtsquellenlehre, S. 42.

640 So ausdrücklich: *Adomeit*, Rechtsquellenfragen im Arbeitsrecht, S. 38 ff.; *Kruse*, Richterrecht als Rechtsquelle, S. 4.

641 *Preis*, ZfA 1972, 271 (281).

642 *Kriele*, Theorie der Rechtsgewinnung, S. 252.

und Rechtspraxis beseitigt.[643] Das Richterrecht sei eben Realität und daher als Rechtsquelle zu akzeptieren.[644]

Über diese faktische Wirkung hinaus, wird von einer weiteren Ansicht dem Richterrecht auch ein normativer Charakter beigemessen.[645] Der Normcharakter des Richterrechts wird zum Teil aus dem Erfordernis der Rechtsgleichheit gefolgert[646] und zum Teil damit begründet, dass ein Unterschied in der Befolgungspflicht kaum bestehe.[647] Denn die Prüfungspflicht gegenüber einem höchstrichterlichen Präjudiz sei die gleiche, wie gegenüber dem Gesetz. Wie beim Richterrecht bestehe auch hier eine Verwerfungspflicht, zumindest bei der Verfassungswidrigkeit von Verordnungen, autonomen Satzungen und vorkonstitutionellem Recht.[648] Eine absolute Bindung zeichne daher eine Rechtsquelle gar nicht aus, so dass das Nichtvorhandensein dieses Kriteriums beim Präjudiz nicht relevant sei.

d) Stellungnahme

aa) Das Richterrecht als Gewohnheitsrecht

Abzulehnen ist zunächst die Ansicht, nach der das Richterrecht lediglich durch das Erstarken zu Gewohnheitsrecht Rechtsquellencharakter erlangen könne.[649] Übersehen wird dabei, dass die Wirkung eines Präjudizes bereits mit der ersten Entscheidung eintritt, ohne dass es hierzu einer langjährigen Übung, die Voraussetzung für die Entstehung eines Gewohnheitsrechts ist, bedarf.[650] Schließlich bedürfen gerade „die einsichtigsten und daher vom breiten Widerhall bestätigten Erkenntnisse" niemals einer Wiederholung.[651]

Überdies besteht die Gefahr der Zementierung höchstrichterlicher Rechtsprechung, die sich einstellt, wenn man das Richterrecht zum Gewohnheitsrecht

643 *Kruse*, Richterrecht als Rechtsquelle, S. 4.

644 *Redeker*, NJW 1972, 409 (411); *Brüggemann*, JR 1963, 162 (163).

645 *Rüthers*, Die unbegrenzte Auslegung, S. 471 ff.; *ders.*, Rechtstheorie, Rn. 238; *Herschel*, RdA 1973, 147 (150); *Säcker*, ARSP 58 (1972), 215 (235); *Schneider*, Richterrecht, S. 27; *Dahm*, Deutsches Recht, § 7 III 1; *Richardi*, GS Dietz, 269 (280).

646 *German*, ZSR NF 68, 297 (306).

647 *Less*, Wesen und Wert des Richterrechts, S. 59 f..

648 *Kruse*, Richterrecht als Rechtsquelle, S. 16.

649 Ebenso *Faller*, Einführung in die Rechtslehre, S. 121; *Coing*, JuS 1975, 277; *Isay*, Rechtsnorm und Entscheidung, S. 240 f.; *Kroeschell*, Rechtsgeschichte Bd. III, S. 191; *Raisch*, ZHR 150, 117 (126 ff.); *Reimann*, DVBl. 1969, 951; *Rüthers*, Die unbegrenzte Auslegung, S. 464 ff.; *Scholz*, Arbeitsverfassung, DB 1972, 1771 (1776).

650 *Germann*, Präjudizien als Rechtsquelle, S. 46; *Less*, Wesen und Wert des Richterrechts, S. 63; *Rüthers*, Die unbegrenzte Auslegung, S. 464 ff.; *Scholz*, Arbeitsverfassung, DB 1972, 1771 (1776).

651 *Esser*, FS Hippel, 95 (102).

erstarken lässt. Denn es drängt sich doch die Frage auf, wie ein Gericht bei nachträglicher Änderung seiner Auffassung die alte Ansicht revidieren kann, wenn diese bereits Gewohnheitsrecht geworden ist. Eine solche Möglichkeit der Revision käme nicht in Betracht. Denn das Gewohnheitsrecht steht als gleichwertige Rechtsquelle neben dem Gesetzesrecht, so dass es zur Außerkraftsetzung einer Norm des Gewohnheitsrechts des Eingreifens des Gesetzgebers oder der Bildung von entgegenwirkendem Gewohnheitsrecht bedarf.[652] Das höchstinstanzliche Gericht, als „Vater" des Gewohnheitsrechts, kann dieses niemals durch eine entgegengesetzte Entscheidung beseitigen.[653]

Die Überzeugung einer bestehenden Rechtspflicht entsteht im Gegensatz zum Gewohnheitsrecht bereits mit der ersten richterlichen Entscheidung. Anders als das Richterrecht vermag das Gewohnheitsrecht erst dann zur Entstehung gelangen, wenn „der Prozess der Rechtsgewinnung aus Präjudizien schon abgeschlossen ist: erst danach können die neuen Normen in die Gewohnheit übergehen".[654] Insoweit hat auch das Bundesarbeitsgericht in Bezug auf das Arbeitskampfrecht zu Recht festgestellt, dass selbst eine ständige Rechtsprechung nur dann Gewohnheitsrecht erzeugen könne, wenn sie in das allgemeine Rechtsbewusstsein übergehe und von der Rechtsgemeinschaft überwiegend als geltende Norm anerkannt werde.[655] Nur der allgemeine Rechtsgeltungswille führe zu einer normativen Wirkung. Gerade aber die vom Bundesarbeitsgericht entwickelten Grundsätze zum Arbeitskampfrecht waren jedoch von Beginn an umstritten, so dass von einem allgemeinen Rechtsgeltungswillen nicht ausgegangen werden kann.

bb) Das Richterrecht als selbständige Rechtsquelle

Schließlich vermag auch ein Rechtsnormverständnis, nach welchem sich die Rechtsprechung generell im „streitentscheidenden Rechtsakt" erschöpft und nur das Gesetz als eine verbindliche Regelung anerkennt, den Anteil der Ausgestaltung der Rechtsnormen durch die Gerichte nicht adäquat wiederzugeben.[656] Diejenige Rechtsquellenlehre, welche nur das Gesetz und das Gewohnheitsrecht als verbindliche Rechtsnorm ansieht, büßte innerhalb der Rechtswissenschaft schon in dem Moment an Überzeugungskraft ein, in dem die dominierende Gestaltungsfunktion des Gesetzes für die Rechtsordnung abnahm.[657]

---

652 BGHZ 37, 219 (224).

653 *Bürck*, AcP 171, 328 (345); *Esser*, FS Hippel, 95 (122).

654 *Kriele*, Rechtsgewinnung, S. 253.

655 BAGE 33, 140 (159).

656 *Bock*, Rechtsnormcharakter, S. 23.

657 *Bock*, Rechtsnormcharakter, S. 23.

Der Gesetzgeber ist gar nicht in der Lage eine vollständige Determination des Richters vorzunehmen. Die in der Gesetzgebung festzustellende Entwicklung[658], in zunehmendem Ausmaß unbestimmte Rechtsbegriffe, normative Begriffe und Generalklauseln in den einzelnen Gesetzestexten zu verwenden, dient häufig der Herstellung eines Interessenausgleichs, den der Gesetzgeber nicht im Einzelnen vorhersehen kann.[659]

Stücke offengelassener Gesetzgebung sind somit zugleich eine Ermächtigung an den Richter zur Normbildung. Sie erlauben und verlangen eine Entscheidung des Richters auf eine vom Gesetzgeber gestellte, aber nicht beantwortete Frage.[660] Die Folge davon ist, dass die konkrete Normgestaltung der Rechtsprechung übertragen wird.[661] An die Stelle der Gesetzesnormen treten neue abstrakte Rechtssätze der Rechtsprechung.[662]

Die zunehmende tatsächliche Bedeutung der Rechtsprechung als wichtige normkonkretisierende oder gar rechtsetzende Instanz, zieht ein Rechtsquellenverständnis, welches das Gesetz als unverbrüchliche allgemeinverbindliche Regelungsfunktion für die gesamte Rechtsordnung annimmt, in erhebliche Zweifel. Angesichts der realen Funktionsverschränkungen zwischen höchstrichterlicher Rechtsprechung und Gesetzgebung ist ein solches Verständnis kaum mehr haltbar. Zudem wird es den Ansprüchen und Bedürfnissen unserer heutigen Rechtspraxis nicht gerecht.[663]

Will man die Lösung des Problems, ob Richterrecht eine eigene Rechtsquelle darstellt, nicht allein in der normativen Kraft des Faktischen suchen, so kommt es darauf an, dass ihm eine Bindungswirkung und Befolgungspflicht zukommt.[664]

Für die Frage nach der Rechtsquelleneigenschaft des Richterrechts geht es also darum, festzustellen, ob die verallgemeinerbaren Entscheidungsregeln eine über die Einzelfallentscheidung hinausreichende Wirkung haben, also als Rechtsnormen anzusehen sind. Dabei mag es zunächst befremdlich erscheinen, dass in unserem kodifizierten Rechtssystem eine „Bindung" an Gerichtsentscheidungen erfolgt. Jedoch sind nicht sämtliche Rechtsquellen notwendigerweise gleich zu behandeln.[665]

---

658 *Werner*, Zum Verhältnis von gesetzlichen Generalklauseln und Richterrecht, S. 24.

659 *Werner*, Zum Verhältnis von gesetzlichen Generalklauseln und Richterrecht, S. 24; *Hedemann*, Die Flucht in die Generalklauseln, S. 58 f.

660 *Kruse*, Richterrecht als Rechtsquelle, S. 7.

661 *Hedemann*, Die Flucht in die Generalklauseln, S. 58 f.

662 *Werner*, Zum Verhältnis von gesetzlichen Generalklauseln und Richterrecht, S. 23.

663 *Bock*, Rechtsnormcharakter, S. 23; *Bakker*, Richtermacht, S. 135 f.

664 Vgl. dazu ausführlich auch *Bakker*, Richtermacht, § 15.

665 *Grunsky*, JSK 94 (1970), 7 (14); *Langenbucher*, JZ 2003, 1132 (1134).

Für eine entsprechende Bindungspflicht spricht die verfassungsrechtliche Zulässigkeit einer Rechtsnormsetzung durch die Judikative.[666] Das Grundgesetz nimmt schon im Hinblick auf die Aufgabenbereiche der Legislative und Exekutive eine Zuweisung vor,[667] die sich mit einer streng verstandenen Gewaltentrennung nicht vereinbaren lassen.[668] Bereits die Bestimmung des Art. 80 GG zeigt, dass der Legislative nicht die alleinige Befugnis zur Rechtsetzung zugewiesen ist.

Aus diesem Grunde vertritt die deutsche Staatsrechtslehre heute die Theorie von den verschränkten Staatsgewalten.[669] Zudem gelangt auch das Bundesverfassungsgericht[670] zu dem Ergebnis, dass im Hinblick auf die Gewaltenteilung der Verfassung eine Beschränkung auf Kernbereiche immanent ist. Insofern reicht die Forderung der Gewaltenteilung nur so weit, dass der Charakter der jeweiligen Gewalt gewahrt bleibt.

Wenn nun teilweise aus der Sonderregelung des Art. 80 GG der Schluss gezogen wird, nur die Exekutive sei neben dem Gesetzgeber zur Rechtsetzung befugt,[671] so kann dem nicht gefolgt werden.[672] Schließlich nimmt das Grundgesetz gerade keine abgrenzende Zuweisung der Aufgabenbereiche von Legislative und Exekutive vor. Lediglich Art. 92 GG enthält eine ausdrückliche Aufgabenzuweisung, indem der Judikative die Exklusivität für den Bereich der Rechtsprechung zugesichert wird.[673] Insofern ließe sich die Regelung des Art. 80 GG auch so verstehen, dass die Exekutive von der ihr zugewiesenen Befugnis nur ausnahmsweise Gebrauch machen darf.

Die Frage nach den jeweiligen Kompetenzen der staatlichen Gewalten kann daher nicht allein ausgehend von Art. 20 Abs. 2 S. 2 GG beantwortet werden. Vielmehr sind dabei auch andere Bestimmungen des Grundgesetzes, insbesondere diejenigen der Art. 80 ff. und Art. 92 ff. GG, heranzuziehen, welche eine Aufgabenzuweisung der einzelnen Gewalten vornehmen.

---

666 Vgl. *Gretscher*, Rechtsquellenlehre, S. 107.

667 Art. 20 Abs. 2 GG hat keine Zuweisungsfunktion und entscheidet nicht über die den Organen der Gewalten zukommenden Aufgaben und Befugnisse. Vgl. *Sachs*, in: Sachs, GG, Art. 20 Rn. 79; v.Münch/Kunig/*Schnapp*, GG, Art. 20 Rn. 41.

668 Verteidigungsfall, Art. 105a GG; RVO-Befugnis, Art. 80 GG.

669 *Bock*, Rechtsnormcharakter, S. 23; *Gretscher*, Rechtsquellenlehre, S. 106; *Hesse*, Grundzüge, Rn. 477; *Ossenbühl*, DÖV 1980, 545 (546); st. Rspr. BVerfGE 95, 1 (15 f.).

670 BVerfGE 9, 268 (279); 22, 106 (111); 30, 1 (27f.); 34, 52 (59); 68, 1 (87); *Schultze-Fielitz*, in: Dreier, GG, Art. 20 (Rechtsstaat) Rn. 66.

671 *Scheffelt*, Rechtsprechungsänderung, S. 197ff..

672 Vgl. *Bock*, Rechtsnormcharakter, S. 23; *Gretscher*, Rechtsquellenlehre, S. 107; *Sachs*, in: Sachs, GG, Art. 20 Rn. 85; *Schultze-Fielitz*, in: Dreier, GG, Art. 20 (Rechtsstaat) Rn. 70

673 *Bock*, Rechtsnormcharakter, S. 23 f.; *Gretscher*, Rechtsquellenlehre, S. 107; *Haas*, DVBl. 1957, 368 (371).

Der Grundsatz vom Vorbehalt des Gesetzes und die Regelung des Art. 80 GG zeigt, dass die Kompetenzverteilung zwischen Exekutive und Legislative dezidiert erfolgen sollte. Erkennbar wird dabei, dass die Legislative vor Übergriffen der Exekutive in ihren Machtbereich geschützt werden soll.[674] Eine Vertretung des Gesetzgebers durch die Exekutivgewalt ist von der Verfassung grundsätzlich nicht gewollt.[675] Eine vergleichbarer Wille für das Verhältnis von Legislative und Judikative ist dem Grundgesetz jedoch nicht zu entnehmen. Die Rechtsprechung soll schließlich das Recht notwendig fortbilden und damit auch die Befugnis zur Bildung abstrakter Rechtssätze besitzen.[676]

Bei der Frage nach der Zulässigkeit einer Rechtsnormsetzung durch die Judikative ist weiterhin zu berücksichtigen, dass das Recht historisch betrachtet Richterrecht oder Gewohnheitsrecht war.[677] Hätte der Grundgesetzgeber dies nun aber für die Zukunft ausschließen wollen, so ist davon auszugehen, dass er es ausdrücklich und mit hinreichender Klarheit getan hätte.[678] Gerade dies aber ist nicht geschehen. Daher kann davon ausgegangen werden, dass die Rechtsprechung von der Rechtsnormsetzung grundsätzlich nicht ausgeschlossen werden sollte, sondern ihr die grundsätzliche Befugnis zu schöpferischer Rechtsetzung erhalten blieb.

Die Zusammenschau von Art. 92 GG und Art. 20 Abs. 2 S. 2 GG ergibt zwar, dass das Grundgesetz von einer grundsätzlichen Trennung zwischen Gesetzgebung und Rechtsprechung ausgeht. Dennoch sind von diesem Grundsatz Ausnahmen zulässig.[679] Eine solche Ausnahme stellt die Rechtsfortbildungsbefugnis der Rechtsprechung dar, die für das Funktionieren der Rechtsordnung unerlässlich ist.[680] Schließlich ist es dem Gesetzgeber gerade in Randbereichen der Gewaltenteilung häufig gar nicht möglich, seine Aufgaben wirksam auszufüllen.

Exekutive und Judikative werden rechtsetzend tätig, gerade weil der Gesetzgeber mit der Setzung sämtlichen Rechts überfordert wäre.[681] Immer dann, wenn der Gesetzgeber seine Aufgaben nicht oder nur unzureichend erfüllt, hat dies eben durch eine der anderen Staatsgewalten zu geschehen.[682]

---

674 *Gretscher*, Rechtsquellenlehre, S. 109; *Ossenbühl*, DÖV 1980, 545 (546 ff.); *Scheffelt*, Rechtsprechungsänderung, S. 192.

675 v.Münch/Kunig/*Bryde*, GG, Art. 80 Rn. 2.

676 *Gretscher*, Rechtsquellenlehre, S. 108.

677 *Bakker*, Richtermacht, S. 135.

678 *Hillgruber*, JZ 1996, 118 f.; *Gretscher*, Rechtsquellenlehre, S. 108.

679 Vgl. nur *Schultze-Fielitz*, in: Dreier, GG, Art. 92 Rn. 38.

680 *Gretscher*, Rechtsquellenlehre, S. 109.

681 *Reinhardt*, Konsistente Jurisdiktion, S. 89; *Wank*, Grenzen richterlicher Rechtsfortbildung, S. 119 ff.

682 *Ossenbühl*, Richterrecht im demokratischen Rechtsstaat, S. 18 f.

Die Tätigkeit der Gerichte beschränkt sich dann allerdings nicht nur auf die Ausübung der rechtsprechenden Gewalt, sondern sie übernehmen auch bestimmte legislative Befugnisse, ohne dass darin ein Verstoß gegen den Grundsatz der Gewaltenteilung zu sehen wäre.[683]

Ermöglicht das Grundgesetz der Judikative mithin, auf dem Gebiet des Gesetzgebers tätig zu werden, so ist darin zugleich auch eine Befugnis zur Rechtsnormsetzung zu erblicken.[684] Indem die Judikative ihre Kompetenz in Anspruch nimmt, den Gesetzgeber zu vertreten, ist ihr Handeln ebenfalls als Rechtsetzung zu bewerten.[685] Um in einer umfassenden positiven Rechtsordnung die Handhabung des Rechts zu ermöglichen und damit seine Streitschlichtungsfunktion wahren zu können, erscheint es zudem auch notwendig, dem Präjudiz eine Norm zu entnehmen.[686]

Die Allgemeinverbindlichkeit des Richterrechts ist unmittelbare Folge der richterlichen Rechtsfortbildungsbefugnis.[687] Indem die Gerichte vom Gesetzgeber hinsichtlich dessen Kodifikationen und vom Grundgesetz wegen Lücken dieser Kodifikationen den Rechtsfortbildungsauftrag erhalten haben[688], vertreten sie den Gesetzgeber an dieser Stelle.[689] Wenn der Richter in dieser Weise an die Stelle des Gesetzgebers tritt, muss seine Rechtsfortbildung ebenfalls allgemeinverbindlich sein.

Auf diese Weise wird schließlich auch den Grundsätzen der Rechtssicherheit und Gerechtigkeit hinreichend Rechnung getragen. Das fortgebildete Recht kann dem Einzelfall nur zugrunde gelegt werden, wenn es auch andere als den vorliegenden Fall erfassen kann.[690] Diese Sichtweise harmoniert zudem auch mit der Intention des Verbots von Einzelfallgesetzen in Art. 19 Abs. 1 GG.[691]

Werden Gerichte rechtsetzend tätig, so binden sie sich stets auch selber.[692] In ständiger Rechtsprechung[693] ist der Grundsatz entwickelt worden, dass ein oberstes Gericht von seiner bisherigen Rechtsprechung nicht abweichen soll, wenn sowohl für die eine, als auch für eine andere Ansicht gute Gründe sprechen. Bundesgerichte

---

683 *Olzen*, JZ 1985, 155 (159); *Scheffelt*, Rechtsprechungsänderung, S. 177 (180); *Bock*, Rechtsnormcharakter, S. 24; *Ossenbühl*, Richterrecht im demokratischen Rechtsstaat, S. 19.

684 *Hesse*, Grundzüge, Rn. 549.

685 *Kruse*, Richterrecht als Rechtsquelle, S. 10.

686 *Gretscher*, Rechtsquellenlehre, S. 111.

687 *Leisner*, Allgemeine Bindung, S. 59 m.w.N.; *Reinhardt*, Konsistente Jurisdiktion, S. 462 ff.

688 BVerfGE 34, 269 (286 f.); *Leisner*, Allgemeine Bindung, S. 59.

689 *Leisner*, Allgemeine Bindung, S. 58; Reimann, DVBl. 1969, 951 (952); *Gretscher*, Rechtsquellenlehre, S. 113.

690 *Gretscher*, Rechtsquellenlehre, S. 113.

691 Zum Einzelfallgesetz vgl. *Dreier* in: Dreier, GG, Art. 19 Rn. 8 ff.

692 *Gretscher*, Rechtsquellenlehre, S. 116; *Scheffelt*, Rechtsprechungsänderung, S. 99.

693 Siehe etwa BAGE 12, 273 = AP Nr. 35 zu § 1 ArbKrankhG; BAG, BB 1964, 219 ff.

nehmen aus Gründen der Rechtseinheit und Rechtssicherheit keine leichtfertige Änderung ihrer bisherigen Rechtsprechung vor. Vielmehr bedarf es hierzu bedeutsamer Argumente und schwerwiegender Gründe, die im Wesentlichen vergleichbar sind mit den Voraussetzungen für ein contra legem Judizieren.[694] Die obersten Gerichte weichen in der Regel also lediglich dann von ihrer Rechtsprechung ab, wenn sie auch von einem Gesetz abweichen würden.[695]

Dieses Ergebnis wird mit Hilfe der Divergenzrevision gem. § 72 Abs. 1 ArbGG abgesichert. Dadurch wird verhindert, dass auch ohne Vorliegen schwerwiegender Gründe von einem Präjudiz, welches von einem Bundesarbeitsgericht aufgestellt wurde, abgewichen wird. Dabei wird die rechtsetzende Tätigkeit der Bundesarbeitsgerichte und damit ihre Bindungswirkung über den eingeschlagenen Instanzenweg hinaus offenbar, denn für den Rechtssuchenden sind die Folgen letztlich nicht anders, als in Fällen, in denen ein unterinstanzliches Gericht, etwa durch falsche Auslegung, ein Gesetz nicht befolgt und das Revisionsurteil diesem dann wieder die volle Geltung verschafft.[696]

Aufgrund der Rechtsmittelverfahren und der Vorlagepflichten wird die über den konkreten Streitfall hinausgehende Bedeutung der Entscheidung hervorgehoben. Es wird eine institutionalisierte Bindung an die Entscheidungen der Revisionsgerichte hergestellt, die weit über den Wirkungsbereich der materiellen Rechtskraft hinausreicht.[697]

Die Argumentation, normatives Richterrecht sei nicht in derselben Weise gerichtlich überprüfbar wie Gesetzesrecht, da nach Durchlaufen der Instanzen nur noch Verfassungsbeschwerde erhoben werden könne[698], überzeugt nicht. Dieses „Defizit“ besteht nämlich auch, wenn die Rechtsprechung Präjudizien nur faktisch berücksichtigt, ohne dazu verpflichtet zu sein. Die „eingeschränkte Überprüfbarkeit“ der Rechtsprechung wird von der deutschen Rechtsordnung hingenommen.

Eine Bindung der Rechtsprechung an vorhergehende Entscheidungen ist auch aus Sicht der herausragenden Stellung und demokratischen Legitimation der Gesetzgebung bedeutsam. Schließlich kann es nicht im Interesse des Gesetzgebers liegen, wenn die Rechtsprechung ungehindert dieselbe Rechtsfrage unterschiedlich beantworten dürfte.[699]

---

694 *Schneider*, MDR 1971, 705 (707 ff.).

695 GMPM/*Matthes*, ArbGG, § 72 Rn. 1; *Hergenröder*, Zivilprozessuale Grundlagen richterlicher Rechtsfortbildung, S. 85.

696 *Gretscher*, Rechtsquellenlehre, S. 126.

697 *Hergenröder*, Zivilprozessuale Grundlagen richterlicher Rechtsfortbildung, S. 50.

698 So aber *Amberg*, Rechtsprechung, S. 321.

699 Ebenso *Bydlinski*, JZ 1985, 149 (152).

Auch das BVerfG scheint der Verfassung die Zulässigkeit und damit die Bindungswirkung des Richterrechts als Rechtsquelle zu entnehmen, indem es das Richterrecht ausdrücklich als „Recht" im Sinne von Art. 20 Abs. 3 GG qualifiziert.[700] Das Gericht geht davon aus, dass die Richter in Ausnahmefällen zu schöpferischer, gesetzesungebundener Rechtsschöpfung befugt sind. Das Grundgesetz habe keine Einschränkung des Richters auf die wörtlichen Weisungen des Gesetzgebers angeordnet.

Die richterliche Tätigkeit bestünde eben „nicht nur im Erkennen und Aussprechen von Einzelentscheidungen des Gesetzgebers". Die Rechtsprechung sei vielmehr dazu aufgefordert, „Wertvorstellungen, die der verfassungsmäßigen Rechtsordnung immanent, aber in den Texten der geschriebenen Gesetze nicht oder nur unvollständig zum Ausdruck gelangt sind, (...) ans Licht zu bringen"[701]. Dies fordere Art. 20 Abs. 3 GG, indem er die Bindung an das Recht statuiert.[702] Das richterlich fortgebildete Recht stellt einen legitimen Bestandteil der Rechtsordnung dar und vermag als „allgemeines Gesetz" gem. Art. 5 Abs. 2 GG auch die Pressefreiheit einzuschränken.[703]

Mit der Anerkennung des Bundesrichterrechts als Rechtsquelle wird schließlich dem rechtsstaatlichen Gebot der Berechenbarkeit des Rechts, der Rechtsklarheit und Rechtssicherheit entsprochen.[704] Die normative Wirkung des Richterrechts tritt besonders im Arbeitsrecht offen zu Tage und erweist sich zur Befriedung gesetzlich nicht vollständig geregelter sozialer Konfliktlagen als faktisch unverzichtbar.[705]

All dies zeigt, dass das Richterrecht weit mehr ist als eine Rechtserkenntnisquelle. Es handelt sich nicht lediglich um ein Hilfsmittel zur Erkennung von dem, was Recht ist, sondern es ist Richtlinie für das Handeln – und daher Rechtsquelle.

Das Bundesrichterrecht stellt zudem eine selbständige Rechtsquelle dar. Insofern vermag auch die Rechtsnormtheorie *Essers* nicht zu überzeugen. Zwar bringt sie deutlich den Anteil der Rechtsprechung am Prozess der Rechtsnormschöpfung zum Ausdruck, indem sie „Normatives Richterrecht" als Teil des Gesetzesrechts anerkennt und dieser Rechtsquelle zugehörig erklärt. Allerdings bleibt bei diesem Ansatz unbeantwortet, welche Verbindlichkeit und Reichweite die von dem Richter gebildete Norm besitzt. Hinsichtlich einer vom Gesetz

700 BVerfGE 34, 269 (292 ff.).
701 BVerfGE, 34, 269 (286).
702 BVerfGE, 34, 269 (286).
703 BVerfGE 34, 269 (292 ff.).
704 BVerfGE 66, 116 (138).
705 *Wichmann*, AuR 1988, 77 ff.

unabhängig gefundenen Entscheidung vermag sie zudem nicht die Kriterien für deren Richtigkeit anzugeben.[706]

2. Kompetenzielle Zuordnung des Richterrechts

Mit der Klassifizierung des Bundesrichterrechts als eine echte selbständige Rechtsquelle ist allerdings noch nichts über dessen Verhältnis zu unbestrittenen Rechtsquellen wie dem Gesetz gesagt. Auf den ersten Blick erscheint die Auffassung, nach der eine rechtsfortbildende Grundsatzentscheidung den Rang desjenigen Rechts teilen soll, das in ihr seine Ergänzung findet, wenn es zur Auslegung eines Gesetzes notwendigen Regeln bereitstellt oder eine konzeptwidrige Regelungslücke auffüllt, unbedenklich zu sein. Eine primäre Kollision ist wegen der im Grundgesetz enthaltenen Kollisionsvermeidungsnormen nicht möglich.[707] Hierfür sorgt eben die determinierende Wirkung einer parlamentarisch legitimierten Norm.

Allerdings zeigt gerade die Entscheidung des Bundesarbeitsgerichts vom 26.04.1988,[708] welches das Arbeitskampfrecht aus den Wertentscheidungen des Tarifrechts ableitete und als Richterrecht zum Bundesrecht zum Bestandteil des Bundesrechts erklärte, dass man sich mit der kompetenziellen Anlehnung von Richterrecht in die Gefahr begibt, auch „über die Reichweite der von einem vorgeblich determinierenden Bundesgesetz ausgehenden Sperrwirkung hinaus in die Gesetzgebungskompetenz der Länder überzugreifen“.[709] Im Fall einer Kollision käme Art. 31 GG zur Anwendung und würde die Geltung eines Landesgesetzes durch entgegenstehendes Bundesrichterrecht beseitigen. Dieses Ergebnis wäre jedoch mit dem Normierungsvorrang unvereinbar, der jedem parlamentarischen Gesetzgeber gegenüber der Judikative zusteht.

Daher muss eine Gleichbehandlung des Richterrechts mit einem parlamentarisch legitimierten Gesetz in jeder Hinsicht ausscheiden.[710] Vielmehr bricht das parlamentarisch legitimierte Gesetz Richterrecht gleich welcher Rangstufe. Für Rechtssätze des Richterrechts besteht daher auch keine an die Zuordnung des

706 Vgl. *Larenz*, Methodenlehre, S. 141 f.; *Fikentscher*, Methoden des Rechts, Bd. IV, S. 181.

707 *Heintzen,* in: Dolzer/Vogel/Graßhof, BK-GG, Art. 70 Rn. 48; *Korioth*, in: Maunz/Dürig, GG, Art. 31 Rn. 17.

708 Vgl. hierzu oben Teil 3 D I.

709 *Korioth*, in: Maunz/Dürig, GG, Art. 31 Rn. 17.

710 *Heintzen,* in: Dolzer/Vogel/Graßhof, BK-GG, Art. 70 Rn. 48; *Korioth*, in: Maunz/Dürig, GG, Art. 31 Rn. 17; für einen derart abgestuften Rang des Richterrechts vgl. auch Moll/*Altenburg*, MAH Arbeitsrecht, § 1 Rn. 48.

Normgebers anknüpfende Kompetenzordnung.[711] Die Art. 70 ff. GG können insofern nicht zur Anwendung gelangen.

Die Gerichte besitzen zwar die Kompetenz je nach Bedarf eigenständig und frei Richterrecht zu schöpfen. Dabei sind sie aber durch die Normen der Verfahrensrechte und durch den Vorrang des materiellen Rechts gebunden. Die Rechtsnormen des Richterrechts müssen sich in den Bestand des geltenden positiven Rechts einfügen.

Aus der Überlegenheit einer im ranghöheren Rechtsnorm folgt insoweit, dass diese Rechtsnorm durch keine im Rang unter ihr stehende Regelung geändert oder aufgehoben werden darf.[712] Der Richter wird zwar im Rahmen des gesetzgeberischen Normgefüges notwendig rechtschaffend tätig.[713] Er ist jedoch auch in diesem Bereich den verbindlichen gesetzlichen Werten der Gesamtrechtsordnung, insbesondere der Verfassung[714], unterworfen. Die Annahme eines Vorranges der richterrechtlichen Normsetzung gegenüber den Akten der politischen Legislative[715] ist mit der verfassungsgesetzlichen Kompetenzverteilung zwischen Gesetzgeber und Richter nicht zu vereinbaren. Der Richter verletzt die Autonomie der Rechtsgemeinschaft, wenn er den Vorrang der Wertungen des Gesetzgebers missachtet.[716]

Mit dieser Feststellung widerspricht man auch nicht der Rechtsprechung des Bundesverfassungsgerichts[717], wenn es Richterrecht dem Recht i.S.d. Art. 20 Abs. 3 GG zurechnet. Denn damit hat das Gericht noch nicht ausgesprochen, dass Richterrecht eine dem Gesetz ebenbürtige Rechtsquelle ist. Insoweit ist auf eine Formulierung des 1. Senats des Bundesverfassungsgerichts zu verweisen, in der es wie folgt heißt:[718] „Höchstrichterliche Urteile sind kein Gesetzesrecht und erzeugen keine damit vergleichbare Rechtsbindung (...). Von ihnen abzuweichen verstößt grundsätzlich nicht gegen Art. 20 Abs. 3 GG. Ihr Geltungsanspruch über den Einzelfall hinaus beruht allein auf der Überzeugungskraft ihrer Gründe sowie der Autorität und den Kompetenzen des Gerichts. Es bedarf deswegen nicht des Nachweises wesentlicher Änderungen der Verhältnisse oder der allgemeinen Anschauung, damit ein Gericht ohne Verstoß gegen Art. 20 Abs. 3 GG von seiner früheren Rechtsprechung abweichen kann." Das Bundesverfassungsgericht ver-

711 *Korioth*, in: Maunz/Dürig, GG, Art. 31 Rn. 17.

712 *Schneider*, FS Kutscher, 385 (388); *ders.*, Gesetzgebung, S. 349 Rn. 646.

713 *Rüthers*, Die unbegrenzte Auslegung, S. 474.

714 *Fischer*, Die Rechtsprechung des Bundesgerichtshofes, S. 17 ff.; *Stein*, NJW 1964, 1745 (1747 ff.).

715 *Esser*, Grundsatz und Norm, S. 289 (193).

716 *Gretscher*, Rechtsquellenlehre, S. 117; *Bock*, Rechtsnormcharakter, S. 165.

717 E 34, 269 (286 ff.).

718 BVerfG v. 26.06.1991 E 82, 212 (227).

kennt mit dieser Rechtsprechung zwar, dass das gerade zum Arbeitskampfrecht von der Arbeitsrechtsprechung entwickelte Richterrecht längst den Charakter der bloßen Einzelfallentscheidung eingebüßt hat, vielmehr als generelles Recht gilt und damit auch deren Änderungen unter den strikten Vorbehalt der Rechtssicherheit und einer Anwendung des Grundsatzes der Verhältnismäßigkeit gestellt werden müssen.[719] Richtig ist aber, dass das Richterrecht nicht in jeder Hinsicht dem Gesetzesrecht gleichgestellt werden kann.[720]

Die in der Rechtswissenschaft oft synonym gebrauchte Verwendung der Begriffe Rechtsnorm und Gesetz[721] mag zwar den Schluss nahe legen, die Rechtsnormen des Bundesarbeitsgerichtes müssten die gleiche allgemeinverbindliche Wirkung wie ein Gesetz aufweisen. Angesichts der Vielgestaltigkeit der Rechtsnormen in Bezug auf ihren Entstehungszusammenhang und ihre Legitimation kann eine Gleichsetzung allerdings nicht erfolgen.[722] Nur das Gesetz als parlamentarisch legitimierter Willensakt vermag Dauerhaftigkeit und Verbindlichkeit gegenüber allen anderen Hoheitsträgern zu beanspruchen.[723]

Während sich die Bindungswirkung von Parlamentsgesetzen gegenüber allen staatlichen Hoheitsträgern entfaltet, vermögen andere Rechtsnormen in umgekehrter Richtung keine Bindungswirkung gegenüber der Legislative zu entfalten, da dies anderenfalls einen verfassungswidrigen Eingriff in die Zuständigkeit des Gesetzgebers darstellen würde.[724] Wenn also häufig von einer ähnlichen Bindungswirkung von Rechtsnormen und Gesetzen ausgegangen wird, so impliziert dies zugleich deren Unterschied hinsichtlich der Hierarchie in der Rechtsordnung.

Insbesondere sind parlamentarische Gesetzgebungsakte gegenüber allen anderen staatlichen Rechtsetzungsakten vorrangig. Schließlich kann der Gesetzgeber exekutives und judikatives Recht aufheben,[725] was umgekehrt grundsätzlich nicht der Fall ist.[726]

Dem parlamentarischen Gesetzgeber ist der stets primäre Rechtsschöpfer im Staate. Ihm obliegt nach der Verfassung die Grundkonstruktion der Rechtsordnung innerhalb der verfassungsrechtlich vorgegebenen Grenzen. Er besitzt die

---

719 *Scholz*, in: Maunz/Dürig, GG, Art. 9 Rn. 168.

720 *Larenz*, NJW 1951, 497 (498); *Hanack*, Der Ausgleich divergierender Entscheidungen in der oberen Gerichtsbarkeit, S. 365.

721 Vgl. hierzu *Fikentscher*, Methoden des Rechts, Bd. IV, S. 132 ff. (137); *Schneider*, Gesetzgebung, S. 10; *Engisch*, Einführung in das juristische Denken, S. 43; *Wolff/Bachof/Stober*, Verwaltungsrecht, Band I, S. 237 f.; *Larenz*, Methodenlehre, S. 250 ff.

722 *Becker*, Kooperative und konsensuale Strukturen in der Normsetzung, S. 75.

723 *Hesse*, Grundzüge, Rn. 504 f; *Bock*, Rechtsnormcharakter, S. 164.

724 *Stahl*, Die Bindung der Staatsgewalten an die höchstrichterliche Rechtsprechung, S. 209; *Zeidler*, DÖV 1971, 6 (12); *Kübler*, JZ 1969, 645 (649).

725 *Neuner*, Rechsfindung contra legem, S. 57.

726 *Gretscher*, Rechtsquellenlehre, S. 117; *Bock*, Rechtsnormcharakter, S. 165.

Befugnis, innerhalb der verfassungsrechtlichen Vorgaben Grundstrukturen der einfachgesetzlichen Rechtsordnung zu ändern. Diese hat der Richter grundsätzlich zu respektieren, Art. 97 Abs. 1 GG. Daraus folgt, dass die Rechtsprechung ebenso wenig wie die Exekutive eine grundlegende Gestaltungsmacht hat. Einzig das Bundesverfassungsgericht stellt hierzu eine Ausnahme dar, denn es darf verbindlich alle Staatsgewalten korrigieren.[727]

Wegen des Grundsatzes der Gewaltenteilung soll eine Rechtsetzung durch die Judikative nur ausnahmsweise und sehr zurückhaltend vorgenommen werden. Schließlich soll ihre Hauptaufgabe in der Anwendung und Wahrung des Gesetzesrechts liegen.[728] In Bereichen der Rechtsetzung besitzt die Rechtsprechung daher einen im Vergleich zum Gesetzgeber geringeren Legitimationsgrad. Daraus folgt zugleich, dass judikativen Normen im Vergleich zu parlamentarisch legitimierten Gesetzen lediglich ein abgestufter Geltungsanspruch zukommt. Es geht dabei nicht nur bloß um einen formalen oder logischen Vorrang des parlamentarischen Gesetzes als einem „höherrangigen" Akt, sondern um den Vorrang des Entscheids des demokratischen Gesetzgebers vor dem rechtsfortbildenden richterlichen Entscheid.[729]

Sicher spricht die Einheitlichkeit der Lebensverhältnisse rechtspolitisch für ein einheitliches Arbeitskampfrecht. Im föderalen Bundesstaat muss man jedoch gleichwohl mit unterschiedlichen Regelungen leben, solange der Bund seine Gesetzgebungszuständigkeit gem. Art. 74 Nr. 12 GG nicht nutzt.[730] Dies hat zur Konsequenz, dass der Landesgesetzgeber zumindest die nähere Ausgestaltung des Arbeitskampfrechts unter Beachtung bundes-(verfassungs-)rechtlicher Vorgaben selbst in die Hand nehmen kann. Die rechtsetzende Zersplitterung in der Bundesrepublik Deutschland ist vom Grundgesetz gewollt. Sie kann nicht durch eine Ausweitung der Rechtsprechungskompetenz abgeschafft werden.

Die Erzeugung von Rechtsnormen durch das Bundesarbeitsgericht bedeutet insofern keine Beschränkung der Länder hinsichtlich ihrer Gesetzgebungskompetenz.[731] Das Landesrecht kann demnach nicht im Wege richterlicher Rechtsfortbildung verdrängt werden, es sei denn, die Gerichte halten es für unvereinbar mit Bundes- oder Landesrecht.[732]

---

727 § 47 VwGO enthält eine ähnliche Gestaltungsmacht des OVG hinsichtlich (bestimmter) Rechtsvorschriften im Rang unter dem Gesetz.

728 *Hesse*, Grundzüge, Rn. 549.

729 *Biaggini*, Verfassung und Richterrecht, S. 292.

730 ErfK/*Dieterich*, Art. 9 GG Rn. 85.

731 Zur Prärogative des Gesetzgebers vgl. *Kriele*, Rechtsgewinnung, S. 160 (201) (244); *Raiser*, ZRP 1985, 111 (115f.).

732 *Frowein*, Aussperrung, S. 51; *Ipsen*, DVBl. 1984, 1102 (1107).

Überdies ist zu beachten, dass es gerade der parlamentarische Gesetzgeber ist, der die Rechtsprechung des Bundesarbeitsgerichtes in seinen punktuellen gesetzlichen Ausformungen rezipiert. Er erweist sich aufgrund von politischen Zwängen nicht in der Lage, eine erschöpfende Regelung des Arbeitskampfrechts vorzunehmen. Dies aber ist mit einem Versuch, eine Gemengelage von richterrechtlichen Normen und Gesetzesvorschriften herzustellen, die sich zu einer „untrennbar verzahnten Materie Arbeitskampfrecht fügen und die Wirkung der Art. 72, 74 und 31 GG hervorrufen", kaum vereinbar.[733] Schließlich wird dabei in unzureichender Weise gewürdigt, dass hinter dem gesetzgeberischen Willen nicht die Kraft steht, eine von den Gerichten in gesetzesvertretender Rechtsprechung aufgebaute Regelung auch politisch tatsächlich durchsetzen zu können. Die rechtsschöpfende Tätigkeit der Gerichte erfolgt in diesem Bereich also gerade nicht im Rahmen einer gesetzgeberischen Vorentscheidung und Ermächtigung.[734]

Als Ergebnis bleibt somit festzuhalten, dass eine erst durch Richterrecht geschaffene Norm nicht die derogierende Wirkung des Art. 31 GG auszulösen vermag. Für Rechtssätze des Richterrechts besteht daher auch keine an die Zuordnung des Normgebers anknüpfende Kompetenzordnung.[735] Soweit der Bundesgesetzgeber die ihm nach Art. 74 GG zufallenden Kompetenzen nicht wahrnimmt, bleibt es daher bei den landesrechtlichen Regelungen beziehungsweise können Länder gesetzgeberisch tätig werden. Folglich steht das Bundesrichterrecht zum Arbeitskampf dem Erlass von Landesschlichtungsgesetzen nicht entgegen.

E. Rechtsschutz des Landesgesetzgebers

Nunmehr stellt sich allerdings die Frage, welche Möglichkeiten bestehen, wenn das Bundesarbeitsgericht ein Landesschlichtungsgesetz mit dem Bundesrichterrecht zum Arbeitskampf für unvereinbar erklärt und einen Vorrang der Rechtsprechung gem. Art. 31 GG ausspricht.

---

733 *Scholz*, FS 25 Jahre BAG, 511 (519).

734 *Scholz*, FS 25 Jahre BAG, 511 (519).

735 So auch *Heintzen*, in: Dolzer/Vogel/Graßhof, BK-GG, Art. 70 Rn. 48; *Korioth*, in: Maunz/Dürig, GG, Art. 31 Rn 16 ff.

I. Verfassungsbeschwerde

In erster Linie kann das Bundesverfassungsgericht im Verfassungsbeschwerdeverfahren angerufen werden. Missachtete eine Tarifpartei etwa eine landesrechtlich vorgesehene Schlichtungsobliegenheit und klagt die vom Arbeitskampf betroffene Partei auf Unterlassung von Kampfmaßnahmen, so ist sie bei ablehnender Entscheidung befugt, sich gegen die in diesem Urteil enthaltene Grundrechtsverletzung zu wehren. Hierdurch kann neben einer Verletzung spezifischen Verfassungsrechts auch kontrolliert werden, ob gegen Art. 20 Abs. 3 GG verstoßen worden ist.[736] Die Bindung des Richters an das Gesetz setzt der Rechtsprechung Grenzen und wäre insofern verletzt, wenn das Bundesarbeitsgericht das Landesschlichtungsgesetz nicht beachtet hätte. Das Bundesverfassungsgericht hat bereits im Zusammenhang mit der von ihm beanstandeten Erfindung eines Konkursvorranges für Sozialplanansprüche entschieden, dass es nicht bereit ist, den Richter von der Gesetzesbindung zu dispensieren.[737]

II. Konkrete Normenkontrolle

Erfolg verspricht zudem die Durchführung einer konkrete Normenkontrolle vor dem Bundesverfassungsgericht im Sinne des Art. 93 Abs. 1 Nr. 2 GG. Tauglicher Vorlagegegenstand ist das Landesschlichtungsgesetz. Antragsberechtigt ist gem. Art. 93 Abs. 1 Nr. 2 GG, § 76 Abs. 1 BVerfGG die Landesregierung. Der Antragsgrund liegt gem. § 76 Abs. 1 Nr. 2 BVerfGG ebenfalls vor, da die Antragstellerin das Landesgesetz als gültig erachtet und das Gericht das Landesschlichtungsgesetz wegen Unvereinbarkeit mit dem Bundes(-richter)recht nicht angewendet hat. Der Antrag wäre darüber hinaus begründet, da das Landesschlichtungsgesetz nicht gegen ein Bundesrecht verstößt, als solches also nicht gem. Art. 31 GG verdrängt wird. In materieller Hinsicht ist für die Entscheidung eines Normenkontrollstreites davon auszugehen, dass das Verfassungsrecht dem einfachen Gesetz, das Bundesrecht dem Landesrecht, das Gesetzesrecht dem Verordnungsrecht vorgeht. Allerdings ist das hiernach vorgehende Recht nur dann mit der Kraft eines höheren Ranges ausgestattet, wenn die miteinander in Verbindung zu setzenden Rechtssätze den gleichen Gegenstand behandeln, ferner nur dann, wenn das vorgehende Recht selbst förmlich und sachlich vollgültig ist.

Kompetenzwidriges Bundesrecht etwa, das heißt ein nicht dem Bundesgesetzgeber zustehendes, aber als Bundesrecht erlassenes Recht, kann nicht kompe-

736 *Wank*, JuS 1980, 545.

737 Vgl. BVerfGE 65, 182 (190 ff.)

tenzmäßiges Landesrecht brechen. Im Normenkontrollverfahren nach Art. 93 Abs. 1 Nr. 2 GG muss demnach stets auch die Norm auf ihre Gültigkeit geprüft werden, die den Prüfungsmaßstab für die zu prüfende Norm bildet, nicht nur die zu prüfende Norm.

Insofern wird das Verfassungsgericht feststellen, dass kein Bundesrecht vorliegt, welches das Landesschlichtungsgesetz verdrängt und damit seine Gültigkeit aussprechen.

Teil 4 Einbettung einer landesrechtlichen Schlichtungsobliegenheit in das Arbeitskampfrechtssystem

Ist es damit den Landesgesetzgebern möglich, wirksame und durchsetzbare Landesschlichtungsgesetze zu erlassen, soll abschließend ein Vorschlag für die Einbettung einer landesrechtlichen Schlichtungsobliegenheit in das Arbeitskampfrechtssystem erfolgen. Dabei soll versucht werden, neben verfassungsrechtlichen Aspekten auch rechtspolitische Erwägungen in die Beurteilung mit einzubeziehen.

A. Anforderungen an ein vorrangig vereinbartes Schlichtungsabkommen

Wird durch ein Landesgesetz bestimmt, dass Arbeitskämpfe erst dann zulässig sind, wenn die kämpfende Partei einen Schlichtungsversuch unternommen hat, dann sollte es den Tarifparteien dennoch ermöglicht werden, diesen Versuch in erster Linie durch ein zwischen ihnen vereinbartes Schlichtungsabkommen zu realisieren. Dem in Art. 9 Abs. 3 GG garantierten Recht auf freie Koalitionsbetätigung entspricht es, dem von den Tarifvertragsparteien vereinbarten Schlichtungsverfahren grundsätzlich den Vorrang vor staatlichen Schlichtungsverfahren einzuräumen.[738] Die zum Kernbereich des Art. 9 Abs. 3 GG zu rechnende Befugnis der Koalitionen, eine freiwillige tarifliche Schlichtung vorzusehen, verlangt es, die konkrete Ausformung von der Errichtung bis zur Form der Entscheidung der Schlichtungsstelle den Tarifvertragsparteien zu überlassen.[739] Eine vereinbarte Schlichtung ist im Zweifel sachnäher und zweckmäßiger als ein aufoktroyiertes Verfahren und kommt so dem Grundsatz möglichst freiheitlicher Ausgestaltung des Tarifsystems entgegen.[740] Das hindert aber nicht, auch die

738 Vgl. oben Teil 1 B I 1.

739 *Heinze*, FS Molitor, 159 (164); *Behning*, Schlichtung, S. 244.

740 *Birk/Konzen//Löwisch/Raiser/Seiter*, ArbeitskampfG, S. 60; *Löwisch*, ZfA 1985, 53 (69); *Reuter*, FS Wiese, 427 (436); *Rommelspacher*, Schlichtung und Tarifautonomie, S. 56 f.

tarifliche Schlichtung rechtlich zu begleiten. Denn als Teil des Arbeitskampfverfahrens betrifft die Schlichtung nicht lediglich das Verhältnis der Tarifvertragsparteien zueinander. Vielmehr ist staatliches Schlichtungsrecht geeignet, die Rechtsgüter Dritter und der Allgemeinheit zu schützen, in die durch Arbeitskampfmaßnahmen eingegriffen wird und umfasst so einen das Regelungsverhältnis der Tarifvertragsparteien und ihrer Mitglieder übergreifenden Bereich, dessen Ausgestaltung dem Gesetzgeber zusteht. Der Kernbereichsschutz der freiwilligen Schlichtung zwingt den Gesetzgeber auch nicht, lediglich tarifdispositives Schlichtungsrecht zu setzen.[741]

Dabei erscheint es erforderlich, um die Schlichtungsobliegenheit effektiv zu gestalten, gesetzlich vorzuschreiben, dass ein tarifliches Schlichtungsabkommen eine kampffreie Schlichtungsphase vorsehen muss.[742] Eine solche Regelung bedeutet eine sehr einschneidende Beschränkung der Handlungsfreiheit der Sozialpartner. Sie trifft die Autonomie der Tarifparteien in ihrem praktisch wichtigsten Kernpunkt, dem Recht der Gewaltanwendung. Dennoch ist das Ruhen von Arbeitskampfmaßnahmen auch nach Anrufung der Schlichtungsstelle notwendig, da hierdurch berechtigte Hoffnung besteht, einen Arbeitskampf vermeiden zu können, insbesondere deshalb, weil Schlichtungsverhandlungen unter dem Druck eines Arbeitskampfes schwieriger durchzuführen sind und die Gefahr besteht, dass sich durch Streiks während der Schlichtungsphase die Fronten weiter verhärten.[743] Daher ist es erforderlich, dass Arbeitskämpfe auch nach der unmittelbaren Einleitung des Schlichtungsverfahrens unterbleiben. Eine solche Vorgabe für eine verbandliche Regelung begegnet grundsätzlich keinen Bedenken. Zum einen ist eine Friedenspflicht im Rahmen der freiwilligen Schlichtung zwischen den Parteien nahezu anerkannt.[744] So untersagen etwa auch Schlichtungsabkommen für den öffentlichen Dienst, das Baugewerbe und die Chemische Industrie Arbeitskampfmaßnahmen bis zum Abschluss des Schlichtungsverfahrens.[745]

Im Schrifttum wird sogar zum Teil vertreten, das Wesen der Schlichtung gebiete eine obligatorische Friedenspflicht.[746] Einen Ansatz für eine solch weitgehende Verpflichtung bieten aber weder Tarifverträge mit ihrer zeitlich genau festgeleg-

741 *Seiter*, RdA 1986, 165 (170).

742 Im deutschen Recht hat es bereits eine solche gesetzlich angeordnete kampffreie Schlichtungsphase gegeben; vgl. § 1 der Verordnung von 1920 (RGBl. 1865).

743 *Lobeck*, BB 1957, 233.

744 *Külp*, Schlichtungsformen, S. 62; *Knevels*, ZTR 1988, 408 (412).

745 Vgl. § 16 des Schlichtungsabkommens für das Baugewerbe vom 12.03.1979 in der Fassung vom 26.03.1993, § 8 der Schlichtungsregelung für die Chemische Industrie vom 28.10.1981 in der Fassung vom 19.12.1996 und § 9 der Schlichtungsvereinbarung für den öffentlichen Dienst vom 30.09.2002.

746 *Hueck/Nipperdey*, Arbeitsrecht, Band II/1, S. 324 f.; *Futter*, Schlichtungswesen, S. 124.

ten Geltungsdauer, noch Schlichtungsabkommen mit ihren genau befristeten Friedenspflichten.[747] Auch hat das Bundesarbeitsgericht in seinen Urteilen vom 12.9.1984 kurzfristige Streiks während laufender Tarifverhandlungen mit der Begründung für zulässig erachtet, dass die Friedenspflicht des Schlichtungsabkommens abgelaufen gewesen sei und eine etwaige Pflicht zur Rücksichtnahme nicht weitergehen könne, als die ausdrücklich im Schlichtungsabkommen selbst vereinbarte Friedenspflicht.[748] Sieht ein tarifliches Schlichtungsabkommen nicht ausdrücklich eine sich bis zum Scheitern der Schlichtung erstreckende Friedenspflicht vor, sind Kampfmaßnahmen während der gesamten Verhandlungsphase nicht auszuschließen.[749] Auch wenn ein Verstoß gegen das Übermaßverbot in Gestalt des ultima-ratio-Prinzips möglich erscheint, stehen einfachen Schlichtungsabkommen Kampfmaßnahmen regelmäßig nicht entgegen.[750] Aus dem Schlichtungsvorgang selbst ergibt sich nach derzeitiger Rechtslage keine notwendige Verbindung von Friedenspflicht und Schlichtungsverfahren.[751] Während eine Friedenspflicht in Bezug auf ein Schlichtungsverfahren der geordneten Austragung der Interessengegensätze dient, ist der Sinn und Zweck der tarifvertraglichen Friedenspflicht der Schutz tariflicher Normen.

All dies unterstreicht aber nur die Erforderlichkeit einer gesetzlichen Regelung und widerspricht nicht deren Zulässigkeit. Um die Allgemeinheit vor den negativen Folgen von Arbeitskämpfen zu schützen, aber auch um die Effektivität der Schlichtung durch die Gewährleistung einer Konfliktlösung ohne Kampfdruck zu ermöglichen, erscheint es sinnvoll, eine arbeitskampffreie Schlichtungsphase von mindestens zehn Tagen vorzuschreiben. Für das Recht der Koalitionsfreiheit handelt es sich um eine hinzunehmende Einschränkung im allgemeinen Interesse. Eine solche, relativ kurze Beschränkung macht den Ablauf des Schlichtungsverfahrens berechenbar und sichert den Tarifvertragsparteien in ausreichendem Maße das Recht zur Gewaltanwendung.

Eine gesetzliche Festlegung einer solchen kampffreien Schlichtungsphase steht auch nicht der Anerkennung des Streikrechts in Art. 6 Abs. 4 der Europäischen Sozialcharta vom 18.10.1961 entgegen. Diese Anerkennung ist ausdrücklich „vorbehaltlich etwaiger Verpflichtungen aus geltenden Gesamtarbeitsverträgen“ erfolgt. Der Vorbehalt erfasst auch gesetzliche Ausformungen der aus einer Schlichtungsvereinbarung folgenden Verpflichtungen. Solche Ausformungen entspringen einer unzweifelhaften Befugnis des innerstaatlichen Gesetzgebers.[752]

---

747 *Löwisch*, ZfA 1985, 53 (67).

748 BAG, SAE 1985, 10 ff.

749 *Behning*, Schlichtung, S. 263; *Löwisch*, ZfA 1985, 53 (67).

750 Löwisch/*Rumler*, Arbeitskampf- und Schlichtungsrecht, 170.11 Rn. 16.

751 *Löwisch*, BB 1982, 1373 (1375).

752 *Löwisch*, ZfA 1985, 53 (68)

Mit Blick auf die Absätze 2 und 3 des Art. 6 der Europäischen Sozialcharta, wonach die Vertragsstaaten verpflichtet werden, sowohl freiwillige Verhandlungen zwischen Arbeitgeber- und Arbeitnehmerorganisationen mit dem Ziel des Abschlusses von Gesamtarbeitsverträgen wie auch die Benutzung freiwilliger Schlichtungsverfahren zwischen ihnen zu fördern, erscheint die Annahme, die staatliche Befugnis zur Regelung einer solchen arbeitskampffreien Schlichtungsphase sollte ausgeschlossen werden, sehr fernliegend.[753] Vielmehr stellt sich eine solche Regelung gerade als Erfüllung dieser Verpflichtung dar.

B. Das subsidiäre gesetzliche Schlichtungsverfahren

Damit die gesetzliche Statuierung einer Schlichtungsobliegenheit nicht leer läuft, erscheint es sinnvoll, diese auch für den Fall vorzusehen, dass sich ein vorhandenes Schlichtungsabkommen als nicht funktionsfähig erweist. Hierdurch wird garantiert, dass auch dann ein Schlichtungsversuch unternommen wird, wenn zwar ein Schlichtungsabkommen getroffen wurde, dieses sich aber, etwa aufgrund von Besetzungsfragen, als nicht durchsetzbar erweist.[754] In diesem Fall muss für die Parteien ein effektives staatliches Schlichtungsverfahren zur Verfügung stehen.

I. Einleitung des Verfahrens

Ist der Schlichtungsversuch unabdingbare Voraussetzung für die Zulässigkeit eines Arbeitskampfes, kann nicht der Antrag beider Parteien für das Ingangsetzen des Schlichtungsverfahrens vorrausgesetzt werden. Vielmehr muss es jeder Partei zustehen, das Schlichtungsverfahren zu einem von ihm auszuwählenden Zeitpunkt durch einen Antrag einzuleiten.

Weiterhin sollte festgelegt werden, dass das Schlichtungsverfahren erst nach Ablauf des bisherigen Tarifvertrages angerufen werden kann. Damit wird verhindert, dass die Tarifvertragsparteien bereits weit im Voraus den Schlichtungsversuch unternehmen, nur um in rechtmäßiger Weise unmittelbar nach Laufzeitende des Tarifvertrages den Arbeitskampf beginnen zu können. Zugleich wird in ausreichendem Maße gewährleistet, dass die Parteien den Schlichtungsversuch in diesem Stadium als ernstzunehmende Möglichkeit der Hilfeleistung ansehen.

---

753 *Löwisch*, ZfA 1985, 53 (68).

754 So auch *Rieble*, ZAF 2005, 218 (224); *Löwisch*, ZfA 1985, 53 (69).

Die Verhältnismäßigkeit der Arbeitskampfverzögerungen ist durch entsprechend kurze Fristen bei der Ausgestaltung des Schlichtungsverfahrens zu gewährleisten.

II. Verhandlungspflicht und Schlichtungsobliegenheit

Zu klären ist darüber hinaus, ob die Einführung einer Schlichtungsobliegenheit daran zu knüpfen ist, dass vor der Anrufung der Schlichtungsstelle Tarifverhandlungen gescheitert sind. Insbesondere *Seiter*[755] hat die Auffassung geäußert, dass eine feste staatliche Einbindung der Schlichtung in die Tarifauseinandersetzung nur sinnvoll sei, wenn eine Pflicht zum Verhandeln besteht. Jedem Arbeitskampf habe ein Schlichtungsverfahren vorauszugehen, welches seinerseits gescheiterte Tarifverhandlungen voraussetze. Ein Scheitern der Tarifverhandlungen könne aber keinesfalls angenommen werden, wenn wegen der Weigerung einer Tarifpartei Verhandlungen überhaupt nicht in Gang gesetzt worden seien. Eine Verhandlungspflicht müsse daher als notwendige Voraussetzung einer Schlichtung gesetzlich mitgeregelt werden.[756]

Ein solcher Verhandlungszwang ist jedoch mit der Tarifautonomie nicht vereinbar.[757] Der Versuch, die Einlassung objektiv messbaren Kriterien zu unterstellen, lässt sich mit der Tarifautonomie ebenso wenig vereinbaren, wie die Festlegung eines inhaltlichen Verhandlungsminimums oder einer Mindestverhandlungsdauer.[758] Eine Prüfung, ob trotz einer Erklärung des Scheiterns der Tarifverhandlungen doch noch eine materielle Verhandlungsbereitschaft vorhanden ist, kommt ebenfalls nicht in Betracht.[759] Es fehlt grundsätzlich an hinreichend nachvollziehbaren Maßstäben dafür, wann Verhandlungen als gescheitert anzusehen sind.

Zwar spricht für die Forderung des vorherigen Scheiterns von Verhandlungen als Voraussetzung zur Durchführung eines Schlichtungsverfahrens vordergründig, dass die meisten Schlichtungsabkommen für die Einleitung eines Schlichtungs-

755 RdA 1986, 165 (187); FS zum 125järigen Bestehen der Juristischen Gesellschaft zu Berlin, S. 744.

756 *Seiter*, FS zum 125jährigen Bestehen der Juristischen Gesellschaft zu Berlin, S. 744; a.A. *Behning*, Schlichtung, S. 253; *Brox/Rüthers*, Arbeitskampfrecht, Rn. 136 (202), die einen Verhandlungsanspruch ablehnen, jedoch einen Anrufungs- und Einlassungszwang für ein Schlichtungsverfahren befürworten.

757 Vgl. oben die Ausführungen zu Teil 1 C III 2.

758 *Rieble*, ZAF 2005, 218 (223); *Behning*, Schlichtung, S. 253.

759 MünchArbR/*Löwisch/Rieble*, 2. Aufl., § 243 Rn 55; *Brodmann*, Arbeitskampf und Pressefreiheit, S. 116 f.; *Behning*, Schlichtung, S. 253.

verfahrens gescheiterte Tarifverhandlungen voraussetzen.[760] Dies ist jedoch nicht zwingend. So sehen andere freiwillige Schlichtungsvereinbarungen vor, dass ein Schlichtungsverfahren durchzuführen ist, wenn eine Partei sich weigert, nach Auslaufen des gekündigten Tarifvertrages Verhandlungen aufzunehmen.[761] Mithin ist es durchaus möglich, einen Schlichtungsversuch auch ohne zuvor geführte Verhandlungen durchzuführen. Einen solchen Weg wählen die Tarifparteien, um beispielsweise eine Verhärtung der Standpunkte von vornherein zu vermeiden.[762] Ein Schlichtungsversuch als Arbeitskampfvoraussetzung kann daher auch ohne gleichzeitige Anordnung einer Verhandlungspflicht gesetzlich geregelt werden.

III. Befristung der Arbeitskampfruhe

Ebenso, wie eine freiwillige Schlichtungsvereinbarung eine arbeitskampffreie Schlichtungsphase vorzusehen hat, sollte auch das hilfsweise zur Verfügung gestellte gesetzliche Schlichtungsverfahren eine solche enthalten. Das Ruhen von Arbeitskampfmaßnahmen ist auch nach Anrufung der staatlichen Schlichtungsstelle notwendig, da hierdurch berechtigte Hoffnung besteht, einen Arbeitskampf vermeiden zu können, insbesondere deshalb, weil Schlichtungsverhandlungen unter dem Druck eines Arbeitskampfes schwieriger durchzuführen sind und die Gefahr besteht, dass sich durch Streiks während der Schlichtungsphase die Fronten weiter verhärten.[763] Allerdings darf wegen der Kampfgarantie des Art. 9 Abs. 3 GG den Tarifvertragsparteien das Recht auf kampfweise Betätigung nur für kurze Zeit entzogen werden. Hierzu eignet sich eine Regelung zur Befristung der Kampfruhe.

Rieble[764] schlägt vor, einen Schlichtungsversuch als unternommen anzusehen, wenn nach wirksamer Anrufung der Schlichtungsstelle ein Zeitraum von 16 Tagen verstrichen ist. Eine solche kampffreie Schlichtungsphase ist dem deutschen Recht nicht fremd. So hat schon § 1 der Verordnung von 1920[765] vorgesehen, dass die Schlichtung ohne Kampfmaßnahmen durchzuführen ist. Eine solche Befristung macht den Verlauf eines Schlichtungsverfahrens kalkulierbar und

---

760 So etwa § 2 der Schlichtungs- und Schiedsvereinbarung für die Metallindustrie vom 01.01.1980; § 1 Abs. 1 der Schieds- und Schlichtungsordnung zwischen dem Bundesverband Druck und IG Druck und Papier vom 02.11.1988; vgl. auch MünchArbR/*Otto*, 2. Aufl., § 295 Rn. 8 ff.

761 § 7 der Schlichtungsvereinbarung zwischen der Vereinigung Deutscher Sägewerksverbände und der Gewerkschaft Holz und Kunststoff vom 13.03.1986.

762 Vgl. auch *Behning*, Schlichtung, S. 252.

763 *Lobeck*, BB 1957, 233.

764 ZAF 2005, 218 (224).

765 RGBl. 1865.

ermöglicht den Parteien gleichzeitig einen ausreichenden Bereich kampfmäßiger Betätigung. Den Tarifparteien wird eine Konfliktlösungsmöglichkeit ohne Kampfdruck geboten. Zugleich wird auch der Schutz der Allgemeinheit hinreichend berücksichtigt. Auf diese Weise wird die Schlichtung auch schlichtungsunwilligen Tarifparteien gerecht, denn es besteht keine Möglichkeit der anderen Partei, die Schlichtungsverhandlungen zu verschleppen, um so eine Friedenspflicht hinauszuzögern.[766]

IV. Besetzung der Schlichtungsstelle

Die Schlichtungsstelle sollte sich aus einem Vorsitzenden und den Beisitzern der Arbeitgeber- und der Arbeitnehmerseite zusammensetzen. Damit der Charakter einer Regelungsstreitigkeit gewahrt bleibt, sollte die staatliche Schlichtungsbehörde nicht bei den Gerichten, sondern bei den obersten Landesarbeitsbehörden angesiedelt sein.[767] Hier soll eine weisungsfreie Schlichtungsstelle errichtet werden.

1. Beisitzer

Bei der Zusammensetzung der Schlichtungsstelle ist wegen des Grundsatzes der Parität auf die gleiche Anzahl von Beisitzern beider Parteien zu achten. Hierdurch kann die Gleichberechtigung der Tarifvertragsparteien garantiert werden. Das Gebot der Parität im Sinne einer materiellen Gleichheit, die den Einfluss der Koalitionen auf von ihnen abzuschließende Tarifverträge egalisieren soll, zählt zum verfassungsrechtlich geschützten Kernbereich des Tarifvertragswesens.[768] Es erscheint sinnvoll, dass für den Schlichtungsfall nach Anrufung der Schlichtungsstelle von jeder Tarifvertragspartei innerhalb von zwei bis drei Werktagen je ein ehrenamtlicher Beisitzer gestellt werden kann. Stehen mehrere Parteien auf einer Seite der Auseinandersetzung, müssen sie sich auf einen gemeinsamen Beisitzer einigen. Die Anzahl der Beisitzer sollte in jedem Fall gering gehalten werden, damit ein schnelles Zustandekommen des Schlichtungsvorschlags nicht an der Meinungsvielfalt innerhalb der Gruppe der jeweils von den Koalitionen

766 *Müller*, Arbeitskampf und Recht, S. 298.

767 Anders etwa *Birk/Konzen/Löwisch/Raiser/Seiter*, ArbeitskampfG, S. 61. Die gesetzlichen Schlichtungsstellen werden hiernach statt bei den obersten Arbeitsbehörden des Bundes und der Länder beim BAG und bei den Landesarbeitsgerichten eingerichtet (§ 14), um ihre Unabhängigkeit zu betonen.

768 *Seiter*, RdA 1981, 65 (68).

entsandten Vertretern scheitert und die Einflussnahmemöglichkeiten eines neutralen Dritten möglichst groß bleiben.

2. Vorsitzender

Das staatliche Schlichtungsrecht und die tariflichen Schlichtungsabkommen sehen überwiegend die Einsetzung eines unparteiischen stimmberechtigten Schlichters als Vorsitzenden der Schlichtungsstelle vor.[769]

Die Einsetzung eines Vorsitzenden ist auch erforderlich, um die Erfolgsaussichten eines Schlichtungsverfahrens zu erhöhen.[770] Denn dieser fördert durch seine Vermittlungsfähigkeit die Kompromissbereitschaft der Tarifvertragsparteien. Sie gewährleistet darüber hinaus eine beschleunigte Durchführung des Verfahrens. Die Schlichtung ohne den unparteiischen Dritten besitzt lediglich den „Charakter fortgesetzter Tarifverhandlungen bei verringerter Teilnehmerzahl“.[771]

In der Regel haben die Tarifvertragsparteien entsprechend ihrer Schlichtungsabkommen eine einvernehmliche Entscheidung über die Person des Vorsitzenden zu treffen. Teilweise wird in diesem Fall von jeder Seite ein Vorsitzender benannt und über die Stimmberechtigung der beiden Vorsitzenden entweder durch Einigung, oder durch Los[772] oder in der Weise entschieden, dass der Vorsitzende von Verfahren zu Verfahren jeweils von der Arbeitgeber- oder Arbeitnehmerseite ernannt wird.[773] Darüber hinaus wird vorgesehen, dass der Vorsitzende durch den Präsidenten des Bundesarbeitsgerichtes bestimmt wird.[774] Eine Auslosung des Schlichters hat sicherlich den Nachteil, dass jede Seite nicht einen möglichst neutralen, sondern einen ihr möglichst nahestehenden Schlichter benennt, in der Hoffnung, das Los werde auf ihn fallen.[775] Bei streng alternierendem, zu Beginn der Amtszeit festgelegtem Vorsitz besteht die Gefahr, dass der jeweils weniger angenehme Unparteiische von den Tarifvertragsparteien bei tarifpolitisch unwichtigen Regelungsstreitigkeiten verschlissen wird.

Im Übrigen kann nur dann ein hinreichend erfolgreiches Verfahren erwartet werden, wenn die Unabhängigkeit des Vorsitzenden gewährleistet ist.

---

769 Vgl. Löwisch/*Rumler*, Arbeitskampf- und Schlichtungsrecht, 170.11 Rn. 150.

770 Ebenso *Heinze*, FS Molitor, 159 (163); *Birk/Konzen/Löwisch/Raiser/Seiter*, ArbeitskampfGF, S. 61.

771 *Knevels*, ZTR 1988, S. 408.

772 §§ 5 Abs. 7, 12 Abs. 7 Schlichtungs- und Schiedsvereinbarung für die Metallindustrie vom 01.01.1980.

773 § 4 Abs. 1 der der Vereinbarung über ein Schlichtungsverfahren im öffentlichen Dienst vom 30.09.2002.

774 § 3 Abs. 2 des Schlichtungsabkommens für das Baugewerbe vom 12.03.1979 in der Fassung vom 26.03.1993.

775 *Löwisch*, BB 1988, 1333.

Dabei kann auch hier das Verfahren nach dem KRG Nr. 35 sinnvoll sein, nach dem der Vorsitzende von den Landesarbeitsbehörden für jedes Schlichtungsverfahren aus einer Vorsitzendenliste ausgewählt und bestellt wird (Art. VI Abs. 1 KRG Nr. 35). Wird dieser von den Tarifvertragsparteien nicht gebilligt, so muss ein neuer Vorsitzender gewählt und bestellt werden (Art. IX Abs. 2 KRG Nr. 35). Die Vorsitzenden-Liste wird von der Landesarbeitsbehörde für die Dauer von drei Jahren aufgestellt, wobei die wiederholte Aufnahme in die Liste zulässig ist (Art. VI Abs. 3 KRG Nr. 35).

Andererseits gebietet die Einführung einer Schlichtungsobliegenheit eine zügige Durchführung des Verfahrens und kann es sich nicht erlauben, dass sich die Schlichtungsstelle erst nach geraumer Zeit konstituiert. Insofern erscheint es interessengerecht, wenn ein Vorsitzender vom zuständigen Landesminister im Einvernehmen mit einem einzurichtenden Ausschuss bestehend aus Arbeitgebern oder anerkannten Arbeitgeberverbänden der jeweiligen Bundesländer sowie der Gewerkschaften für eine gewisse Amtszeit berufen wird.

Welche persönliche Qualifikation von dem unparteiischen Vorsitzenden zu verlangen ist, ergibt sich aus den wenigsten Schlichtungsordnungen. Doch verlangt beispielsweise Art. VI S. 2 lit. b KRG Nr. 35 als Voraussetzung für die Ernennung des Vorsitzenden Sachkunde in Produktions- und Arbeitsbedingungen. Somit kommen im Grunde vor allem Richter der Arbeitsgerichtsbarkeit, Bedienstete der Arbeitsbehörden und Arbeitsämter, aber auch sonstige Fachleute des Arbeitsrechts in Frage.[776] In jedem Fall sind nicht erfahrene Sozialpolitiker, sondern Personen mit ökonomischem Sachverstand gefragt.[777] Der Vorsitzende hat während seiner Amtszeit unparteiisch zu sein und ist nicht weisungsgebunden.

Ein solcher Landesschlichter ist sodann in der Lage, kollektive Interessenkonflikte im Vorfeld von Arbeitsgerichtsverfahren und Arbeitskampfmaßnahmen auszugleichen, da er die vielschichtige Tariflandschaft besonders gut kennt, mit den Zielsetzungen und Empfindlichkeiten der Tarifparteien vertraut ist und dessen Objektivität und fachliche Kompetenz als Voraussetzung für erfolgreiche Schlichtungen bekannt ist. Als neutrale Instanz ist er am ehesten in der Lage, eine Kommunikationsblockade der Tarifpartner zu durchbrechen, die sich aufgebaut hat und die gerade bei einer vom Scheitern bedrohten Verhandlung besonders oft eintreten wird.

---

776 *Helm*, Arbeit und Sozialfürsorge 1946, 401 (402); *Königbauer*, Freiwillige Schlichtung und arbeitsrechtliches Schiedsgericht, S. 60; *Külp*, Schlichtungsformen, S. 20 ff.

777 *Rieble*, ZAF 2005, 218 (224).

V. Schlichtungsvorschlag durch die Schlichtungskommission

Im Interesse des Vorranges einer friedlichen Lösung sollte ein Schlichtungsverfahren, sofern die Herbeiführung einer Einigung nicht gelingt, zu einem Einigungsvorschlag kommen.[778] Dieser Vorschlag ist unverbindlich, da er den frei vereinbarten Tarifvertrag nicht durch eine staatliche Zwangsschlichtung ersetzt. Er hat lediglich empfehlenden Charakter für die Tarifvertragsparteien und signalisiert, wenn er hinreichend sachlich begründet ist, zumindest die Möglichkeit einer Einigung.

Selbst wenn er von den Tarifvertragsparteien nicht angenommen wird, ist der Vorschlag der Schlichtungsstelle geeignet, die Akzeptanz der Schlichtungsidee bei der dem Schlichtungsverfahren ablehnend gegenüberstehenden Tarifpartei zu fördern. Auf ihn in einer gesetzlichen Regelung des Schlichtungsverfahrens zu verzichten, ließe das Schlichtungsverfahren in den Augen der Tarifvertragsparteien, aber auch in der Öffentlichkeit, leicht entbehrlich erscheinen.[779] Zudem wird der Schlichtungsspruch dafür sorgen, dass die Gewerkschaftsführung nicht leichtfertig zu einem aufwendigen Streik aufrufen wird. Würde nämlich am Ende nicht deutlich mehr als der Vorschlag der Schlichtungsstelle herauskommen, so ist die Führung diskreditiert.[780]

Der Vorschlag *Riebles*[781] für die gesetzliche Einführung einer Schlichtungsobliegenheit, sowie der Entwurf *Heinzes*[782] für die Normierung des Schlichtungsverfahrens und auch der Entwurf eines Gesetzes zur Regelung kollektiver Arbeitskonflikte[783] schreiben der Schlichtungsstelle vor, den Tarifvertragsparteien einen Schlichtungsvorschlag zu unterbreiten, wenn in den Verhandlungen keine Einigung zu erzielen ist. Selbst die tariflichen Schlichtungsabkommen bestimmen für den Fall, dass eine Einigung der Tarifparteien nicht zustande kommt, regelmäßig, dass die Schlichtungskommission einen Schlichtungsvorschlag abgibt. Gegen einen solchen, für die Tarifparteien unverbindlichen, Schlichtungsvorschlag bestehen keine Bedenken hinsichtlich Art. 9 Abs. 3 GG.[784] Zwar ist nicht auszuschließen, dass der das Schlichtungsverfahren beendende Schlichtungsspruch selbst als bloßer Vermittlungsvorschlag die Verhandlungsmöglich-

778 *Rieble*, ZAF 2005, 218 (224).

779 *Müller*, Arbeitskampf und Recht, S. 298.

780 *Rieble*, ZAF 2005, 218 (223).

781 ZAF 2005, 218 (224).

782 FS Molitor, 159 (163).

783 *Birk/Konzen/Löwisch/Raiser/Seiter*, ArbeitskampfG, S. 62.

784 Vgl. oben die Ausführungen zu Teil 1 C III 1 a.

keiten wegen des Drucks der Öffentlichkeit beschränkt. Berücksichtigt man andererseits jedoch, dass die Austragung von Tarifkonflikten mittels Arbeitskampf unbeteiligte Kreise der Bevölkerung in gleicher Weise oder sogar noch stärker treffen können als die Koalitionen selbst, so erscheint die Ausübung dieses Drucks und die damit einhergehende Beschränkung der Verhandlungsmöglichkeiten als hinnehmbar. Darüber hinaus sehen sich die Parteien häufig schon während der laufenden Tarifverhandlungen einem erhöhten Druck durch veröffentlichte Meinungen ausgesetzt, der sich nicht wesentlich von dem unterscheidet, der nach Bekanntwerden des Schlichtungsspruches auf sie ausgeübt wird.

Die Interessen der stets mitbetroffenen Allgemeinheit erlauben es, diese rechtzeitig einzubringen und die Tarifvertragsparteien dadurch bei ihrer Endentscheidung wenigstens unter entsprechenden Rechtfertigungsdruck zu setzen.[785] Entscheidend ist, dass die Freiheit der Tarifvertragsparteien zur Entscheidung über den Inhalt des Tarifvertrages ungeschmälert erhalten bleibt.

Für den Fall des Fernbleibens einer Seite von den Schlichtungsverhandlungen erscheint es zweckmäßig, eine Beschlusfassung durch den Vorsitzenden und die erschienen Beisitzer der Schlichtungsstelle vorzusehen.[786] So wird der Weg über einen gegen die Tarifautonomie verstoßenden Einlassungszwang vermieden und gleichzeitig dennoch ausreichender öffentlicher Druck auf die säumige Partei ausgeübt.

Weiterhin sollte eine kurze Frist nach dem Zusammentreten der Schiedsstelle für den Erlass des Schiedsspruches gesetzt werden.[787] Sie sollte, um Arbeitskämpfe zu vermeiden und eine friedliche Lösung zu ermöglichen, kürzer sein als die befristete Arbeitskampfruhe.[788] Zwar besteht durch die Bestimmung einer solchen kurzen Frist die Gefahr, der Aufklärung des Sachverhalts durch die Schlichtungsstelle in den Arm zu fallen und einen nicht optimalen Schiedsspruch zu erhalten, weil die für eine gründliche Untersuchung nötige Zeit fehlt.[789] Andererseits sollte es zu einer schnellen Entscheidung kommen, um die Effektivität der Schlichtung zu gewährleisten und es einer böswilligen Partei nicht zu ermöglichen, das Verfahren durch immer neue Vorträge künstlich in die Länge zu ziehen.

---

785 *Lieb*, FS-Hanau, S. 561 (568).

786 *Heinze*, FS-Molitor, S. 159 (163); *Sitzler*, FS-Nipperdey, S. 193 (208).

787 *Rieble*, ZAF 2005, 218 (224) schlägt eine Frist von zehn Tagen vor. § 7 Abs. 2 der Vereinbarung über ein Schlichtungsverfahren im öffentlichen Dienst vom 30.09.2002, sieht vor, dass spätestens vier Werktage nach Zusammentritt des Schlichtungsgremiums eine Einigungsempfehlung vorliegen muss.

788 *Rieble*, ZAF 2005, 218 (224) schlägt vor, dass die Schlichtungsstelle innerhalb von zehn Tagen nach ihrem Zusammentreten einen schriftlichen Einigungsvorschlag unterbreitet.

789 *Futter*, Schlichtungswesen, S. 141.

Der Vorsitzende soll auf einen einstimmigen Einigungsvorschlag hinwirken. Kommt aber eine Einstimmigkeit nicht zustande, sollte der schriftlich formulierte Einigungsvorschlag eine einfache Mehrheit besitzen. Stimmenthaltungen sollten zulässig sein und nicht als Nein-Stimme zählen.[790]

Zweifelhaft ist dabei, ob dem Vorsitzenden eine Stimmberechtigung zukommen soll. Nach § 5 Abs. 2 MusterSchliV[791] gilt, dass die Tarifvertragsparteien über die Stimmberechtigung des unparteiischen Vorsitzenden entscheiden. In vielen Fällen hat der unparteiische Vorsitzende, wie jeder andere Beisitzer auch, volles Stimmrecht, sofern eine Schlichtung nur durch eine Abstimmung der Schlichtungsstelle erfolgen kann. Der Verzicht auf die entscheidende Stimme des Vorsitzenden entspricht dem Wesen der Tarifautonomie am ehesten.[792] Andererseits besteht die Gefahr, dass ein derartiges Schlichtungsgremium nicht funktionsfähig ist, wenn nicht ausreichend guter Wille zur Einigung vorhanden ist.[793] Ein solches Verfahren würde zu hohe Anforderungen an die Verständigungsbereitschaft der Parteien stellen. Eine Stimmberechtigung des Vorsitzenden ist vorzugswürdig, denn dadurch wird ein Einigungsvorschlag ermöglicht, auf den sich die Parteien nicht einigen konnten. Die Hinzuziehung eines mit einem Stimmrecht ausgestatteten Schlichters gewährleistet einen zügigen Ablauf des Schlichtungsverfahrens. Dadurch wird den Interessen derjenigen Tarifpartei, die der Schlichtung grundsätzlich ablehnend gegenübersteht, ausreichend Rechnung getragen.

Letztlich ist zwar nicht auszuschließen, dass ein Einigungsvorschlag, der auf Grund einer dann möglichen Mehrheitsentscheidung, die der Schlichter mit den Vertretern der einen Seite trifft, durch die überstimmte Partei auf Ablehnung stößt.[794] Dennoch erscheinen die Chancen auf einen Konsens ausreichend groß, da sich der Schlichter nicht willkürlich auf die eine oder andere Seite schlagen wird.

Im Interesse einer zügigen, von keiner der beiden Seiten behinderten Durchführung des Schlichtungsverfahrens, sollte mithin ein stimmberechtigter Vorsitzender berufen werden.

---

790 Ebenso hinsichtlich des Verfahrens nach dem KRG Nr. 35: *Hueck/Nipperdey* Arbeitsrecht II/1, S. 793; Löwisch/*Rumler*, Arbeitskampf- und Schlichtungsrecht, 170.11 Rn. 72; a.A.: MünchArbR/*Otto*, 2. Aufl., § 288 Rn. 9.

791 Schlichtungsvereinbarung zwischen DGB und der Bundesvereinigung der Deutschen Arbeitgeberverbände vom 07.09.1954 (Magarethenhof-Abkommen).

792 *Esser*, FS Molitor, 99 (104); *Rappe*, FS Molitor, 261 (264).

793 *Müller*, DB 1989, 42 (44).

794 *Knevels*, ZTR 1988, 408 (412); *Keller*, in: Handbuch der Arbeitsbeziehungen, S. 119 (125).

VI. Annahme des Schlichtungsspruches

1. Nachträgliche Zustimmungserklärung

Gegen eine Regelung, die vorsieht, dass ein formwirksamer Tarifvertrag zustande kommt, wenn die Tarifparteien den Vorschlag der Schlichtungsstelle durch schriftliche Zustimmungserklärung nachträglich annehmen, bestehen von vornherein keine Bedenken. Denn durch die Annahme erklären die Tarifvertragsparteien, dass sie den Regelungsvorschlag des Schlichters als angemessene Lösung ihres Tarifkonfliktes ansehen und die Regelung inhaltlich selbst und damit eigenverantwortlich tragen wollen.

2. Vorherige Unterwerfung

Verbindlichkeit könnte dem Schlichtungsspruch auch zukommen, wenn sich die Tarifvertragsparteien ihm schon vorher unterworfen haben. Bei der vorherigen Unterwerfung unter den Schlichtungsspruch werden allerdings Bedenken laut, eine solche stehe im Widerspruch zum Sinn der Gewährung der Tarifautonomie. Schließlich werde diese den Parteien eingeräumt, damit sie selbstverantwortlich die Wirtschafts- und Arbeitsbedingungen ihrer Mitglieder regeln und nicht damit die Parteien ihre Verantwortung auf Dritte delegieren.[795] Die Autonomie zwinge die Parteien dazu, die Regelungen der Wirtschaft- und Arbeitsbedingungen selbst und zwar in letzter Verantwortung vorzunehmen. Dies würden sie aber gerade nicht tun, wenn sie bereits im Vorfeld der Schlichtung einen verbindlichen Schlichtungsspruch von außen akzeptierten. Schlichtungsvorschläge könnten so auch gegen den Willen einer Seite ergehen. Hat die unterlegene Seite bereits im Vorfeld die Annahme erklärt, so sei sie für die Dauer der Laufzeit des neuen Tarifvertrages an Arbeitsbedingungen gebunden, die sie gar nicht zu tragen bereit ist. Die Herstellung des Friedens sei so nur äußerlicher Natur. Der Gedanke des sozialen Ausgleichs werde damit nur unzureichend verwirklicht, weil eine selbstverantwortliche Einigung zwischen den Tarifparteien nicht erzielt worden sei. Ist wenigstens eine Partei mit dem auf das staatliche Eingreifen zurückgehenden Ergebnis nicht einverstanden, werde sie so bald wie möglich die Änderung des Tarifvertrages anstreben.[796] Eine funktionsfähige Tarifautonomie setze somit zwingend die beiderseitige Akzeptanz der vereinbarten Vertragsinhalte

795 *Andelewski*, Staatliche Mindestarbeitsbedingungen, S. 292.

796 *Preißler*, Zwangsschiedsspruch, S. 18 ff. (50); *Behning*, Schlichtung, S. 43; *Biedenkopf*, Grenzen der Tarifautonomie, S. 132.

voraus. Nur dann sei es den vertragsschließenden Verbänden möglich, die Inhalte der Tarifverträge ihren Mitgliedern zu vermitteln.

Die vorgebrachten Bedenken sind allerdings nicht durchgreifend.[797] Richtig ist, dass sich die Schlichtung am Verbot der Fremdbestimmung messen lassen muss.[798] Das heißt aber nicht, dass sich die Parteien zur Lösung eines Konfliktes nicht der Hilfe von außen bedienen dürfen. Zwar vereinbaren die Parteien bei der vorherigen Unterwerfung letztlich die Annahme eines Tarifvertrages, dessen Inhalt sie nicht kennen und delegieren die inhaltliche Verantwortung für einen durch vorherige Unterwerfung zustandegekommenen Tarifvertrag auf den Schlichter. Diesem kommt aber vergleichbar dem Stellvertreter – allerdings für beide Seiten (§ 181 Alt. 2 BGB) – „die Funktion eines Vertragsgehilfen" zu.[799] Wie der Stellvertreter darf auch der Schlichter allein die widerstreitenden Interessen der Tarifparteien im Auge haben. Eine Verpflichtung auf das Gemeinwohl vertrüge sich damit nicht. Der Grundsatz der Tarifautonomie bleibt dadurch ausreichend gewährleistet.

3. Annahmefiktion nach Fristablauf

Neben Fristen für die Aufstellung des Schlichtungsspruchs enthalten Schlichtungsvereinbarungen der Tarifvertragsparteien Fristen von in der Regel sechs Werktagen bis 14 Kalendertagen für die Erklärung der Parteien über Annahme oder Ablehnung eines mit Mehrheit gefällten Schlichtungsspruchs.[800] Der Vorschlag *Heinzes* sieht eine Erklärungsfrist von sieben Tagen vor.[801] Der Entwurf eines Gesetzes zur Regelung kollektiver Arbeitskonflikte[802] verzichtet hingegen auf eine Frist zur Erklärung von Annahme oder Ablehnung des Einigungsvorschlags, lässt das Schlichtungsverfahren aber eine Woche nach Abfassen des Schlichtungsvorschlags enden und steht so den tariflichen Schlichtungsvereinbarungen, nach denen das Schlichtungsverfahren regelmäßig endet, wenn der

797 Vgl. auch MünchArbR/*Rieble/Klump*, 3. Aufl., § 169 Rn. 14; *Preißler*, Zwangsschiedsspruch, S. 51 f.; *Paech*, Tarifautonomie, S. 146; *Dütz*, RdA 1978, 291 (298); *Zöllner/Loritz/Hergenröder*, Arbeitsrecht, S. 453; *Däubler*, Tarifvertragsrecht, S. 531;

798 MünchArbR/*Rieble/Klumpp*, 3. Aufl., § 243 Rn. 13.

799 MünchArbR/*Rieble/Klumpp*, 3. Aufl., § 243 Rn. 14.

800 Vgl. z.B. § 7 Abs. 6 des Schlichtungsabkommens für das Baugewerbe vom 12.03.1979 in der Fassung vom 26.03.1993; § 9 Abs. 2 S. 3 der Schlichtungs- und Schiedsvereinbarung für die Metallindustrie vom 01.01.1980; § 8 Abs. 5 der Schieds- und Schlichtungsordnung für die Druckindustrie.

801 *Heinze*, FS-Molitor, 159 (163).

802 *Birk/Konzen/Löwisch/Raiser/Seiter*, ArbeitskampfG, S. 62.

Schlichtungsvorschlag innerhalb der ausdrücklich bestimmten Frist nicht angenommen wird, im Ergebnis gleich.[803]

In Betracht kommt weiterhin die Regelung einer Annahmefiktion. Es handelt sich dabei um ein Mittel, dessen sich nur das rheinland-pfälzische Schlichtungsgesetz in § 13 Abs. 1 bedient hat. Hat ein Schlichtungsgremium einen Schiedsspruch verkündet, so wird dieser den Parteien mit einer Begründung zugestellt. Diesen steht es nun frei, entweder zu schweigen oder sich über die Annahme oder Ablehnung des Vorschlages zu erklären. Um aber die Sache nicht auf unbestimmte Zeit in der Schwebe zu lassen, kann der Vorsitzende des Schlichtungsausschusses eine Frist bestimmen (vgl. § 15 Abs. 2 Landesschlichtungsordnung Baden, § 12 Abs. 3 ASG Rheinland-Pfalz), innerhalb derer sich die Koalitionen erklären müssen. Gehen innerhalb dieser Frist beiderseitige Äußerungen ein, so gilt der Schlichtungsspruch als angenommen. Auf der anderen Seite kommt eine Einigung nicht zustande, wenn auch nur eine Partei den Spruch ablehnt. Schweigen jedoch beide Parteien oder erklärt nur eine von ihnen die Annahme, während die andere sich nicht äußert, so kann das Gesetz oder die Schlichtungsvereinbarung hieran zwei Alternativen knüpfen.[804]

Zum einen kann der Schlichtungsspruch als abgelehnt gelten. Eine solche Ablehnungsfiktion wird teilweise auch ausdrücklich festgestellt.[805] Beinhalten Schlichtungsgesetze oder -vereinbarungen hierüber keine Bestimmungen, so muss eine Ablehnung des Schlichtungsspruches angenommen werden.[806] Das folgt aus dem Grundsatz, dass bei Fehlen anderweitiger gesetzlicher oder vertraglicher Regelungen Schweigen im Rechtsverkehr als Ablehnung verstanden wird und allenfalls dann eine Bindungswirkung zu begründen vermag, wenn dies nach der Verkehrssitte üblich ist. Im Bereich des Schlichtungsrechts existiert eine solche Verkehrssitte allerdings nicht.

Zum anderen kann eine Schlichtungsregelung vorsehen, dass der nicht abgelehnte Schlichtungsspruch mit dem Ablauf der Erklärungsfrist als angenommen gilt. Eine solche Annahmefiktion kann zu einer sofortigen Befriedung der Tarifauseinandersetzung führen. Die Koalitionen werden gezwungen, sich klar und unmissverständlich zu dem Schlichtungsspruch zu äußern. Dadurch wird ihnen zugleich verwehrt, die Entscheidung zum Zwecke der Verfahrensverschleppung

803 § 9 des Schlichtungsabkommens für das Baugewerbe vom 12.03.1979 in der Fassung vom 26.03.1993; § 9 Abs. 6 der Schlichtungs- und Schiedsvereinbarung für die Metallindustrie vom 01.01.1980; § 7 Abs. 2 S. 2 der Schlichtungsregelung für die chemische Industrie vom 28.10.1981 in der Fassung vom 19.12.1996.

804 *Lippert*, Die Bedeutung des Schlichtungsverfahrens, S. 42.

805 Z.B. § 15 Abs. 2 S. 2 der Landesschlichtungsordnung Baden, § 4 des Hattenheimer Abkommens, abgedruckt in RdA 1950, S. 68.

806 So die Schlichtungsverordnung vom 30.10.1923, RGBl. 1923, S. 943 und das KRG Nr. 35.

hinauszuzögern. Dies ist besonders dann entscheidend, wenn unter den maßgebenden Personen in den entscheidenden Gremien der Verbände Machtkämpfe im Gange sind.[807] Solche Auseinandersetzungen sollten keinen Einfluss auf die Tarifauseinandersetzung nehmen. Ferner hat die Annahmefiktion zur Folge, dass die Koalitionen daran gehindert sind, dem jeweiligen Gegner die Entscheidung zuzuschieben. Eine nicht annahmebereite Tarifpartei könnte anderenfalls zunächst eine mögliche Ablehnung des anderen Teils abwarten, um sodann eine nicht ernst gemeinte Annahme des Schlichtungsspruches zu erklären. Auf diese Weise würde sie eine in Wahrheit nicht vorhandene Konsensbereitschaft vortäuschen.

Schließlich ist anzumerken, dass die Annahmefiktion auch nicht der Selbstverantwortung der Sozialpartner abträglich ist, weil dann die Verantwortung für den Inhalt der infolge der Fiktion zustandegekommenen Gesamtvereinbarung auf den Staat abgewälzt werden könnte. Schließlich wäre für jedermann ersichtlich, dass der Schiedsspruch durch die eigene Fristversäumnis verbindlich geworden ist. Die Partei, die den Spruch nachher in dieser Weise kritisiert, muss sich entgegenhalten lassen, dass sie ihn ja hätte ablehnen können. Hat sie dies infolge innerer Zerissenheit, Unentschlossenheit oder aus anderen Gründen versäumt, so hat sie sich die Folgen selbst zuzuschreiben.[808] Sinnvoll erscheint dabei unter dem Gesichtspunkt einer beschleunigten Durchführung des Schlichtungsverfahrens gesetzlich eine Frist von einer Woche zu bestimmen, innerhalb derer die Parteien die Ablehnung erklären müssen.[809] Schweigen jedoch beide Parteien oder gibt nur eine von ihnen die Annahme bekannt, während die andere sich nicht erklärt, so ist ein formwirksamer Tarifvertrag zustande gekommen.

C. Die gesetzliche Einführung einer Abkühlungsphase

Schlägt der Schlichtungsversuch fehl, kommt weiterhin eine gesetzliche Ermächtigung in Betracht, für befristete Zeiträume Arbeitskampfpausen anzuordnen, um so für eine Abkühlung des Kampfgeschehens zu sorgen und es den Parteien zu ermöglichen, ohne Kampfdruck miteinander zu verhandeln.[810] Dieser Ansatz orientiert sich an einer in den Vereinigten Staaten bestehenden Regelung, dem „Labor Management Relations Act“ aus dem Jahr 1947, auch als „Taft-Hartley Labor Act“ bekannt. Danach kann der Präsident der Vereinigten Staaten unter

807 *Lippert*, Die Bedeutung des Schlichtungsverfahrens, S. 42.

808 *Lippert*, Die Bedeutung des Schlichtungsverfahrens, S. 42.

809 Vgl. insoweit auch *Rieble*, ZAF 2005, 218 (224).

810 *Rüthers*, FAZ vom 20.07.2007, S. 12; *Löwisch*, in: Rieble (Hrsg.), Zukunft des Arbeitskampfes, § 2 Rn. 17 f. (29 f.).

bestimmten Voraussetzungen und in einem vorgeschriebenen Verfahren aufgrund einer „cooling-off provision“ in diesem Gesetz eine Abkühlungsphase vor Arbeitskampfmaßnahmen von zusammengenommen maximal 80 Tagen verordnen, während der die Tarifvertragsparteien weiter verhandeln.

Eine solche Ermächtigung begegnet allerdings grundsätzlichen Bedenken. Denn es besteht durchaus die Gefahr, dass der Staat dadurch in die Rolle eines Zensors von Tarifauseinandersetzungen gedrängt wird.[811] Zudem ist die Wirkung von Abkühlungsphasen nicht ohne Weiteres erfolgversprechend. Oft stehen sich die Tarifparteien in unversöhnlicher Haltung gegenüber. War schon der Schlichtungsversuch erfolglos, so ist die Wahrscheinlichkeit groß, dass die Abkühlungsphase ohne einen erneuten Verständigungsversuch verstreicht und die Konfliktbereinigung lediglich hinausgeschoben wird. Eine solche Anordnung greift damit grundsätzlich in die zeitliche Ausübung der Arbeitskampffreiheit ein, ohne dass dies hinreichend durch kollidierendes Verfassungsrecht legitimiert ist.[812]

Andererseits muss die gesetzliche Einführung einer Abkühlungsphase für solche Fälle zulässig sein, bei denen eine außergewöhnliche Unverhältnismäßigkeit eines Arbeitskampfes zu befürchten ist. Dies betrifft im Wesentlichen Bereiche der Daseinsvorsorge. In diesen sensiblen Bereichen erscheint es geeignet, die erhitzten Gemüter durch Anordnung einer Arbeitskampfpause zu beruhigen. Sodann besteht auch die berechtigte Erwartung, dass die Öffentlichkeit ihren Einfluss geltend machen wird und die Tarifparteien die Gelegenheit ergreifen, ihre Positionen zu überdenken.

Für die Anordnung einer Abkühlungsphase erscheint der Vorsitzende der Schlichtungsstelle auf den ersten Blick besonders geeignet. Er kennt sich mit dem Tarifkonflikt durch den vorangegangenen Schlichtungsversuch regelmäßig sehr gut aus und kann deshalb die Situation angemessen beurteilen. Andererseits besteht die Gefahr, dass der Schlichter für zukünftige Schlichtungsversuche verschlissen wird. Schließlich kann ihm die eine oder andere Partei wegen einer in der Vergangenheit getroffenen Entscheidung ablehnend gegenüberstehen. Der Schlichtungsversuch stünde von vornherein unter keinen günstigen Voraussetzungen. Sinnvoll erscheint es daher, diese Entscheidung auf ein bei der Landesschlichtungsbehörde angesiedeltes Gremium, bestehend aus mehreren erfahrenen Schlichtern, zu übertragen. Dieses kann sodann mehrheitlich über den geeigneten Zeitpunkt einer Abkühlungsphase entscheiden. Auf diese Weise wird zudem weitestgehend vermieden, dass der Staat in die Rolle des Zensors für Tarifverhandlungen gedrängt wird. Angesichts des bereits fehlgeschlagenen Schlichtungsversuchs muss die Dauer der Abkühlungsphase beschränkt werden. Ver-

811 *Birk/Konzen/Löwisch/Raiser/Seiter*, ArbeitskampfG, S. 41; Weiss/Gagel-*Seifert*, 26 A, Rn. 21

812 *Däubler*, in: Däubler, Arbeitskampfrecht, Rn. 106 d.

hältnismäßig erscheint es hier, eine Abkühlungsphase vor Arbeitskampfmaßnahmen von zusammengenommen maximal 30 Tagen zuzulassen.[813]

813 Ähnlich *Rüthers*, Gesellschaftlicher Wandel – Anpassung oder Widerstand des Rechts?, S. 63.

Teil 5 Zusammenfassung der wesentlichen Ergebnisse

1. Das Schlichtungswesen wird durch die in Art. 9 Abs. 3 GG gewährleistete Koalitionsfreiheit vorgeformt. Jede gesetzliche Regelung zum Schlichtungswesen muss sich demnach an Art. 9 Abs. 3 GG messen lassen.
2. Die staatliche Zwangsschlichtung ist grundsätzlich verfassungswidrig. In Notsituationen aber kann eine Tarifauseinandersetzung durch eine Zwangsschlichtung in der Weise geordnet werden, dass lebenswichtige Interessen und Rechtsgüter gewährleistet bleiben. Bei der konkreten Ausgestaltung einer gesetzlichen Regelung könnten die zu schützenden lebenswichtigen Bereiche der Daseinsvorsorge konkret benannt und die Verbindlicherklärung des Schlichtungsspruchs an die unmittelbar bevorstehende Gefährdung der Bevölkerung oder Teile davon geknüpft werden.
3. Rechtspolitische Überlegungen sprechen dafür, die Zulässigkeit von Arbeitskampfmaßnahmen von der vorherigen Durchführung eines Schlichtungsversuchs abhängig zu machen. Die staatliche Festlegung einer solchen Schlichtungsobliegenheit stellt sich gemessen an der den Tarifparteien durch Art. 9 Abs. 3 GG gewährleisteten Koalitionsfreiheit als grundsätzlich zulässige Beschränkung dar. Die Verhältnismäßigkeit der Arbeitskampfbeschränkung ist durch ein an kurze Fristen gebundenes Schlichtungsverfahren zu gewährleisten.
4. Die Einführung eines Schlichtungszwangs durch den Gesetzgeber ist grundsätzlich verfassungswidrig. Das Spiegelbild eines den Tarifparteien aufoktroyierten Verhandlungszwangs ist der Schlichtungszwang. Weder die Aufnahme von Verhandlungen, noch das Gespräch über bestimmte vom Gegenspieler tabuisierte Themen kann jedoch erzwungen werden. Auch hinsichtlich einer Schlichtungsregelung muss dieser Grundsatz Beachtung finden. Eine Ausnahme hiervon ist jedoch für Bereiche der Daseinsvorsorge zu machen. Um möglichst schnell Frieden zu schaffen und die Versorgung der Bevölkerung sicherzustellen, soll der Staat zum Mittel des Anrufungs- und Einlassungszwangs greifen dürfen, der durch eine Einleitung des Verfahrens von Amts wegen abgesichert ist.
5. Das Angebot zu staatlicher Hilfe mittels Bereitstellung eines freiwilligen staatlichen Schlichtungssystems bedeutet die Erfüllung eines in Art. 9 Abs. 3 GG

angelegten Gesetzgebungsauftrags. Hinsichtlich der Ausgestaltung des ultima-ratio-Prinzips und damit auch der Frage nach der festen Einbindung der Schlichtung in das Arbeitskampfrechtssystem hat der Gesetzgeber einen weiten Ermessensspielraum.

6. Der Schlichtungsspruch einer staatlichen Schlichtungsstelle stellt, selbst wenn sich die Tarifvertragsparteien ihm im vorhinein unterwerfen, keinen Verwaltungsakt dar. Ihm kommt durch vorherige oder nachträgliche Unterwerfung die Wirkung eines Tarifvertrages zu. Der Streit darüber, ob der Schlichtungsspruch die Parteien aufgrund der beiderseitigen Annahme bindet, ist damit ein Streit um einen Tarifvertrag oder eine arbeitsvertragliche Regelung, für die das Arbeitsgericht nach § 2 Abs. 1 Nr. 1 und Nr. 3 ArbGG zuständig ist. Im Rahmen dieses Verfahrens ist nachzuprüfen, wie sich formelle und materielle Verstöße auf den Schlichtungsspruch und das Zustandekommen der Einigung durch beiderseitige Unterwerfung ausgewirkt haben.
7. Die Verbindlicherklärung eines Schlichtungsspruches stellt einen Rechtssetzungsakt eigener Art dar. Aufgrund seiner normativen Wirkung ist eine gegen die andere Tarifpartei gerichtete Feststellungsklage vor dem Arbeitsgericht im Urteilsverfahren nach § 2 Abs. 1 Nr. 1 ArbGG die statthafte Klageart.
8. Das Schlichtungsrecht unterfällt der allgemeinen Kompetenzzuweisung für das Arbeitsrecht in Art. 74 Nr. 12 GG, für das der Bund gemäß Art. 72 Abs. 1 GG die Befugnis zur konkurrierenden Gesetzgebung besitzt. Durch den Erlass des Tarifvertragsgesetzes hat der Bund von seiner Befugnis, das Schlichtungswesen selbst zu regeln, keinen Gebrauch gemacht.
9. Das KRG Nr. 35 entfaltet lediglich noch in den alten Bundesländern, mit Ausnahme von Berlin, dem Saarland und dem Landesteil (Süd-)Baden, seine Wirksamkeit und hat dort seinen fremdrechtlichen Charakter nicht verloren. Es kann damit nicht als Bundesrecht den Kompetenztitel des Art. 74 Nr. 12 GG mit der Folge einer Sperrwirkung zu Lasten der Länder gem. Art. 72 Abs. 1 GG beanspruchen.
10. In den Bundesländern, in denen das KRG Nr. 35 heute noch seine Wirksamkeit entfaltet, hat es seine Vorrangstellung gegenüber dem deutschen Recht eingebüßt. Auch dem KRG Nr. 35 inhaltlich entgegenstehende Landesschlichtungsgesetze würden sich als vorrangig erweisen. Die Länder besitzen zudem die Befugnis, für den Bereich ihres Landes über das Kontrollratsgesetz zu verfügen. Sie können es aufheben und durch eigene Landesschlichtungsgesetze ersetzen.
11. Das Bundesrichterrecht zum Arbeitskampf stellt eine selbständige Rechtsquelle dar. Eine Gleichbehandlung dieser Rechtsquelle mit einem parlamentarisch legitimierten Gesetz kommt jedoch nicht in Frage. In gesetzgebungskompetenzieller Hinsicht vermag das Bundesrichterrecht den Landesgesetzgeber daher bei dem Erlass von Landesschlichtungsgesetzen nicht zu be-

schränken. Darüber hinaus besitzt es auch nicht die landesgesetzbrechende Wirkung des Art. 31 GG.

12. Erklärt das Bundesarbeitsgericht ein Landesschlichtungsgesetz mit dem Bundesrichterrecht zum Arbeitskampf für unvereinbar und spricht es den Vorrang der Rechtsprechung gem. Art. 31 GG aus, so hat eine Verfassungsbeschwerde, aber auch ein Normenkontrollverfahren vor dem Bundesverfassungsgericht Aussicht auf Erfolg.
13. Wird durch ein Landesgesetz bestimmt, dass Arbeitskämpfe erst dann zulässig sind, wenn die kämpfende Partei einen Schlichtungsversuch unternommen hat, dann entspricht es dem in Art. 9 Abs. 3 GG garantierten Recht auf freie Koalitionsbetätigung, dass es den Tarifparteien ermöglicht wird, diesen Versuch in erster Linie durch ein autonom vereinbartes Schlichtungsabkommen zu realisieren. Da Schlichtungsverhandlungen unter dem Druck eines Arbeitskampfes schwieriger durchzuführen sind und die Gefahr besteht, dass sich durch Kampfmaßnahmen während der Schlichtungsphase die Fronten weiter verhärten, sollte vorausgesetzt werden, dass ein Schlichtungsabkommen eine kampffreie Schlichtungsphase von mindestens zehn Tagen vorsieht.
14. Besteht zwischen den Parteien kein Schlichtungsabkommen oder erweist es sich als nicht funktionsfähig, sollten die Koalitionen auf das landesgesetzliche Verfahren verwiesen werden. Die Möglichkeit der Anrufung der Schlichtungsstelle sollte jeder Partei zustehen, sobald der bisherige Tarifvertrag abgelaufen ist. Um eine Einigung ohne Kampfdruck zu gewährleisten, sollte festgeschrieben werden, dass der Schlichtungsversuch erst als unternommen gilt, wenn nach wirksamer Anrufung der Schlichtungsstelle ein Zeitraum von 16 Tagen verstrichen ist.
15. Weitere Kernpunkte einer landesrechtlichen Schlichtungsobliegenheit sollten die Besetzung der Schlichtungsstelle, der unverbindliche Schlichtungsspruch der Schlichtungsstelle sowie dessen Annahme beziehungsweise Ablehung sein. Diesbezügliche Fristsetzungen sollen eine zügige Durchführung der Schlichtung gewährleisten.
16. Die Normierung einer Abkühlungsphase im Anschluss an den fehlgeschlagenen Schlichtungsversuch ist nur für solche Fälle geeignet, bei denen eine außergewöhnliche Unverhältnismäßigkeit eines Arbeitskampfes zu befürchten ist. Nur dort besteht auch die berechtigte Erwartung, dass die Öffentlichkeit ihren Einfluss geltend machen wird und die Tarifparteien die Gelegenheit ergreifen, ihre Positionen zu überdenken. Die Entscheidung über die Anordnung der Abkühlungsphase ist auf das bei einer Landesschlichtungsbehörde anzusiedelnde Gremium, bestehend aus mehreren erfahrenen Schlichtern, zu übertragen.

Literaturverzeichnis

Gesetzesänderungen, Rechtsprechung und Literatur wurden berücksichtigt bis zum Januar 2011.

Adomeit, Klaus	Rechtsquellenfragen im Arbeitsrecht, München 1969.
Amberg, Irmgard	Divergierende höchstrichterliche Rechtsprechung, Berlin 1998 (zit.: *Amberg*, Rechtsprechung).
Andelewski, Utz	Staatliche Mindestarbeitsbedingungen, Berlin 2001.
Armbruster, Hubert	Gutachten zur Wirtschafts- und Sozialordnung der Verfassung von Rheinland-Pfalz, erstattet dem deutschen Gewerkschaftsbund, Landesbezirk Rheinland-Pfalz, Mainz 1966 (zit.: *Armbruster*, Gutachten).
Arnold, Jürg	Die Badische Landesschlichtungsordnung, RdA 1996, S. 356 ff.
Badura, Peter	Anm. zu BVerfG vom 24.05.1977, EzA § 5 TVG Nr. 5.
Baumann, Thomas	Die Rechtsfolge eines Grundrechtsverstoßes der Tarifparteien, RdA 1994, S. 272 ff.
Bakker, Rainer	Grenzen der Richtermacht, Konstanz 1994.

Bayreuther, Frank	Tarif- und Arbeitskampfrecht in der Neuorientierung, NZA 2008, S. 12 ff.
Becker, Florian	Kooperative und konsensuale Strukturen in der Normsetzung, Tübingen 2004.
Behning, Bettina	Die Schlichtung in der kollektiven Arbeitsverfassung der Bundesrepublik Deutschland, Frankfurt am Main 1994.
Benda, Ernst	Industrielle Herrschaft und sozialer Staat, Göttingen 1966.
Benda, Ernst / Maihofer, Werner / Vogel, Hans-Jochen	Handbuch des Verfassungsrechts, 2. Auflage, Berlin/NewYork 1994.
Bentzien, Joachim F.	Die alliierten Vorbehaltsrechte als Teil des völkerrechtlichen Status Deutschlands, ROW 1988, S. 8 ff.
Berber, Friedrich Josef	Lehrbuch des Völkerrechts, Band 2, 2. Auflage, München 1969.
Bertelsmann, Klaus	Aussperrung, Berlin 1979.
Biaggini, Giovanni	Verfassung und Richterrecht, Basel u.a. 1991.
Biedenkopf, Kurt	Grenzen der Tarifautonomie, Karlsruhe 1964.
Birk, Rolf / Konzen, Horst / Löwisch, Manfred / Raiser, Thomas / Seiter, Hugo	Gesetz zur Regelung kollektiver Arbeitskonflikte – Entwurf und Begründung –, Tübingen 1988 (zit.: *Birk/Konzen/Löwisch/Raiser/Seiter*, ArbeitskampfG).

Blanke, Thomas	Arbeitskampfrecht – Zurück auf LOS ...? Die GDL-Streiks – eine Dokumentation, KJ 2008, S. 204 ff.
Bock, Markus	Der Rechtsnormcharakter der Entscheidungen des Großen Senats des Bundesarbeitsgerichts, Frankfurt am Main, Berlin u.a. 1997 (zit.: *Bock*, Rechtsnormcharakter).
Boldt, Gerhard	Zur Gestaltung des Schlichtungsverfahrens bei kollektiven Arbeitsstreitigkeiten in der Bundesrepublik, En Hommage a Paul Horion, Facultie de Droit de Liege 1972, S. 70 ff.
Bötticher, Eduard	Anmerkung zu Peter Lerche „Verfassungsrechtliche Zentralfragen des Arbeitskampfes", RdA 1969, S. 367 ff.
Bötsch, Christine	Die Nachbefolgung des westalliierten Besatzungsrechts im Lichte des Staats- und Völkerrechts, Frankfurt am Main Berlin Bern 2000 (zit.: *Bötsch*, Nachbefolgung des westalliierten Besatzungsrechts).
Brauchitsch, Isabelle von	Staatliche Zwangsschlichtung, Die Aushöhlung der Tarifautonomie in der Weimarer Republik, Frankfurt a. Main 1990.
Bringewat, Peter	Gewohnheitsrecht und Richterrecht im Strafrecht, ZStW 84 (1972), S. 585 ff.
Brodmann, Jörg	Arbeitskampf und Pressefreiheit, Berlin 1981.
Brox, Hans / Rüthers, Bernd	Arbeitskampfrecht, 2. Auflage, Stuttgart/Berlin/Köln/ Mainz 1982 (zitiert: *Brox/Rüthers*, Arbeitskampfrecht).
Brüggemann, Dieter	Gesetzesrecht und Richterrecht, JR 1963, S. 162 ff.

Buchner, Herbert — BB-Forum: Der Bahnstreik – und welche Lehren daraus zu ziehen sind – Drei Anforderungen an das Arbeitskampfrecht,
BB 2007, S. 2520 ff.

Buchwald, Delf — Objektive Bindungswirkung – materielle Rechtskraft – Richterrecht,
Aachen 1997
(zit.: *Buchwald*, Objektive Bindungswirkung).

Bulla, Gustav-Adolf — Soziale Selbstverwaltung der Sozialpartner als Rechtsprinzip,
Festschrift für Hans Carl Nipperdey zum 70. Geburtstag, Band II,
München/Berlin 1965, S. 79 ff.

Burgess — Tarifpolitik und gesetzlicher Mindestlohn in Großbritannien – Antwort auf die Tariferosion oder Einfallstor für die Staatsintervention?,
WSI-Mitt. 1999, S. 471 ff.

Bürck, Harald — § 15 III HGB und die Grundsätze der Haftung von fehlerhaften und entstehenden Personengesellschaften gegenüber Dritten,
AcP 171 (1971), S. 328 ff.

Butzer, Hermann — Verfassungsrechtliche Grundlagen zum Verhältnis zwischen Gesetzgebungshoheit und Tarifautonomie,
RdA 1994, S. 375 ff.

Bydlinski, Franz — Hauptpositionen zum Richterrecht,
JZ 1985, S. 149 ff.

Canaris, Claus-Wilhelm — Tarifdispositive Normen und richterliche Rechtsfortbildung,
in: Gedächtnisschrift für Rolf Dietz,
München 1973, S. 223 ff.

Coen, Martin — Zur Zulässigkeit von Streik und Aussperrung,
RdA 1987, S. 36 ff.

Coester, Michael	Zur Verhandlungspflicht der Tarifvertragsparteien, ZfA 1977, S. 87 ff.
Coing, Helmut	Zur Ermittlung von Sätzen des Richterrechts, JuS 1975, S. 277 ff.
Dahm, Dirk	Deutsches Recht, 2. Auflage, Stuttgart 1963.
Däubler, Wolfgang	Arbeitskampfrecht, 2. Auflage, Baden-Baden 1987 (zit.: *Bearbeiter*, in: Däubler, Arbeitskampfrecht).
–	Tarifvertragsgesetz mit Arbeitnehmer-Entsendegesetz, 2. Aufl., Baden-Baden 2006.
–	Tarifvertragsrecht – Ein Handbuch, 3. Auflage, Baden-Baden 1993.
–	Der Streik im öffentlichen Dienst, Tübingen 1971.
–	Arbeitskampfrecht mit neuen Konturen?, RdA 1992, S. 1 ff.
Denninger, Erhard / Hoffmann-Riem, Wolfgang / Schneider, Hans-Peter / Stein, Ekkehard	Kommentar zum Grundgesetz für die Bundesrepublik Deutschland, Reihe Alternativkommentare Loseblattsammlung, Neuwied 2001 (zit.: *Bearbeiter*, in: AK-GG).
Dersch, Hermann	Zuständigkeit des Bundesverwaltungsgericht im Arbeitsrecht, RdA 1952, S. 441ff.
–	Die neue Schlichtungsverordnung nebst arbeitsgerichtlichem Verfahren, 2. Auflage, Mannheim 1925.

Di Fabio, Udo | Verwaltungsvorschriften als ausgeübte Beurteilungsermächtigung,
DVBl. 1992, S. 1338 ff.

Diestelkamp, Bernhard | Zwischen Kontinuität und Fremdbestimmung,
Tübingen 1996.

Dieterich, Thomas | Flexibilisiertes Tarifrecht und Grundgesetz,
RdA 2002, S. 1 ff.

– | Zur Pflicht der Gerichte, das Recht fortzubilden,
RdA 1993, S. 67 ff.

Dolzer, Rudolf / Vogel, Klaus / Graßhof, Karin | Bonner Kommentar zum Grundgesetz, 17 Bände, Loseblattwerk, Stand Juli 2010
(zit.: *Bearbeiter*, in: Dolzer/Vogel/Graßhof, BK-GG).

Dreier, Horst | Grundgesetz-Kommentar, Band I – III,
2. Auflage, Tübingen 2008
(zit.: *Bearbeiter*, in: Dreier, GG).

Dütz, Wilhelm | Arbeitsrecht,
14. Auflage, München 2009.

– | Die Beilegung von Arbeitsstreitigkeiten in der Bundesrepublik Deutschland,
RdA 1978, S. 291 ff.

– | Koalitionsautonome Regelung der Arbeits- und Wirtschaftsbedingungen,
JA 1987, S. 405 ff.

– | Die Sprüche tariflich vereinbarter Schlichtungsstellen und ihre Nachprüfung,
DB 1968, S. 892 ff.

Engisch, Karl | Einführung in das juristische Denken,
10. Auflage, Stuttgart u.a. 2005.

Enderlein, Wolfgang | Zur Richtigkeitsgewähr der tarifvertraglichen Einigung als Leitgedanken des Arbeitskampfrechts, RdA 1995, S. 264 ff.

Enneccerus, Ludwig / Nipperdey, Hans Karl | Allgemeiner Teil des Bürgerlichen Rechts, 1. Halbband, 15. Auflage, Tübingen 1959 (zit.: *Enneccerus/ Nipperdey*, BGB)

Epping, Volker / Hillgruber, Christian | Beck'scher Online-Kommentar Grundgesetz Stand: 01.06.2010 (zit.: BeckOK/*Bearbeiter*, GG).

Erichsen, Hans-Uwe / Ehlers, Dirk | Allgemeines Verwaltungsrecht, 14. Auflage, Berlin 2010 (zit.: *Bearbeiter*, in: Erichsen/Ehlers, AllgVerwR).

Esser, Josef | Richterrecht, Gerichtsgebrauch und Gewohnheitsrecht, Festschrift Fritz von Hippel, Tübingen 1967, S. 95 ff.

– | Grundsatz und Norm in der richterlichen Fortbildung des Privatrechts, 4. Auflage, Tübingen 1990 (zit.: *Esser*, Grundsatz und Norm).

– | Vorverständnis und Methodenwahl in der Rechtsfindung, Frankfurt am Main 1972.

– | Not und Gefahren des Revisionsrechts, JZ 1962, S. 513 ff.

– | Konfliktregulierung in Freiheit und Verantwortung, in: Sozialpartnerschaft in der Bewährung, Festschrift für Karl Molitor zum 60. Geburtstag, München 1988, S. 99 ff.

Evers, Hans-Ulrich — Arbeitskampffreiheit, Neutralität, Waffengleichheit und Aussperrung: Rechtsgutachten zum Aussperrungsverbot der hessischen Landesverfassung, Hamburg 1969 (zit.: *Evers*, Arbeitskampffreiheit).

Faller, Artur — Einführung in die Rechtslehre, Regensburg 1980.

Fenn, Herbert — Der Grundsatz der Tarifeinheit – zugleich zu Voraussetzungen und Grenzen richterlicher Rechtsfortbildung, in: Arbeitsrecht in der Bewährung, Festschrift für Otto Rudolf Kissel zum 65. Geburtstag, München 1994.

Fikentscher, Wolfgang — Methoden des Rechts in vergleichender Darstellung, Band IV: Dogmatischer Teil, Tübingen 1977 (zit.: *Fikentscher*, Methoden des Rechts, Band IV).

Fischer, Per — Die Saar zwischen Deutschland und Frankreich: politische Entwicklung von 1945 – 1959, Frankfurt am Main/Berlin 1959 (zit.: *Fischer*, Die Saar zwischen Deutschland und Frankreich).

Fischer, Peter — Die Rechtsprechung des Bundesgerichtshofes zum Ersatz des immateriellen Schadens in Geld bei Verletzung des allgemeinen Persönlichkeitsrechts, Köln 1966 (zit.: *Fischer*, Die Rechtsprechung des Bundesgerichtshofes).

Fischer, Robert — Die Weiterbildung des Rechts durch die Rechtsprechung, Karlsruhe 1971.

Forsthoff, Ernst — Die Bindung an Gesetz und Recht (Art 20 Abs. 3 GG), DÖV 1959, S. 41 ff.

Frey, Erich	Das Schicksal des Tarifvertrages und seiner Auswirkungen bei Wegfall einer Tarifvertragspartei, RdA 1965, S. 363 ff.
Friauf, Heinrich	Die verfassungsrechtlichen Vorgaben einer gesetzlichen oder tarifvertraglichen Arbeitskampfordnung, RdA 1986, S. 188 ff.
Frowein, Jochen	Zur völkerrechtlichen und verfassungsrechtlichen Gewährleistung der Aussperrung, Tübingen 1976 (zit.: *Frowein*, Aussperrung).
Futter, Peter	Schlichtungswesen und Zwangstarif, Freiburg 1970 (zit.: *Futter*, Schlichtungswesen).
Gamillscheg, Franz	Kollektives Arbeitsrecht, Band I, München 1997 (zit.: *Gamillscheg*, KollArbR I).
–	Die Grundrechte im Arbeitsrecht, Berlin 1989.
–	Koalitionsfreiheit und soziale Selbstverwaltung, 1968.
–	Die Grundrechte im Arbeitsrecht, AcP 164 (1964), S. 385 ff.
Germann, Oscar Adolf	Präjudizien als Rechtsquelle, eine Studie zu den Methoden der Rechtsfindung, Stockholm 1960
–	Präjudizielle Tragweite höchstinstanzlicher Urteile, insbesondere der Urteile des Schweizerischen Bundesgerichts, ZSR NF 68, S. 297 ff und 423 ff.

Germelmann, Claas-Hinrich / Matthes, Hans-Christoph / Prütting, Hanns / Müller-Glöge, Rudi — Arbeitsgerichtsgesetz, 7. Auflage, München 2009 (zit.: GMPM/*Bearbeiter*, ArbGG).

Glaeßner, Gert-Joachim — Politik in Deutschland, 2. Auflage, Wiesbaden 2006.

Gretscher, Sabine — Die „allgemeinen Grundsätze des Verwaltungsrechts“ und die deutsche Rechtsquellenlehre, Eine Untersuchung anhand des Aufopferungs- und des Verhältnismäßigkeitsgrundsatzes, Jena 2004 (zit.: *Gretscher*, Rechtsquellenlehre)

Grimm, Dieter — Rechtsentstehung, in: Dieter Grimm (Hrsg.), Einführung in das Recht, 2. Auflage, Heidelberg 1991 (zit.: Rechtsentstehung).

Grunsky, Wolfgang — Grenzen der Rückwirkung bei einer Änderung der Rechtsprechung, in: Juristische Studiengesellschaft Karlsruhe Heft 94, Jahrgang 1970.

Haas, Diether — Landesrecht vor Bundesgerichten?, DVBl. 1957, S. 368 ff.

Hanack, Ernst-Walter — Der Ausgleich divergierender Entscheidungen in der oberen Gerichtsbarkeit, Hamburg 1962.

Hanau, Peter — Der Frühwarnstreik, DB 1982, S. 377 ff.

Heck, Philipp — Gesetzesauslegung und Interessenbegriff, AcP 112 (1914), S. 160 ff.

Hedemann, Justus Wilhelm — Die Flucht in die Generalklauseln, Tübingen 1933.

Heinrichs, Robert — Das Arbeitsrecht in Württemberg-Baden, Band I, Stuttgart 1948.

Heinze, Meinhard — Konfliktlösungsmechanismen – Wie können Streik und Aussperrung überwunden werden?, in: Recht und soziale Arbeitswelt, Festschrift für Wolfgang Däubler zum 60. Geburtstag, Frankfurt am Main 1999, S. 431 ff.

– — Gesetzliche und vertragliche Arbeitskampfordnung, In: Sozialpartnerschaft in der Bewährung, Festschrift für Karl Molitor zum 60. Geburtstag, München 1988, S. 159 ff.

Helm, Rolf — Einige Probleme des Ausgleichs- und Schiedsverfahrens in Arbeitsstreitigkeiten, Arbeit und Sozialfürsorge 1946, S. 401 f.

Hemken, Ruth — Sammlung der vom Alliierten Kontrollrat und der Amerikanischen Militärregierung erlassenen Proklamationen, Gesetze, Verordnungen, Befehle, Direktiven, Stuttgart 1946 ff.

Henn, Walter — Die verfassungsrechtliche Lage des Saarlandes, Meisenheim 1959.

Henssler, Martin — Tarifautonomie und Gesetzgebung, ZfA 1998, S. 1 ff.

Hergenröder, Curt Wolfgang — Hergenröder, Zivilprozessuale Grundlagen richterlicher Rechtsfortbildung, Tübingen 1995.

Herschel, Wilhelm — Der politische Schlichter, BB 1979, S. 485 ff.

– Die neue Aussperrungsrechtsprechung des Bundesarbeitsgerichts,
Sozialer Fortschritt 1980, S. 217 ff.

– Gesetzesvertretendes Richterrecht und Tarifautonomie,
RdA 1973, S. 147 ff.

Hesse, Konrad Grundzüge des Verfassungsrechts der Bundesrepublik Deutschland,
20. Auflage, Heidelberg 1999
(zit.: *Hesse*, Grundzüge).

Hillgruber, Christian Richterliche Rechtsfortbildung als Verfassungsproblem,
JZ 1996, S. 118 ff.

Hofmann, Rainer / Laubner, Tilmann Großes Reinemachen und eine ungewöhnliche Frage: Wer darf den Besen schwingen?,
Jahrbuch des öffentlichen Rechts der Gegenwart, Band 55 (2007), S. 123 ff.

Hoyningen-Huene, Gerrick von AR-Blattei SD,
Die Koalitionsfreiheit (1650.1), Stand: 1993

Hromadka, Wolfgang / Maschmann, Frank Arbeitsrecht Band 2, Kollektivarbeitsrecht und Arbeitsstreitigkeiten,
4. Auflage, Berlin 2007.

Huber, Ernst Rudolf Wirtschaftsverwaltungsrecht, Band II,
2. Auflage, Tübingen 1954.

Hueck, Alfred / Nipperdey, Hans Carl Lehrbuch des Arbeitsrechts, 7. Auflage,
Band II, 1. Halbband, Berlin/Frankfurt am Main 1967,
Band II, Halbband 2, Berlin/Frankfurt am Main 1970
(zit.: *Hueck/Nipperdey*, Arbeitsrecht).

Henrichs Bundesrecht und Bundesgesetzgebung: Bericht über die Weinheimer Tagung des Instituts zur Förderung öffentlicher Angelegenheiten in Frankfurt am Main am 22. und 23. Oktober 1949,

Frankfurt am Main 1950, S. 112 f.
(zit.: *Henrichs*, Weinheimer Tagung).

Hufen, Friedhelm | Verwaltungsprozessrecht, 7. Auflage, München 2008.

Ipsen, Hans Peter | Bundesrecht und Bundesgesetzgebung: Bericht über die Weinheimer Tagung des Instituts zur Förderung öffentlicher Angelegenheiten in Frankfurt am Main am 22. und 23. Oktober 1949, Frankfurt am Main 1950, S. 88 ff. (zit.: *Ipsen*, Weinheimer Tagung).

Ipsen, Jörn | Verfassungsrechtliche Schranken des Richterrechts, DVBl. 1984, 1102 ff.

– | Staatsrecht I (Staatsorganisationsrecht), 21. Auflage, Köln/München 2009.

Isay, Hermann | Rechtsnorm und Entscheidung, Berlin 1929, Nachdruck, München 1995.

Isele, Helmut Georg | Rechtsprobleme staatlicher Schlichtung, Zum rheinland-pfälzischen Landesgesetz über das Ausgleichs- und Schiedsverfahren in Arbeitsstreitigkeiten vom 30. März 1949, Mainz 1967 (zit.: Isele, Rechtsprobleme).

Isensee, Josef; Kirchhof, Paul | Handbuch des Staatsrechts der Bundesrepublik Deutschland, 10 Bände, 1987 ff.; Bände I bis VII, 3. Auflage, 2003 ff. (zit.: *Bearbeiter*, in: Isensee/Kirchhof, Bandzahl, Erscheinungsjahr).

Jachmann, Monika | Der Einsatz von Beamten auf bestreikten Arbeitsplätzen, Anmerkung zu dem Beschluss des Bundesverfassungsgerichts v. 02.03.1993 – 1 BvR 1213/85, ZBR 1994, S. 1 ff.

Jacobs, Matthias — Tarifpluralität statt Tarifeinheit, NZA 2008, S. 325 ff.

Jarass, Hans D. / Pieroth, Bodo — Grundgesetz für die Bundesrepublik Deutschland, Kommentar, 9. Auflage, München 2007 (zit.: *Jarass/ Pieroth*, GG).

Jarass, Hans D. — Regelungsspielräume des Landesgesetzgebers im Bereich der konkurrierenden Gesetzgebung und in anderen Bereichen, NVwZ 1996, S. 1041 ff.

Kalb, Heinz-Jürgen — Die Entwicklung des Arbeitskampfrechts durch das Bundesarbeitsgericht, RdA 1994, S. 385 ff.

Kamanabrou, Sudabeh — Der Streik durch Spartengewerkschaften – Zulässigkeit und Grenzen, ZfA 2008, S. 241 ff.

Kaskel, Walter — Arbeitsrecht, 3. Auflage, Berlin u. a. 1928.

Kaufmann, Erich — Deutschlands Rechtslage unter der Besatzung, Stuttgart 1948.

Keller, Berndt — Schlichtung als autonomes Regelungsverfahren der Tarifvertragsparteien, in: Handbuch der Arbeitsbeziehungen, Deutschland, Österreich, Schweiz, hrsg. v. Günter Endruweit, Eduard Gagler, Wolfgang H. Staehle, Bernhard Wilpert, Berlin u.a. 1985, S. 119 ff.

Kemper, Michael — Die Bestimmung des Schutzbereichs der Koalitionsfreiheit (Art. 9 Abs. 3 GG), Heidelberg 1989.

Kern, Ernst — Zur Auslegung von GG Art. 72 und 125, MDR 1950, S. 68 ff.

Kimminich, Otto — Die Souveränität der Bundesrepublik Deutschland, Hamburg 1970
(zit.: *Kimminich*, Souveränität).

Kissel, Otto Rudolf — Arbeitskampfrecht, Ein Leitfaden, München 2002
(zit.: *Kissel*, Arbeitskampfrecht).

– — Das Bundesarbeitsgericht – vom Gesetzgeber alleine gelassen,
AbuR 1982, S. 137 ff.

Kittner, Michael — Aktuelle Fragen des Arbeitskampfrechts,
AuR 1981, S. 289 ff.

Kirchhof, Paul — Der Auftrag des Grundgesetzes an die rechtsprechende Gewalt,
in: Festschrift der Juristischen Fakultät zur 600-Jahr-Feier der Ruprecht-Karls-Universität Heidelberg, 1986, S. 65 ff.
(zit.: *Kirchhof*, FS Juristische Fakultät Heidelberg).

Kloepfer, Michael — Arbeitsgesetzgebung und Wesentlichkeitstheorie,
NJW 1985, S. 2497 ff.

Knevels, Peter — Das Schlichtungswesen in der Bundesrepublik – Instrument der Tarifpolitik, Möglichkeiten und Grenzen –,
ZTR 1988, S. 408 ff.

Königbauer, Gerhard — Freiwillige Schlichtung und arbeitsrechtliches Schiedsgericht,
Stuttgart 1971.

Kopp, Ferdinand O. / Ramsauer, Ulrich — Verwaltungsverfahrensgesetz,
11. Auflage, München 2010.

Krause, Peter — Die Verfassungsentwicklung im Saarland 1958-1979,
JöR Band 29 (1980), S. 393 ff.

Krause, Rüdiger — Rechtskrafterstreckung im kollektiven Arbeitsrecht,
Berlin 1996.

Krey, Volker — Zur Problematik richterlichen Rechtsfortbildung contra legem – Rechtsfindung contra legem als Verfassungsproblem,
JZ 1978, S. 361 ff.

Kriele, Martin — Theorie der Rechtsgewinnung,
2. Auflage, Berlin 1976.

Kroeschell, Karl — Deutsche Rechtsgeschichte, Band III, (seit 1650),
5. Auflage, Opladen 2008
(zit.: *Kroeschell*, Rechtsgeschichte).

Kruse, Heinrich Wilhelm — Das Richterrecht als Rechtsquelle des innerstaatlichen Rechts,
Tübingen 1971
(zit.: *Kruse*, Richterrecht als Rechtsquelle).

Krüger, Herbert — Allgemeine Staatslehre,
München 1964.

Kübler, Friedrich — Kodifikation und Demokratie,
JZ 1969, S. 645 ff.

Küchenhoff, Günther — Das Prinzip der staatlichen Subsidiarität im Arbeitsrecht,
RdA 1959, S. 201 ff.

Kühn, Friedrich — Die Schlichtungsstreitigkeit nach der Verordnung über das Schlichtungswesen vom 30. Oktober 1923,
Weimar 1933
(zit.: *Kühn*, Schlichtungsstreitigkeit).

Külp, Bernhard — Der Einfluss von Schlichtungsformen auf Verlauf und Ergebnis von Tarif- und Schlichtungsverhandlungen,
Berlin 1972
(zit.: *Külp*, Der Einfluss von Schlichtungsformen).

Langenbucher, Katja — Rechtsprechung mit Wirkung für die Zukunft,
JZ 2003, S. 1132 ff.

Larenz, Karl
Canaris, Wilhelm | Methodenlehre der Rechtswissenschaft, 3. Auflage, Berlin u.a. 1995 (zit.: *Larenz/Canaris*, Methodenlehre).

Larenz, Karl | Methodenlehre der Rechtswissenschaft, Enzyklopädie der Rechts- und Staatswissenschaften, 6. Auflage, Berlin 1991 (zit.: *Larenz*, Methodenlehre).

– | Über die Bindungswirkung von Präjudizien, Festschrift für Hans Schima, Wien 1969, S. 247 ff.

– | Derogierende Kraft des Gerichtsgebrauchs?, NJW 1951, S. 497 ff.

Lee, Hag-Chun | Beilegungssysteme von kollektiven Arbeitsstreitigkeiten in Deutschland und Korea, Bielefeld 1995 (zit.: *Lee*, Beilegungssysteme).

Leisner, Walter | Richterrecht in Verfassungsschranken, DVBl. 1986, S. 705 ff.

– | Die allgemeine Bindung der Finanzverwaltung an die Rechtsprechung, Wiesbaden 1980 (zit.: *Leisner*, Allgemeine Bindung).

Lembke, Mark | Staatliche Schlichtung in Arbeitsstreitigkeiten nach dem Kontrollratsgesetz Nr. 35, RdA 2000, S. 223 ff.

Lerche, Peter | Koalitionsfreiheit und Richterrecht, NJW 1987, S. 2465 ff.

Less, Günther | Von Wesen und Wert des Richterrechts, Erlangen 1954.

Lieb, Manfred / Stebut, Dietrich von / Zöllner, Wolfgang	Arbeitskampfrecht – Symposium Hugo Seiter zum Gedächtnis, 1990 (zit.: *Bearbeiter*, in: Lieb/v.Stebut/ Zöllner, ArbeitskampfR).
Lieb, Manfred	Vorbeugende Schlichtung unter Beteiligung Dritter, in: Arbeitsrecht und Sozialpartnerschaft, Festschrift für Peter Hanau, Köln 1999, S. 561 ff.
Lippert, Karl August	Die Bedeutung des Schlichtungsverfahrens nach der badischen Landesschlichtungsordnung von 1949/ 1951, Mainz 1958 (zit.: *Lippert*, Die Bedeutung des Schlichtungsverfahrens).
Lobeck, Max	Gedanken zur Schlichtung, BB 1957, S. 231 ff.
Oetker, Hartmut / Preis, Ulrich	Europäisches Arbeits- und Sozialrecht-EAS, Loseblattwerk, Stand: Juni 2010 (zit.: *Oetker/Preis*-Bearbeiter, EAS).
Löwisch, Manfred / Rieble, Volker	Tarifvertraggesetz, 2. Auflage, München 2004 (zit.: *Löwisch/Rieble*, TVG).
Löwisch, Manfred	Arbeitsfrieden nach Schweizer Vorbild ?, BB 1988, S. 1333.
–	Warnstreik und “Neue Beweglichkeit“, BB 1982, S. 1373 ff.
–	Arbeitskampf- und Schlichtungsrecht, 2. Auflage, Heidelberg 1997 (zit.: Löwisch/*Bearbeiter*, Arbeitskampf- und Schlichtungsrecht).

– Die Neutralitätsverpflichtung der Bundesanstalt für Arbeit (BfA) bei Arbeitskämpfen (§ 116 AFG), RdA 1972, S. 73 ff.

– Die Ausrichtung der tariflichen Lohnfestsetzung am gesamtwirtschaftlichen Gleichgewicht, RdA 1969, S. 129 ff.

– Empfiehlt es sich, die Geltung des Ultima-ratio-Grundsatzes im Arbeitskampfrecht gesetzlich zu regeln?, ZfA, 1985, S. 53 ff.

– Die Arbeitsrechtsordnung unter dem Grundgesetz, in: 40 Jahre Grundgesetz : der Einfluß des Verfassungsrechts auf die Entwicklung der Rechtsordnung; Ringvorlesung der Rechtswissenschaftlichen Fakultät der Albert-Ludwigs-Universität Freiburg, Heidelberg 1990, S. 59 ff.

– Das Übermaßverbot im Arbeitskampfrecht, ZfA 1971, S. 319 ff.

– Richten und Schlichten von Arbeitsstreitigkeiten in Deutschland, Freiburger Rechts- und Staatswissenschaftliche Abhandlungen, Band 56, S. 205 ff.

– Das Arbeitsrecht in Verfassung und Gesetzgebung des Landes Baden, in: Badens Mitgift, Festschrift 50 Jahre Baden Württemberg, 2002, S. 123 ff. (zit.: *Löwisch*, FS 50 Jahre B-W).

Lübbert, Joachim — Befristete Arbeitsverhältnisse im Hochschulbereich und in außeruniversitären Forschungseinrichtungen: eine Untersuchung sachlicher Gründe für ihre Befristung, Frankfurt am Main u.a. 1985 (zit.: *Lübbert*, Befristete Arbeitsverhältnisse)

Maier, Hedwig	Fortgeltung und Fortwirkung von Besatzungsakten, JZ 1955, S. 408 ff.
Mangoldt, Hermann von / Klein, Friedrich / Starck, Christian	Kommentar zum Grundgesetz, Band 1: Päambel, Art. 1-19, 5. Auflage 2005 Band 2: Art. 20-82, 5. Auflage 2005 Band 3: Art. 83-146, 5. Auflage 2005 (zit.: v.Mangoldt/Klein/Starck-*Bearbeiter*, GG).
Mann, F. A.	Deutschlands Rechtslage 1947-1967, JZ 1967, S. 585 ff.
Maunz, Theodor / Dürig, Günter	Kommentar zum Grundgesetz, Loseblatt, Stand: 2010 (zit.: *Bearbeiter*, in: Maunz/Dürig, GG).
Maunz, Theodor / Schmidt-Bleibtreu, Bruno / Klein, Franz / Bethge, Herbert	Bundesverfassungsgerichtsgesetz, Loseblatt-Kommentar, 32. Auflage, München 2010 (zit.: *Bearbeiter*, in: Maunz/Schmidt-Bleibtreu/Klein/ Bethge, BverfGG).
Maurer, Hartmut	Allgemeines Verwaltungsrecht, 17. Auflage, München 2009.
Meyer-Ladewig, Jens	Justizstaat und Richterrecht, AcP 161, S. 97 ff.
Mikosch, Ernst	Vertrauensvolle Zusammenarbeit der Tarifvertragspar- teien, in: Richterliches Arbeitsrecht, Festschrift für Thomas Dieterich zum 65. Geburtstag, München 1999, S. 365 ff.
Moll, Wilhelm	Münchener Anwaltshandbuch Arbeitsrecht, 2. Auflage, München 2009 (zit.: Moll/*Bearbeiter*, MAH Arbeitsrecht).
Müller, Gerhard	Arbeitskampf und Recht, Grundsätze der Tarifauto- nomie,

	Frankfurt am Main/Wiesbaden 1987 (zit.: *Müller*, Arbeitskampf und Recht).
–	Gesetz zur Regelung kollektiver Arbeitskonflikte – Entwurf und Begründung – , DB 1989, S. 42 ff.
–	Tarifautonomie und gesetzliche Regelung des Arbeitskampfrechts, DB 1992, S. 269 ff.
–	Weder Streik noch Aussperrung?, RdA 1988, S. 4 ff.
–	Die Grundlagen des deutschen Arbeitskampfrechts, DB 1982, Beilage Nr. 16/1982, S. 1 ff.
Müller, Hellmut	Die ungeschriebenen (ungesetzten) Rechtsquellen der Verwaltung im Lichte des Grundgesetzes, Würzburg 1970 (zit.: *Müller*, Rechtsquellen).
Müller-Glöge, Rudi / Preis, Ulrich / Schmidt, Ingrid	Erfurter Kommentar zum Arbeitsrecht, 10. Auflage, München 2010 (zit.: ErfK/*Bearbeiter*).
Münch, Ingo von / Kunig, Philip	Grundgesetz-Kommentar, Band I (Präambel–Art. 20 GG), 5. Auflage, München 2000 (zit.: v.Münch/ Kunig/*Bearbeiter*, GG).
Münch, Ingo von	Dokumente des geteilten Deutschland, Band I, 2. Auflage, Stuttgart 1976, Band II, Stuttgart 1974 (zit.: *v.Münch*, Dokumente).
Neumann, Volker	Legislative Einschätzungsprärogative und gerichtliche Kontrolldichte bei Eingriffen in die Tarifautonomie, RdA 2007, S. 71 ff.

Neumann, Dirk	Einigungsstelle und Schlichtung, RdA 1997, S. 142 ff.
Neuner, Jörg	Die Rechtsfindung contra legem, 2. Auflage, München 2005.
Nikisch, Arthur	Die Schlichtung von Arbeitsstreitigkeiten, in: Hundert Jahre deutsches Rechtsleben, Festschrift zum hundertjährigen Bestehen des Deutschen Juristentages 1860 bis 1960, Band I, Karlsruhe 1960, S. 317 ff.
Nikisch, Arthur	Arbeitsrecht, Band II, 2. Auflage, Tübingen 1959.
Nipperdey, Hans Carl	Arbeitsrecht, Sammlung aller wichtigen in der Bundesrepublik geltenden arbeitsrechtlichen Vorschriften, Loseblatt-Textsammlung, 91. Auflage, München 2010.
Olzen, Dirk	Die Rechtswirkungen geänderter höchstrichterlicher Rechtsprechung in Zivilsachen, JZ 1985, S. 155 ff.
Otto, Hansjörg	Arbeitskampf- und Schlichtungsrecht, München 2006.
Ossenbühl, Fritz	Aktuelle Probleme der Gewaltenteilung, DÖV 1980, S. 545 ff.
–	Richterrecht im demokratischen Rechtsstaat, Bonn 1988.
Ostertun, Dietrich	Gewohnheitsrecht in der Europäischen Union: Eine Untersuchung der normativen Geltung und der Funktion von Gewohnheitsrecht im Recht der Europäischen Union, Frankfurt am Main 1996 (zit.: *Ostertun*, Gewohnheitsrecht).

Paech, Norman — Tarifautonomie und staatliche Intervention: ein Beitrag zum Problem der Zwangsschlichtung von Arbeitsstreitigkeiten,
Hamburg 1965
(zit.: *Paech*, Tarifautonomie).

Peters, Harald — Das Scheitern der Tarifverhandlungen als Rechtmäßigkeitsvoraussetzung für Arbeitskampfmaßnahmen,
Heidelberg 1997
(zit.: *Peters*, Das Scheitern der Tarifverhandlungen).

Pfeiffer, Karl — Zur Rechtsnatur der alliierten Vorbehaltsrechte,
DVBl. 1973, S. 57 ff.

Picker, Eduard — Der Warnstreik und die Funktion des Arbeitskampfes in der Privatrechtsordnung,
Köln 1983.

– Ultima-ratio-Prinzip und Tarifautonomie,
RdA 1982, S. 331 ff.

– Die Regelung der "Arbeits- und Wirtschaftsbedingungen" – Vertragsprinzip oder Kampfprinzip? (Teil 1),
ZfA 1986, S. 199 ff.

– Richterrecht und Richterrechtsetzung,
JZ 1984, S. 153 ff.

– Richterrecht oder Rechtsdogmatik – Alternativen der Rechtsgewinnung – Teil 2,
JZ 1988, S. 62 ff.

Pieroth, Bodo
Schlink, Bernhard — Grundrechte – Staatsrecht II,
25. Auflage, Heidelberg 2009.

Pollmeyer, Bernhard — Landesschlichter im Einsatz, Professionelle Hilfe bei Arbeitskonflikten,
AuA 2008, S. 464 ff.

Preißler, Egon — Der Zwangsschiedsspruch unter besonderer Berücksichtigung seiner verfassungsrechtlichen Zulässigkeit,
Köln 1958
(zit.: *Preißler*, Zwangsschiedsspruch).

Pusch, Tobias — Alternativen zum Arbeitskampf im öffentlichen Dienst,
Berlin 2001
(zit.: *Pusch*, Alternativen zum Arbeitskampf).

Preis, Bernd — Tarifdispositives Richterrecht,
ZfA 1972, S. 271 ff.

Prütting, Hanns — Schlichten statt Richten?,
JZ 1985, S. 261 ff.

– — Streitschlichtung und Mediation im Arbeitsrecht,
in: Arbeitsrecht und Sozialpartnerschaft, Festschrift für Peter Hanau,
Köln 1999, S. 743 ff.

Pürner, Stefan — Das neue kroatische Arbeitsrecht im Überblick,
WiRo 1996, S. 41 ff.

Raisch, Peter — Zur Abgrenzung von Gewohnheitsrecht und Richterrecht im Zivil- und Handelsrecht,
ZHR 150 (1986), S. 117 ff.

Raiser, Thomas — Die arbeitsrechtlichen Grundlagen des Arbeitskampfes im Medienbereich,
RdA 1987, S. 201 ff.

– — Richterrecht heute,
ZRP 1985, S. 111 ff.

Rappe, Hermann — Gemeinsame Gestaltung der Zukunft ist unser Ziel,
in: Sozialpartnerschaft in der Bewährung, Festschrift für Karl Molitor zum 60. Geburtstag,
München 1988, S. 261 ff.

Rasch, Harold	Sind Streik und Streikandrohung noch zeitgemäß?, ZRP 1976, S. 181 ff.
–	Arbeitskampfrecht und Wettbewerbsordnung, WuW 1978, S. 257 ff.
–	Grenzen des Streiks, BB 1974, S. 1217 ff.
Raupach, Hubert	Die Schlichtung von kollektiven Arbeitsstreitigkeiten und ihre Probleme, Berlin 1964 (zit.: Raupach, Schlichtung).
Reichel, Hans / Zschocher, Hanns	Schlichtungswesen und Arbeitskampfrecht, Stuttgart 1961.
Redeker, Konrad	Legitimation und Grenzen richterlicher Rechtsetzung, NJW 1972, S. 409 ff.
Reimann	Zur Bedeutung des Gerichtsgebrauchs im Rahmen von Art 31 GG, DVBl. 1969, S. 951 ff.
Reinhardt, Michael	Konsistente Jurisdiktion, Tübingen 1997 (zit.: Konsistente Jurisdiktion).
Rensmann, Michael	Besatzungsrecht im wiedervereinten Deutschland, Hannover 2002 (zit.: *Rensmann*, Besatzungsrecht).
Reuter, Dieter	Für ein konsistentes Arbeitskampfrecht, Festschrift für Günther Wiese zum 70. Geburtstag, Neuwied/Kriftel 1998, S. 427 ff.
–	Streik und Aussperrung, RdA 1975, S. 275 ff.

Richardi, Reinhard — Der Beschluß des Bundesverfassungsgerichts zur Aussperrung und seine Folgen für das Arbeitskampfrecht,
JZ 1992, S. 27 ff.

– Arbeitsvertragsgesetz und Privatautonomie,
NZA 1992, S. 769 ff.

– Richterrecht und Tarifautonomie,
Gedächtnisschrift für Rolf Dietz, München 1973, S. 269 ff.

– Arbeitsrecht als Teil freiheitlicher Ordnung,
Baden-Baden 2002.

– Die Verhältnismäßigkeit von Streik und Aussperrung,
NJW 1978, S. 2057 ff.

Richardi, Reinhard / Wlotzke, Otfried — Münchener Handbuch zum Arbeitsrecht, Bd. 1-3,
2. Auflage, München 2000
(zit.: MünchArbR/*Bearbeiter,*2. Aufl.).

Richardi, Reinhard / Wlotzke, Otfried — Münchener Handbuch zum Arbeitsrecht, Bd. 1-2,
3. Auflage, München 2009
(zit.: MünchArbR/*Bearbeiter,*3. Aufl.).

Rieble, Volker — Für ein Arbeitskampfgesetz,
DriZ 2007, S. 340.

– Modernisierung des Arbeitskampfrechts zu einem Tarifverhandlungsrecht,
ZAF 38 (2005), S. 218 ff.

– Urabstimmung als Streikvoraussetzung,
Festschrift für Claus-Wilhelm Canaris zum 70. Geburtstag, Band I,
München 2007, S. 1439 ff.

– Die Akteure im kollektiven Arbeitsrecht,
RdA 2004, S. 78 ff.

– Die Kontrolle des Ermessens der betriebsverfassungsrechtlichen Einigungsstelle,
Heidelberg 1990.

– Zukunft des Arbeitskampfes,
2005
(zit.: *Bearbeiter*, in: Rieble (Hrsg.), Zukunft des Arbeitskampfes).

Ringelmann, Richard — Bundesrecht und Bundesgesetzgebung: Bericht über die Weinheimer Tagung des Instituts zur Förderung öffentlicher Angelegenheiten in Frankfurt am Main am 22. und 23. Oktober 1949,
Frankfurt am Main 1950, S. 96 ff.
(zit.: *Ringelmann*, Weinheimer Tagung).

Rolfs, Christian / Giesen, Richard / Kreikebohm, Ralf / Udsching, Peter — Beck'scher Online Kommentar Arbeitsrecht,
Stand: 1.6.2010
(zit.: BeckOK/Bearbeiter, ArbR).

Rommelspacher, Peter — Schlichtung und Tarifautonomie,
Ravensburg 1978.

Rudkowski, Lena — Der Streik in der Daseinsvorsorge,
München 2010.

Rüfner, Wolfgang — Zur Gemeinwohlbindung der Tarifvertragsparteien,
RdA 1985, S. 193 ff.

– Verantwortung des Staates für die Parität der Sozialpartner?,
RdA 1997, S. 130 ff.

Rüthers, Bernd / Bakker, Rainer — Zum Aussperrungsverbot des Art 29 Abs 5 Hessische Verfassung,
Anmerkung zu BAG EZA Art. 9 GG Arbeitskampf Nr. 74.

Rüthers, Bernd — Streik und Verfassung,
Köln 1960.

– Tarifautonomie und gerichtliche Zwangsschlichtung,
Konstanz 1973.

– Tarifautonomie und Schlichtungszwang,
Gedächtnisschrift für Rolf Dietz,
München 1973, S. 299 ff.

– Die unbegrenzte Auslegung, Zum Wandel der Privatrechtsordnung im Nationalsozialismus,
Heidelberg 1967.

– Rechtsprobleme der Aussperrung,
Berlin 1980.

– Die Entwicklung des Arbeitskampfes unter besonderer Berücksichtigung der Rechtsprechung des Bundesarbeitsgerichts,
in: Das Arbeitsrecht der Gegenwart, Band 10, 1973, S. 23 ff.
(zit.: *Rüthers*, ArbR-GW 10 (1973)).

– Richterrecht als Methoden- und Verfassungsproblem,
in: Sozialpartnerschaft in der Bewährung,
Festschrift für Karl Molitor zum 60. Geburtstag,
München 1988, S. 293 ff.

– Rechtstheorie,
4. Auflage, München 2008.

– Gesellschaftlicher Wandel – Anpassung oder Widerstand des Rechts?, Schriften zum Arbeits- und Sozialrecht Bd. 12,
Königstein 1981.

Sachs, Michael — Grundgesetz Kommentar,
5. Auflage, München 2009
(zit.: Bearbeiter, in: Sachs, GG).

Säcker, Franz Jürgen / Oetker, Hartmut — Grundlagen und Grenzen der Tarifautonomie, München 1992 (zit.: *Säcker/Oetker*, Tarifautonomie).

Säcker, Franz Jürgen — Gruppenparität und Staatsneutralität als verfassungsrechtliche Grundprinzipien des Arbeitskampfrechts, Heidelberg 1974 (zit.: *Säcker*, Gruppenparität).

– Grundprobleme der kollektiven Koalitionsfreiheit, Düsseldorf 1969 (zit.: *Säcker*, Grundprobleme).

– Die Konkretisierung vager Rechtssätze durch Rechtswissenschaft und Praxis, ARSP 58 (1972), S. 215 ff.

Schaub, Günther / Koch, Ulrich / Linck, Rüdiger / Vogelsang, Hinrich — Arbeitsrechts-Handbuch, 13. Auflage, München 2009 (zit.: *Bearbeiter*, in: Schaub, Arbeitsrechts-Handbuch).

Scheffelt, Michael — Die Rechtsprechungsänderung, Konstanz 2001.

Schelp, Günther — Die geschichtliche Entwicklung des Schlichtungswesens unter besonderer Berücksichtigung der derzeitigen tariflichen Schlichtung, AuR 1955, S. 4 ff.

Schenk, Rainer — Die Viermächteverantwortung für Deutschland als Ganzes, insbesondere deren Entwicklung seit 1969, Augsburg 1976.

Scherer, Inge — Grenzen des Streikrechts in den Arbeitsbereichen der Daseinsvorsorge, Berlin 2000.

Scheuner, Ulrich — Die Rolle der Sozialpartner in Staat und Gesellschaft, Stuttgart 1973.

Schmidt-Bleibtreu, Bruno / Klein, Franz — Kommentar zum Grundgesetz, 12. Auflage, München 2010 (zit.: *Bearbeiter*, in: Schmidt-Bleibtreu/ Klein, GG).

Schmoller, Gustav von / Maier, Hedwig / Tobler, Achim — Handbuch des Besatzungsrechts, Tübingen 1955.

Schneider, David / Sittard, Ulrich — Unverhältnismäßigkeit des Ärztestreiks?, DÖD 2006, S. 244 ff.

Schneider, Egon — Über Gründe und Auswirkungen der Änderung einer höchstrichterlichen Rechtsprechung, MDR 1971, S. 705 ff.

Schneider, Hans — Gesetzgebung, 3. Auflage, Heidelberg 2002.

– — Rang und Rangänderung von Rechtsnormen in der Bundesrepublik Deutschland, in: Europäische Gerichtsbarkeit und nationale Verfassungsgerichtsbarkeit, Festschrift zum 70. Geburtstag von Hans Kutscher, Baden-Baden 1981, S. 385 ff.

Schneider, Hans Peter — Richterrecht, gesetzesrecht und Verfassungsrecht, Frankfurt am Main 1969 (zit.: *Schneider*, Richterrecht).

Schnorr v. Carolsfeld, Ludwig — Arbeitsrecht, 2. Auflage, Göttingen 1954.

Schoch, Friedrich — Die Europäisierung des Allgemeinen Verwaltungsrechts, JZ 1995, S. 109 ff.

Scholz, Rupert / Konzen, — Die Aussperrung im System von Areitsverfassung und kollektivem Arbeitsrecht, Berlin 1980 (zit.: *Scholz/Konzen*, Aussperrung).

Scholz, Rupert | Koalitionsfreiheit als Verfassungsproblem, München 1971 (zit.: *Scholz*, Koalitionsfreiheit).

– | Bahnstreik und Verfassung, Festschrift für Herbert Buchner zum 70. Geburtstag, München 2009, S. 827 ff.

– | Arbeitsverfassung und Richterrecht, DB 1972, S. 1771 ff.

– | Bundesarbeitsgericht und Arbeitsverfassung, Festschrift 25 Jahre Bundesarbeitsgericht, München 1979, S. 511 ff.

Schröder, Dieter | Die Reste des Besatzungsrechts in der Bundesrepublik Deutschland, ROW 1989, S. 73 ff.

– | Das geltende Besatzungsrecht, 1. Auflage, Baden-Baden 1990.

Seiter, Hugo | Streikrecht und Aussperrungsrecht, Tübingen 1975 (zit.: *Seiter*, Streikrecht).

– | Zur Gestaltung der Arbeitskampfordnung durch den Gesetzgeber, RdA 1986, S. 165 ff.

– | Der Verhandlungsanspruch der Tarifvertragsparteien, Festschrift zum 125jährigen Bestehen der Juristischen Gesellschaft zu Berlin, Berlin 1984, S. 729 ff.

– | Die neue Aussperrungsrechtsprechung des Bundesarbeitsgerichts, RdA 1981, S. 65 ff.

– | Kodifizierung des Arbeitskampfrechts?, NJW 1976, S. 1369 ff.

Sitzler, Friedrich	Zur Neuordnung des Schlichtungswesens, Festschrift für Hans Carl Nipperdey zum 60. Geburtstag, München/Berlin 1955, S. 193 ff.
–	Staatseingriffe zur Ordnung der Arbeitsbedingungen, BB 1948, S. 333 ff.
Söllner, Alfred	Schlichten ist kein Richten, ZfA 1982, S. 1 ff.
–	Tarifmacht – Grenzen und Grenzverschiebungen, NZA 2000, Sonderbeilage zu Heft 24, S. 33 ff.
–	Der Richter als Ersatzgesetzgeber, ZG 10 (1995), S. 1 ff.
–	Zur Verfassungs- und Gesetzestreue im Arbeitsrecht, RdA 1985, S. 328 ff.
–	„Gute Gewohnheit – Gutes Recht“ – Zur Rechtmäßigkeit alter und neuer Verhaltensweisen im Arbeitsrecht, in: Sozialpartnerschaft in der Bewährung, Festschrift für Karl Molitor zum 60. Geburtstag, München 1988, S. 333 ff.
Stahl, Rainer	Die Bindung der Staatsgewalten an die höchstrichterliche Rechtsprechung, Bern 1973.
Starck, Christian	Die Bindung des Richters an Gesetz und Verfassung, VVDStRL 34 (1976), S. 43 ff.
Steinau-Steinrück, Robert v. / Glanz, Peter	Dauerarbeitskämpfe durch Spartenstreiks – Die verbliebenen Kampfmittel der Arbeitgeber, NZA 2009, S. 113 ff.
Stein, Erwin	Die verfassungsrechtlichen Grenzen der Rechtsfortbildung durch die Rechtsprechung, NJW 1964, S. 1745 ff.

Stelkens, Paul / Bonk, Heinz Joachim / Sachs, Michael	Verwaltungsverfahrensgesetz, 7. Auflage, München 2009
Stern, Klaus	Das Staatsrecht der Bundesrepublik Deutschland Band I: Grundlagen und Grundbegriffe des Staatsrechts, Strukturprinzipien der Verfassung, 2. Auflage, München 1984. Band III/2: Allgemeine Lehren der Grundrechte: Grundrechtstatbestand, Grundrechtsbeeinträchtigungen und Grundrechtsbegrenzungen, Grundrechtsverluste und Grundpflichten, Schutz der Grundrechte, Grundrechtskonkurrenzen, Grundrechtssystem, München 1994.
Stödter, Rolf	Deutschlands Rechtslage, Hamburg 1948.
Strupp, Karl / Schlochauer, Hans-Jürgen	Wörterbuch des Völkerrechts, 2. Auflage, Berlin 1961 (zit.: *Bearbeiter*, in: Strupp/Schlochauer).
Syrup, Friedrich / Neuloh, Otto	Hundert Jahre Staatliche Sozialpolitik 1839 – 1939, Suttgart 1957.
Tischbein, H.	Nachprüfbarkeit des Besatzungsrechts durch deutsche Gerichte, NJW 1955, S. 1179 ff.
Thüsing, Gregor	Tarifautonomie im Wandel, Köln 2003 (zit.: *Bearbeiter*, in: Thüsing (Hrsg.), Tarifautonomie).
Tomuschat, Christian	Die rechtliche Bedeutung der Vier-Mächte-Verantwortung, in: Fünf Jahre Grundvertragsurteil des Bundesverfassungsgerichts, Köln 1979, S. 71 ff.

Umbach, Dieter C. / Clemens, Thomas — Grundgesetz. Mitarbeiterkommentar und Handbuch, 2 Bände, Heidelberg 2002 (zit.: *Bearbeiter*, in: Umbach/Clemens, GG).

Vogel, Klaus — Rechtssicherheit und Rückwirkung zwischen Vernunftrecht und Verfassungsrecht, JZ 1988, S. 833 ff.

Vossen, Reinhard — Tarifdispositives Richterrecht, Berlin 1974.

Waas, Bernd — Der Verhandlungsanspruch tariffähiger Verbände und schuldrechtliche Dauerbeziehungen zwischen den Tarifvertragsparteien, AuR 1991, S. 334 ff.

Wank, Rolf — Grenzen richterlicher Rechtsfortbildung, Berlin 1978.

– — Die verfassungsgerichtliche Kontrolle der Gesetzesauslegung und Rechtsfortbildung durch die Fachgerichte, JuS 1980, S. 545 ff.

Weber, Adolf — Der Kampf zwischen Kapital und Arbeit, 6. Auflage Tübingen 1954.

Weber, Werner — Koalitionsfreiheit und Tarifautonomie als Verfassungsproblem, Berlin 1965.

Weiss, Manfred — Die neue Arbeitskampfrechtsprechung des BAG, Kritische Vierteljahresschrift für Gesetzgebung und Rechtswissenschaft 1986, S. 366 ff. (zit.: *Weiss*, KritV.).

Weiss, Manfred / Gagel, Alexander — Handbuch des Arbeits- und Sozialrechts, Baden-Baden 1990, Loseblatt: Stand 10/2003 (zit.: Weiss/ Gagel-*Bearbeiter*).

Wendt, Rudolf / Rixecker, Roland	Verfassung des Saarlandes, Saarbrücken 2009.
Wengler, Wilhelm	Völkerrecht, Enzyklopädie der Rechts- und Staatswissenschaften, Band II, Berlin 1964 (zit.: Wengler, Völkerrecht).
Werner, Fritz	Zum Verhältnis von gesetzlichen Generalklauseln und Richterrecht, Karlsruhe 1966.
Wetterkamp, Heinz Georg	Die Einstufung der Rechtsnormen in die bundesstaatliche Rangordnung nach den Art. 123-125 des Grundgesetzes für die Bundesrepublik Deutschland, Erlangen 1959 (zit.: *Wetterkamp*, Die Einstufung der Rechtsnormen).
Wichmann, Fritz	Über die dem Bundesarbeitsgericht auferlegte Ordnungsfunktion, AuR 1988, S. 77 ff.
Wiedemann, Herbert / Thüsing, Gregor	Die Tariffähigkeit von Spitzenorganisationen und der Verhandlungsanspruch der Tarifvertragsparteien, RdA 1995, S. 280 ff.
Wiedemann, Herbert	Tarifvertragsgesetz, 7. Auflage, München 2007 (zit.: *Bearbeiter*, in: Wiedemann, TVG).
Wittkowski, Ralf	Die Staatensukzession in völkerrechtliche Verträge unter besonderer Berücksichtigung der Herstellung der staatlichen Einheit Deutschlands, Schriften zum Staats- und Völkerrecht, Band 48, Frankfurt am Main 1992 (zit.: Wittkowski, Staatensukzession).
Wohlgemuth, Hans Hermann	Staatseingriff und Arbeitskampf, Köln 1977.

Wohlgemuth, Hans Hermann / Bobke, Manfred H. — Die Aussperrungsurteile des Bundesarbeitsgerichts vom 20. Juni 1980, BB 1981, S. 2141 ff.

Wolff, Hans J. / Bachof, Otto / Stober, Rolf — Verwaltungsrecht, Band I, 11. Auflage, München 1999.

Weyand, Joachim — Die tarifvertragliche Mitbestimmung unternehmerischer Personal- und Sachentscheidungen, Baden-Baden 1989.

Zachert, Ulrich — Gesetzliche Regelungen des Streikrechts?, DriZ 2007, S. 341.

– — Der Streit der Lokführer und die Phantasie der Juristen, in: Sozialer Dialog in der Krise – Social dialogue in crisis?, Festschrift für Ulrike Wendeling-Schröder, Baden-Baden 2009, S. 23 ff.

– — Die unbehagliche Nähe eines Streikverbots und einer staatlichen Zwangsschlichtung zum autoritären Staat, ZRP 1976, S. 185 ff.

Zeidler, Wolfgang — Richter und Verfassung, DÖV 1971, S. 6 ff.

Zeuner, Albrecht — Gedanken zum Verhältnis von Richterrecht und Betätigungsfreiheit der Beteiligten, in: 25 Jahre Bundesarbeitsgericht 1979, S. 727 ff.

Zinn, Georg A. — Das staatsrechtliche Problem Deutschland, JZ 1947, S. 4 ff.

– — Bundesrecht und Bundesgesetzgebung: Bericht über die Weinheimer Tagung des Instituts zur Förderung öffentlicher Angelegenheiten in Frankfurt am Main am 22. und 23. Oktober 1949, Frankfurt am Main 1950, S. 53 ff. (zit.: *Zinn*, Weinheimer Tagung).

Zippelius, Reinhold	Juristische Methodenlehre, 10. Auflage, München 2006.
Zivier, Ernst Renatus	Die Rechtsstellung der Alliierten in Berlin, PuK 1987, S. 22 ff.
Zöllner, Wolfgang	Die Rechtsprobleme des Bundesverfassungsgerichts zu Art. 9 Abs. 3 GG, AöR 1973 (Band 98), S. 71 ff.
Zöllner, Wolfgang / Loritz, Karl-Georg / Hergenröder, Curt Wolfgang	Arbeitsrecht, 6. Auflage, München 2007.

Schriften zum Arbeitsrecht und Wirtschaftsrecht

Herausgegeben von Abbo Junker

Band 1 Christoph-N. Lerche: Der Europäische Betriebsrat und der deutsche Wirtschaftsausschuß. Eine vergleichende Analyse der betrieblichen Mitwirkung der Arbeitnehmer vor dem Hintergrund der Globalisierung der Märkte. 1997.

Band 2 Christian Walter Mecke: Zur rechtlichen Verbindlichkeit kollektiver Vereinbarungen in England. 1997.

Band 3 Katja Francke: Die betriebliche Mitwirkung der Arbeitnehmer in Belgien. Unter Berücksichtigung vergleichender Aspekte zum deutschen Betriebsverfassungsrecht. 1997.

Band 4 Christian Schulze: Die Zulässigkeit einstweiliger Verfügungen gegen Betriebsänderungen. 1998.

Band 5 Stefan Miersch: Die Rechtsfolgen mitbestimmungswidriger Maßnahmen für das Arbeitsverhältnis. Eine zivilrechtsdogmatische Untersuchung. 1998.

Band 6 Heike Wegner: Internationaler Verbraucherschutz beim Abschluß von Timesharingverträgen: § 8 Teilzeitwohnrechtegesetz. 1998.

Band 7 Julia Wichmann: Dienstleistungsfreiheit und grenzüberschreitende Entsendung von Arbeitnehmern. 1998.

Band 8 Johann-Volker Peter: Société par actions simplifiée (S.A.S.). Die Vereinfachte Aktiengesellschaft in Frankreich, eine Rechtsform für die Kooperation von Unternehmen. 1999.

Band 9 Sylvia Schnelle: Der Europäische Betriebsrat in Spanien. Zugleich eine Einführung in das spanische Recht der Arbeitnehmervertretung. 1999.

Band 10 Viktoria Bornhagen: Die Zumutbarkeit als Rechtsgedanke im Arbeitsrecht. 1999.

Band 11 Thorsten Schacht: Der Übereilungsschutz beim arbeitsrechtlichen Aufhebungsvertrag. Arbeitnehmerschutz bereits de lege lata? 2000.

Band 12 Marcus Hellmann: Immobilienkauf nach spanischem Recht. 1999.

Band 13 Nicolaus Johannes Ehinger: Die juristischen Personen des öffentlichen Rechts als herrschende Unternehmen. 2000.

Band 14 Alexander Lentz: Das kollektive Arbeitsrecht der Republik Südafrika. Eine Untersuchung mit Bezügen zum deutschen Recht. 2000.

Band 15 Michaela Brunssen: Der Arbeitgeberverbandswechsel. Tarifrechtliche und arbeitskampfrechtliche Konsequenzen. 2000.

Band 16 Morten Petersenn: Das Recht des Grundstückskaufs in Südafrika. 2000.

Band 17 Stefan Krüger: Die umwandlungsrechtliche Haftungsregelung bei der Betriebsaufspaltung und ihre Analogiefähigkeit. 2001.

Band 18 Jürgen Kitzinger: Der GmbH-Geschäftsführer zwischen Arbeits- und Gesellschaftsrecht. Im Blickpunkt: Zuständigkeit der Arbeitsgerichte. 2001.

Band 19 Anja Ruge: Die Lohnersatzansprüche ehemaliger Zwangsarbeiter gegen deutsche Industrieunternehmen. 2001.

Band 20 Michael Knoll: Die Sozialauswahl im Arbeitsrecht. 2001.

Band 21 Britta Albrecht: Mediation im Arbeitsrecht. Individualarbeitsrecht und Betriebsverfassungsrecht. 2001.

Band 22 Annusch Barten: Das System der Arbeitnehmervertretung in Frankreich. 2001.

Band 23 Diane Westera: Der Wiedereinstellungsanspruch nach wirksamer Kündigung. 2001.

Band 24 Kristin Doerlich: Die Tariffähigkeit der Gewerkschaft. Eine Analyse der Mächtigkeitsrechtsprechung des Bundesarbeitsgerichts im Lichte neuerer Erfahrungen. 2002.

Band 25 Tina Witten: Vertragsgestaltung und Gesetzesbindung im Recht der Zeitarbeit. 2002.

Band 26 Martin Hellfeier: Die Leistungszeit im Arbeitsverhältnis. Eine Untersuchung zum Fixschuldcharakter der Arbeitspflicht und zu den Folgen ihrer Nichterfüllung. 2003.

Band 27 Almut Maulshagen: Betriebliche Arbeitskampfregelungen. 2003.

Band 28 Maren Band: Tarifkonkurrenz, Tarifpluralität und der Grundsatz der Tarifeinheit. 2003.

Band 29 Manuela Schulz: Der Bereitschaftsdienst in öffentlich-rechtlich organisierten Krankenhäusern. Eine rechtliche Bewertung. 2003.

Band 30 Felix Benedikt: Die Kürzung von Tariflöhnen zur Sanierung. Eine verfassungskonforme Auslegung des § 3 III TVG entsprechend § 626 BGB. 2003.

Band 31 Tim Kaden: Individuelle Bündnisse für Arbeit und Günstigkeitsprinzip. 2003.

Band 32 Simone Kreiling: Die Erstreckung betrieblicher und betriebsverfassungsrechtlicher Tarifnormen auf Außenseiter. 2004.

Band 33 Carsten Beck: Betriebliche Mitbestimmung und Kündigungsschutz. Die Funktionen betrieblicher Mitbestimmung im und deren Einfluß auf den Kündigungsschutz nach dem KSchG. 2004.

Band 34 Jost Eder: Die Regelungsabrede als Alternative zur Betriebsvereinbarung bei der Gestaltung materieller Arbeitsbedingungen. 2004.

Band 35 Christian Pfab: Wirkungsweise und Reichweite tarifvertraglicher Öffnungsklauseln. 2004.

Band 36 Julia Amlang: Die unternehmerische Entscheidungsfreiheit bei „betriebsbedingten Kündigungen" im europäischen Rechtsvergleich. Kündigung aus wirtschaftlichen Gründen in Deutschland, Frankreich, Spanien, Großbritannien und Schweden. 2005.

Band 37 Alida Milthaler: Das Fragerecht des Arbeitgebers nach den Vorstrafen des Bewerbers. 2006.

Band 38 Doreen Peter: Nebentätigkeiten von Arbeitnehmern. Interessenkollisionen von Arbeitgebern und Arbeitnehmern. 2006.

Band 39 Julia V. C. Bartlog: Das Verhältnis von Gesetz und Tarifvertrag. 2006.

Band 40 Michael Fuhlrott: Der geschädigte Arbeitnehmer. Zur Verfassungsmäßigkeit des Ausschlusses von Schmerzensgeld in der Unfallversicherung sowie zur Herleitung der Haftung bei Eigenschäden im Hinblick auf das Verschuldensprinzip. 2006.

Band 41 Femke Reinecke: Leistungsbestimmung des Arbeitnehmers. 2006.

Band 42 Maria M. Bausback: Der Bestandsschutz des Arbeitsverhältnisses auf europäischer und internationaler Ebene. Entwicklungen vom Mittelalter bis zur Gegenwart. Teil 1/Teil 2. 2007.

Band 43 Jens Günther: AGB-Kontrolle von Arbeitsverträgen. Analyse der deutschen Rechtslage nach der Schuldrechtsreform und vergleichende Betrachtung des österreichischen Kontrollsystems. 2007.

Band 44 Claudiana Triskatis: Ethikrichtlinien im Arbeitsrecht. 2008.

Band 45 Annette Bruder: Die Weitergabe von Insiderinformationen durch Arbeitnehmervertreter. 2008.

Band 46 Ute Dietrich: Nichtraucherschutz am Arbeitsplatz. 2008.

Band 47 Markus Ebert: Übertragung und Zuordnung von Versorgungsverpflichtungen gegenüber Arbeitnehmern im Rahmen einer umwandlungsrechtlichen Spaltung. 2008.

Band 48 Susanne Schneider: Broad-based Black Economic Empowerment in der Republik Südafrika. 2008.

Band 49 Mandy Reichel: Die Einbeziehung des Außenseiter-Arbeitgebers in den Verbandsarbeitskampf. 2008.

Band 50 Abbo Junker (Hrsg.): Betriebsübergang in Europa. Symposion aus Anlass des 10-jährigen Bestehens der Schriften zum Arbeitsrecht und Wirtschaftsrecht am 10.10.2008 in München. 2009.

Band 51 Till Bender: Vorschläge zur Neuordnung des Sonderkündigungsschutzes nach MuSchG und SGB IX. 2009.

Band 52 Manuela Rauch: Die geschlechtsbezogene Diskriminierung am Arbeitsplatz nach kalifornischem Recht. 2009.

Band 53 Tina Luise Allenberg: Das französische règlement intérieur d'entreprise. Die Arbeitsordnung im französischen Arbeitsrecht. 2009.

Band 54 Bernd Haas: Anwaltliches Mandatsverhältnis zum Betriebsrat. 2009.

Band 55 Martin Fröhlich: Die erweiterte Weisungsbefugnis des Arbeitgebers im spanischen Recht. 2009.

Band 56 Stefanie Lorenzen: Inhaltskontrolle beim Betriebsübergang. Die Anpassung tariflicher Arbeitnehmerpflichten nach Privatisierungen. 2009.

Band 57 Oliver E. Aldea: Das französische Kündigungsrecht im Spannungsfeld von Abfindungen und Bestandsschutz. 2010.

Band 58 Wolfgang Stock: Die Einsetzung einer Transfergesellschaft. Unter besonderer Berücksichtigung betriebsverfassungs- und arbeitsförderungsrechtlicher Vorgaben. 2010.

Band 59 Claudia Hagedorn: Zulässigkeit und Grenzen von Tarifsozialplänen. 2010.

Band 60 Daniela Quink: Inhaltskontrolle von Freiwilligkeitsvorbehalten in Arbeitsverträgen. 2010.

Band 61 Kathrin Kentner: Arbeitskampfmittel der Arbeitgeber. 2010.

Band 62 Angela Nunes Fernandes Gil Wolf: Arbeitnehmereinsatz im Ausland. Das auf doppelte Arbeitsverhältnisse anwendbare Recht am Beispiel der Vertragsgestaltung eines internationalen Konzerns. 2010.

Band 63 Annemarie Berthold: Whistleblowing in der Rechtsprechung des Bundesarbeitsgerichts. 2010.

Band 64 Malte Koch: Die Beteiligung von Arbeitnehmervertretern an Aufsichtsrats- und Verwaltungsratsausschüssen einer Europäischen Aktiengesellschaft. 2011.

Band 65 Agnes Maria Kollerbaur: Die französische Arbeitsinspektion. Eine Untersuchung unter besonderer Berücksichtigung ihrer Rolle bei Kündigungen. 2011.

Band 66 Marcus Christian Leinenweber: Landesschlichtungsgesetze? 2011.